Geld & Natur

Hans Christoph Binswanger

Geld
und Natur

Das wirtschaftliche Wachstum
im Spannungsfeld zwischen
Ökonomie und
Ökologie

Edition Weitbrecht

Die Deutsche Bibliothek – CIP-Einheitsaufnahme

Binswanger, Hans Christoph:
Geld und Natur: Das wirtschaftliche Wachstum im
Spannungsfeld zwischen Ökonomie und Ökologie /
Hans Christoph Binswanger. – Stuttgart;
Wien: Ed. Weitbrecht, 1991
ISBN 3-522-70450-9

© 1991 Edition Weitbrecht in K. Thienemanns Verlag,
Stuttgart und Wien.

Die Umschlaggestaltung besorgte
Zembsch' Werkstatt in München
Gesetzt von Fotosatz Janß, Pfungstadt
Reproduktionen von Ruck Repro in Stuttgart
Gedruckt von Gutmann in Heilbronn
Gebunden von Röck in Weinsberg
Alle Rechte vorbehalten. Printed in Germany.
5 4 3 2 1

Inhalt

An einem Beispiel wird gezeigt, wie sich durch die Einführung des
Geldes der Mensch, das Verhältnis von Mensch zu Natur und damit die
ganze Wirtschaftsweise verändert.

Wirtschaftliches Wachstum bedeutet nicht nur ein Mehr, sondern
auch ein Weniger – auch wenn heute nur das Mehr, der Ertrag erfaßt
und das Weniger, der Aufwand vernachlässigt wird. In der Wirtschaft
kommt es aber immer darauf an, Ertrag und Aufwand miteinander zu
vergleichen, um ökonomisch bzw. haushälterisch mit den knappen
Ressourcen umgehen zu können (ökonomisches Prinzip). Wenn wir
das Projekt Wirtschaftswachstum, das seit der industriellen Revolution zum Hauptprojekt der Menschheit geworden ist, wirklich ökonomisch angehen wollen, müssen wir daher auch den Aufwand berücksichtigen. Dann können wir auch versuchen, das Optimum, d. h. das
günstigste Verhältnis von Ertrag und Aufwand, anzustreben. Erst
dann wird eine Ökonomie, die sich am ökonomischen Prinzip orientiert, ihre eigentliche strategische Bedeutung erhalten.

schaft unterschieden werden. Die herrschende Lehre der Wirtschaftswissenschaften, die auf den Theorien von Léon Walras aufbaut, beruht weitgehend auf einer Verwechslung beider Wirtschaftsweisen. Wir können die Verwechslung durchschauen, wenn wir auf Aristoteles zurückgehen, der nicht nur einer der größten Philosophen, sondern der bedeutendste Ökonom der Antike war. Dieses ›Durchschauen‹ ist nötig, um uns in der heutigen Situation wirklich orientieren zu können.

»Geld regiert die Welt« – Geld und Wirtschaft im Verständnis des Merkantilismus 128

Daß Geld die Welt regiert, wissen alle. Nur die herrschende Lehre der Wirtschaftswissenschaften will es nicht wahrhaben. Die früheren Ökonomen, vor allem die Merkantilisten, waren einsichtiger. Sie haben erkannt, daß durch die Ausbreitung der Geldwirtschaft die Struktur der Wirtschaft völlig verändert wird. Wer etwas von der modernen Geldwirtschaft verstehen will, tut gut daran, sich diese frühen Erkenntnisse zu vergegenwärtigen.

Der Unwert der Natur – Zur Ausklammerung der Natur aus der Produktionsfunktion in der ökonomischen Theorie 169

Die Nichtberücksichtigung der Natur in der herrschenden Lehre der Wirtschaftswissenschaften ist mitverantwortlich für die heutigen Umweltprobleme. In der Wirtschaftswissenschaft des 18. Jahrhunderts, vor allem in der Physiokratie, war das anders. Damals wurde die Natur – in Form des Bodens – durchaus als Teil der Wirtschaft betrachtet. Es gilt heute, diese Tradition wiederaufzunehmen.

Wachstum durch Imagination – J. G. Schlossers Theorie der imaginären Bedürfnisse 195

Durch seine Imagination, d. h. durch seine Vorstellungskraft und Phantasie ist der Mensch in der Lage, immer neue Produkte zu erfinden, die einem bisher verdeckten Bedürfnis entgegenkommen. Diese Imagination scheint bis ins Unendliche vermehrbar zu sein, ebenso wie das Geld, das nötig ist, um die neuen ›imaginären‹ Produkte umzusetzen. Auf beides kommt es an – auf das Potential der Imagination und des Geldes –, wenn man die ›unendliche‹ Expansion der Wirtschaft verstehen will. Der Schwager Goethes, J. G. Schlosser, hat dazu theoretische Grundlagen erarbeitet, die als sehr modern zu bezeichnen sind.

Vorwort

Wenn wir das Geld im Verhältnis zur Natur betrachten, stellen wir fest, daß es das einzige Gut ist, das der Mensch selbst, sozusagen aus dem Nichts, schaffen kann, dessen Schöpfer er ist. Wertloses Papier verwandelt er in ein wertvolles Gut, ohne daß die Natur daran mitwirkt. Die Begrenzungen der Natur fallen daher weg. Alle anderen Güter sind Umformungen dessen, was der Mensch der Natur entnimmt. Der Wert dieser Güter ist daher wesentlich durch ihre natürliche Substanz bestimmt. Da der Mensch mit Geld aber alle anderen Güter kaufen kann, verfällt er leicht der Illusion, als Geld-Schöpfer auch Wert-Schöpfer zu sein. Er übersieht, daß die Wert-Schöpfung die Mitwirkung der (begrenzten) Natur zur Voraussetzung hat und daß, wenn man dies nicht beachtet, anstelle einer dauerhaften Nutzung der Natur der Verbrauch und die Übernutzung tritt. Es kommt zur ökologischen Krise. Nur mit einem neuen Bewußtsein seiner Macht **und** Ohnmacht als Geld-Schöpfer und der Verantwortung, die ihm dadurch zukommt, kann der Mensch wieder die Bescheidenheit zurückgewinnen, die nötig ist, um wirklich die Natur als Partner im wirtschaftlichen Prozeß anzuerkennen. Ohne eine solche Bescheidung ist eine Überwindung der ökologischen Krise nicht möglich.

Voraussetzung dafür ist allerdings die Kenntnis des Zusammenhangs von Geld und Natur im wirtschaftlichen Prozeß. Das vorliegende Buch möchte vor allem versuchen, diesen Zusammenhang, der bisher zu wenig beachtet worden ist, zu verdeutlichen.

Die Kapitel sind in einen allgemeinen und einen historischen Teil gegliedert. Im allgemeinen Teil geht es darum, aus heutiger Sicht Perspektiven einer erweiterten Ökonomie aufzuzeigen, die sich sowohl nach der Natur- als auch nach der Geldseite öffnet. Im historischen Teil soll deutlich gemacht werden, daß es sich dabei keineswegs um einen vollständigen Neuanfang handelt, sondern daß wichtige Ansätze dazu seit Beginn des nationalökonomischen Denkens vorliegen.

St. Gallen, April 1991   *Hans Christoph Binswanger*

Einführung

Wo Geldwirtschaft entsteht, verändert sich der Mensch – Ein Beispiel aus Sibirien

In einem Zeitungsbericht der *Neuen Zürcher Zeitung*[1] über die Ewenken und Burjaten, zwei sibirische Völker, die am Baikalsee leben, wird darauf hingewiesen, daß sie lange Zeit einen archaischen Lebensstil bewahren konnten und sich nur zögernd auf die moderne Lebensweise einlassen. In diesem Bericht schildert der Verfasser seinen Besuch bei einer Ewenkenfamilie. Er schreibt:

> Zum Frühstück gibt's Tee, wie immer, Bratkartoffeln, weichgekochte Eier und rohen Fisch aus dem Baikalsee, den Schenja kurz vor der Jagd noch gefangen hatte. Wie schon sein Vater, fährt auch er auf den See hinaus und weiß alles über Wind und Tiere. Und doch unterscheidet sich Schenja von seinem Vater, der sagt: »Nimm so viele Fische aus dem See, wie du unbedingt zum Leben brauchst, nimm keinen Fisch mehr, die Natur will es so.« Schenja fischt heimlich ein Mehrfaches und bringt die Fische an einen anderen Ort, bevor er ins Dorf zurückkehrt, damit sein Vater nichts davon erfährt.

Diese Schilderung von Schenja, der mehr fischt, als er unbedingt braucht, ist eine sehr genaue Darstellung des Anfangs des Wirtschaftswachstums. Es erhebt sich die Frage: Warum fängt der junge Fischer mehr Fische als sein Vater? Als erstes können wir die allgemeine Feststellung machen: Der Mensch ist offensichtlich ein Wesen, das fähig ist, mehr zu wollen, als es braucht. Beim Menschen müssen sich die Aussagen »man arbeitet, um zu essen« und »man ißt, um zu arbeiten« nicht die Waage halten; vielmehr dominiert bei ihm die Aussage »man arbeitet, um zu essen«. Er ißt gerne mehr, als er braucht, um zu arbeiten. Das unterscheidet u. a. den Menschen vom Tier.

13

Aber diese Feststellung – so wichtig sie an und für sich ist –
kann nicht genügen, wenn man erklären will, warum Schenja
gerade am Ende des zwanzigsten Jahrhunderts anfängt, mehr
zu fischen als sein Vater. Die Ewenken und Burjaten sind ein
sehr altes Volk. Es heißt, daß ein Teil der Ewenken und Burjaten einmal ausgewandert ist nach Norden und Westen und daß
von ihnen die Indianer Amerikas und die Eskimos der nörd-
lichen Polarkreise abstammen. Das war vor vielen Jahrtausen-
den. In dieser ganzen Zeit haben sie so gelebt wie Schenjas
Vater. Die grundsätzliche anthropologische Fähigkeit, mehr zu
wollen, als man braucht, kann daher nicht die Erklärung dafür
sein, warum Schenja 2000 Jahre nach Christi Geburt plötzlich
anfängt, seine Fischbeute zu vergrößern.

Die anthropologische Erklärung trifft um so weniger zu, als
sich erweist, daß die Menschen am Baikalsee früher gar nicht
so schlecht gelebt haben, ja unter Umständen sogar besser als
heute. Im genannten Bericht heißt es nämlich auch:

> Ihre Kultur betreffend, hat mir Professor Melnikow in Nowosibirsk ver-
> sichert, sei heute erwiesen, daß diese Völker einen höheren Lebensstan-
> dard hatten als die Eroberer des Westens. Und tatsächlich stimmen alle
> Ewenken, die ich hier besuche, darin überein, daß sie früher mehr und
> bessere Kleider, mehr und gesünder zu essen hatten, große Hochzeiten
> feierten und daß sie kaum Krankheiten kannten, außer der Epilepsie,
> die von den Schamanen geheilt wurde.

Das heißt, sie haben auch früher schon in einem gewissen Ausmaß mehr gegessen, als sie brauchten, um zu arbeiten, aber
sie hatten bei einem bestimmten Überschuß Halt gemacht. Sie
wollten *mehr*, aber sie wollten nicht *immer* mehr. Offensichtlich hat nun dieses *immer mehr* wegen der ungleichen Verteilung dieses *mehr* sogar einen großen Teil der Bevölkerung
ärmer gemacht.

Und trotzdem nun das plötzliche Begehren nach der Steigerung des Ertrags und des Erlöses. Warum? Das Beispiel der
Ewenken und Burjaten ist deswegen so interessant, weil hier

eine weitere denkbare Antwort verwehrt wird, die uns Europäern besonders naheliegt, wenn wir unser Streben nach ständiger Steigerung der Überschüsse verstehen wollen. Wir sagen, daß unsere Kultur dafür verantwortlich ist, weil sie durch die jüdisch-christlich-griechische Tradition geprägt ist und diese Tradition in spezifischer Weise den Menschen von der Natur entfernt, ihn der Natur gegenüberstellt und ihn so in die Lage versetzt, sie mit Hilfe der Technik zu manipulieren, sich also nicht ihren Gesetzen zu fügen, sondern umgekehrt sich die Natur untertan zu machen. Es hat ein Ableger dieser Tradition, nämlich der sozialistische Fortschrittsglaube, schließlich auch die sibirischen Völker erreicht. Keineswegs aber ist dieser Glaube – wenn man dem Bericht folgt – maßgebend für ihren Lebensstil geworden. Ihre eigene kulturelle Tradition blieb und bleibt für sie immer noch ausschlaggebend.

Was hat sich also wirklich geändert? Was ist zu Ende des 20. Jahrhunderts so neu, daß es Schenja zur Änderung seiner Wirtschaftsweise bewegen kann? Die Antwort ist eindeutig. Neu ist die Möglichkeit, einen Mehrertrag der Fische nicht einfach nur selbst zu verspeisen oder allenfalls bei den Nachbarn, die sich mehr der Landwirtschaft widmen, gegen Brot und Gemüse einzutauschen, sondern ihn auf dem Markt gegen Geld zu verkaufen. Die Geldwirtschaft ist neu – die Geldwirtschaft, die in der sozialistischen Wirtschaft zweifellos langsamer Fuß gefaßt hat als bei uns, aber eben auch im Osten bis hin nach Sibirien immer mehr das Wirtschaftsleben prägt.

Schenja bekommt Geld, wenn er die Fische verkauft. Das Geld aber läßt sich anhäufen. Es verdirbt nicht. Es läßt sich ständig vermehren. Man hat von ihm nie genug. Denn es ist geeignet, gegen x-beliebige Konsumgüter eingetauscht zu werden, auch gegen solche, die man noch gar nicht kennt, aber schon irgendwie erträumt. Aber man kann Geld nicht nur gegen Konsumgüter eintauschen, sondern auch gegen Investitionsgüter, z. B. gegen ein größeres Boot, mit dem es möglich ist, noch mehr zu fischen, noch mehr Geld zu erwirtschaften. Oder man kann das Geld auf einem Sparguthaben anlegen, das einen Zins trägt, so daß sich das Geld, wie es scheint, von selbst vermehrt. Lohnt es sich nicht, wegen einer solchen Möglichkeit, mehr, immer mehr Fische zu fangen? Schenja hat diese Frage mit Ja beantwortet.

Noch etwas anderes wird aber an diesem Beispiel deutlich. Es demonstriert, was *produzieren* eigentlich heißt und woher der Mehrertrag stammt, der sich in Geld verwandelt. Er stammt im wesentlichen aus der Natur, aus der Ausbeutung der Natur im wörtlichen Sinne, z. B. aus der Beute beim Fischfang. Und Mehrproduktion bedeutet vor allem: Vermehrung der Beute. Dies muß deutlich hervorgehoben werden, weil immer noch die Vorstellung herrscht, daß der Mehrertrag entweder aus der Ausbeutung der Arbeit stamme oder aber das Resultat eiser- nen Leistungswillens, in Kombination mit großer Sparsamkeit oder intensiver Forschung sei.

Selbstverständlich spielen diese beide Faktoren ebenfalls eine Rolle. Dabei können sie sogar manchmal zusammenfallen, wie etwa bei Schenja, der sicher länger fischen und auf einen Teil seiner Muße verzichten mußte, wenn er mehr Fische fing. Die- sen Mehraufwand an Arbeitszeit kann man dann ebensogut als Selbstausbeutung wie als eisernen Fleiß deuten. Er mußte viel- leicht auch einmal auf Konsum von Fischen verzichten, um mehr Fische auf dem Markt verkaufen zu können. Er hat also auch gespart. Aber dies ist nicht entscheidend. Entscheidend ist, daß dieser zusätzliche Aufwand an Arbeit und Sparen, wenn er einmal stattgefunden hat, später wieder durch zusätz- liche Ausbeutung der Natur reduziert werden kann, nämlich durch Ausbeutung von Energiequellen, die genügend Energie liefern, um die bisher aufgewendete Arbeit zu ersetzen, und darüber hinaus auch zu verdoppeln, zu verzehnfachen, zu ver- hundertfachen. Schenja kann, unter Umständen auf Kredit, z. B. ein Motorboot kaufen und in kürzerer Zeit ein Vielfaches von dem fischen, was er ohne Benzin fischen konnte. Dadurch kann er die Selbstausbeutung bzw. seinen Fleiß oder seinen Sparwillen wieder einschränken.

Allerdings ist zuzugeben: Irgendwann vorher und woanders hat auch die Erfindungsgabe in diesem Prozeß eine Rolle gespielt. Dies bleibt gültig. Zweifellos liefert der menschliche Geist neben der Natur einen dauernden zusätzlichen Beitrag zum Mehrertrag. Ja, der Geist kann auch zum Teil die Natur ergänzen, wenn neue Güter produziert werden, die sich vor allem durch Qualität auszeichnen. Aber das darf nicht darüber hinwegtäuschen, daß die Mehrproduktion – immer noch – vor allem aus der Natur stammt und der Geist meist nur der Förderung dieser Mehrproduktion dient. Das beweisen die steigenden Abfallberge.

Produktion heißt daher – weiterhin – vor allem Verwandlung von Natur in geldwerte Waren und schließlich in Geld, und zwar in Geld, das sich selber in seiner Substanz immer mehr von der Natur löst, weil es aus bloßem Papier beliebig hergestellt werden kann und schließlich nur noch aus Zahlen besteht, die in Bankkonten aufgeschrieben werden (Buchgeld). Es kann deshalb praktisch auch unendlich vermehrt werden, ohne an natürliche Grenzen zu stoßen. Man spricht somit zu Recht von Geld-*Schöpfung*. Indem alle Produkte unter dem Geldaspekt erscheinen, lösen sich die Bande, welche die Produktion ursprünglich an die – begrenzte – Natur gebunden hatten: Die Natur erscheint im Bereich der Geldwerte auf einmal ebenso unendlich vermehrbar wie das Geld selbst. In Wirklichkeit wird sie aber gerade wegen dieser scheinbaren Unendlichkeit erst recht ausgebeutet und zerstört, wenn bestimmte Grenzen der Beanspruchung überschritten werden.

Wir haben so die Bedeutung des Geldes erkannt als Lockmittel zum Wachstum der Wirtschaft. Aber: Ist es nicht in unser Belieben gestellt, ob wir uns locken lassen wollen oder nicht? Ist es nicht so, daß die Lockung einfach darin besteht, daß durch das Geld die Möglichkeit geschaffen wird, natürliche Ressourcen oder Waren aus dem Boden oder aus Regionen herbeizuholen, die man gar nicht kennt, deren ökologischer Begrenzungen man sich nicht bewußt ist und die daher als unerschöpfliche Reservoire von Ressourcen- oder Warenvorräten erscheinen? Ist es daher nicht einfach notwendig und genügend, sich deutlich zu machen, daß es ein Raumschiff Erde gibt und daß dieses Raumschiff Erde eine einheitliche, in sich geschlossene ökologische Nische ist und daß der *carrying capacity* dieses Raumschiffs genauso Rechnung getragen werden muß wie derjenigen des Baikalsees, nur jetzt eben insgesamt, für die ganze Menschheit, nicht mehr lokal für die Ewenken und Burjaten? Das mag schwierig sein, weil es nicht nur vieler Informationen bedarf, sondern auch der Bereitschaft, diese Informationen aufzunehmen, die ja nicht mehr wie früher vom Vater auf den Sohn vererbt werden. Aber – so läßt sich argumentieren – es muß doch möglich sein.

Es scheint, daß man sich nur deutlich machen muß, was Konrad Lorenz, der große Biologe und Mahner für den Schutz der Umwelt, einmal gesagt hat:

Das ist die Romantik der Nichtromantiker, daß man alles machen kann. Die glauben, daß, wenn die nächste große Energiekrise eintritt, man Energie aus dem Nichts erzeugen wird: Wenn ich mehr und mehr Energie erzeuge, bringe ich [aber] den Planeten um (. . .). Die wollen doch nur verkaufen, verkaufen, verkaufen. Wir brauchen Energie, weil man uns Gegenstände verkaufen will, zu deren Erzeugung man viel Energie braucht. In Wahrheit brauchen wir das alles gar nicht.

Und er fügt hinzu:

[Es geht] um die Wiederherstellung der unmittelbaren Wirklichkeit der Natur.[2]

Es geht also, so meint Lorenz, darum, das Wissen von Schenjas Vater auf die ganze Menschheit zu übertragen.

Es besteht kein Zweifel, dieses Wissen ist notwendig, wenn wir die ökologische Krise überwinden wollen, in die wir geraten sind. Aber genügt es? Genügt es, um den Weg, den Schenja eingeschlagen hat, wieder zu verlassen? Solange wir nur bei Schenja und seiner Wirtschaftsweise bleiben, scheint diese Antwort positiv beantwortet werden zu können. Warum soll Schenja nicht einfach wieder zur Genügsamkeit zurückkehren, zu einem Fischfang, der ihm und seiner Familie genügt, vielleicht sogar reichlich genügt, aber doch schließlich genügt? Er hat einen Ausflug in den Überfluß gemacht, aber er kann – aus Einsicht – wieder zum ursprünglichen Zustand zurückkehren. Was hindert ihn daran als eben die mangelnde Einsicht? Wenn diese fehlt, dann muß man eben die Bemühungen um diese Einsicht verstärken!

Aber vielleicht genügt heute die bloße Einsicht nicht mehr? Vielleicht läßt das Geld den Menschen nicht mehr los, wenn er sich einmal seiner Logik unterworfen hat. Vielleicht gibt es tatsächlich einen Zwang zum quantitativen Wachstum der Wirtschaft, d. h. zur forcierten Unterwerfung der Natur unter die Zwecke der Ökonomie – einen Zwang, der nicht gegeben ist außerhalb der Geldwirtschaft. Vielleicht ist er auch noch nicht gegeben am Anfang der Geldwirtschaft, in der Wirtschaftsweise Schenjas. Er scheint aber zunehmend stärker zu werden, je mehr man das Geld vor allem zu Investitionszwecken sowie zum Ausbau der Infrastruktur benötigt, d. h. zur Bereitstellung von Geräten und Maschinen verwendet, die dazu dienen, die Natur noch besser, noch vollständiger in den Griff zu bekommen.

Vieles spricht dafür. Schon Schenja dürfte es schwerfallen, auf den größeren Fischfang zu verzichten, wenn er einmal ein Boot gekauft und dafür einen Kredit aufgenommen hat, in Erwartung künftiger Mehrerträge, wenn also das Boot zu Kapital geworden ist, das sich rentieren muß. Erst recht gilt dies aber für die heutige Wirtschaft, die in ihrer Gesamtheit auf ein dichtes Netz von Kreditbeziehungen aufbaut. Diese werden im wesentlichen getragen vom Bankensystem, das über die Kreditgewährungen neues Geld = Bankgeld (sowohl im Sinne von Papier- wie Buchgeld) schafft, wobei das neue stoffwertlose

Geld gesamtwirtschaftlich nur so weit Geltung hat bzw. behält, als sich die Kredite durch Gewinne aus den mit diesen Krediten finanzierten Investitionen rechtfertigen. Das neue Geld ist ja nichts anderes als Schulden des Bankensystems, die man als Schulden (= Forderungen gegenüber der Bank) stehen bzw. gelten läßt, weil man über sie zu Zahlungszwecken, d. h. als Geld, verfügen kann. Dies setzt aber die Zahlungsmöglichkeit der Banken und als Grundlage dafür die Rentabilität der Wirtschaft voraus. Wenn diese nicht gegeben ist, wenn die Kapitalanlagen nicht halten, was sie versprechen, gerät das ganze Kreditnetz und damit die Wirtschaft in Unordnung und unter Umständen in eine Krise. Nicht nur das Kapital, sondern auch das neue Geld würde wertlos.

Diese Vernetzungen erschweren es, vom einmal eingeschlagenen Weg Abstand zu nehmen. Denn wie sollen gesamtwirtschaftlich Gewinne in Geld erzielt werden, wenn nicht ständig neues Geld zufließt? Gewinne sind ja schließlich nichts anderes als ein Überschuß der Geld-Einnahmen über die Geld-Ausgaben. Denen stehen selbstverständlich auch Verluste gegenüber, d. h. Überschüsse der Geld-Ausgaben über die Geld-Einnahmen. Die Wirtschaft funktioniert aber nur, wenn im Saldo die Gewinne dominieren. Wenn dies nicht der Fall ist, wenn kein Gewinnpolster vorhanden ist, würde jeder Verlust sofort zum Bankrott der Verlust-Betriebe führen, was zum Ausscheiden der betreffenden Betriebe führen müßte. Das Resultat wäre eine kumulative Schrumpfung der Wirtschaft.

Wie können aber die Gewinne dominieren, d. h. die Einnahmen insgesamt stets größer sein als die Ausgaben, wenn doch die Einnahmen der einen im Prinzip die Ausgaben der anderen sind? Offensichtlich nur, wenn ständig Geld zufließt. Dieser Zustrom von Geld erfolgt heute im wesentlichen über das Bankensystem mittels Kreditgewährung, d. h. durch die sogenannte Geld- und Kreditschöpfung. Die Kreditaufnahmen rechtfertigen sich aber – vom Staatssektor abgesehen – nur, wenn sie zu neuen gewinnbringenden Investitionen führen und aus den Gewinnen auch die Zinsen bezahlt werden können. Wenn man aber die Möglichkeit zu gewinnbringenden Investitionen und zur entsprechenden Kreditgewährung einschränkt, indem man den Zugriff zur Natur behindert, wird die Voraussetzung in Frage gestellt, auf der die moderne Wirtschaft aufbaut: die Möglichkeit zur gesamtwirtschaftlichen Gewinnerzielung, d. h. ohne daß sich der eine nur auf Kosten eines anderen bereichert.

Die Problematik, vor der wir stehen, läßt sich im phänomenologischen Sinne verdeutlichen, wenn wir die alte Wirtschaftsweise von Schenjas Vater mit der modernen, auf Geldziele ausgerichteten Wirtschaftsweise bezüglich ihres spezifischen *Orts* und ihrer spezifischen *Zeit* vergleichen. Der Ort, in dem Schenjas Vater wirtschaftet, ist, phänomenologisch gesehen, das Biotop: Er erlebt den Baikalsee als in sich geschlossenen Raum. Die Zeit ist entsprechend der ökologische Kreislauf, in dem sich in einem zeitlichen Rhythmus Entstehen und Vergehen abwechseln, so daß der Anfang immer wieder an das Ende anschließt.

Demgegenüber ist der phänomenologische Ort der neuen Geldwirtschaft, die mit Schenjas neuer Wirtschaftsweise beginnt, der Horizont, d. h. der Ort, der in dem Ausmaß in die Ferne rückt, als man auf ihn zuschreitet, obwohl er in endlicher Ferne zu liegen scheint. Die diesem Horizont der modernen Wirtschaft entsprechende Zeit ist deshalb diejenige des dauernden Fort-Schritts, mit dem man sich auf diesen Horizont zubewegt.

Dieser Horizont ist der Geldwert (Barwert) des investierten Kapitals, der sich aus der Vision der Zukunft – genauer: aus der Summe der auf heute bezogenen (durch den Zinssatz dividierten) zukünftigen Erträge – ergibt. Das Kapital entwertet sich zwar in dem Ausmaß, wie es sich real verbraucht, indem die Geräte und Maschinen, in denen sich das Kapital konkretisiert, veralten. Aber es wertet sich wieder auf durch die aus früheren Gewinnen und aus Krediten finanzierten Investitionen in neue, größere und bessere Geräte und Maschinen. So behält das Kapital immer seinen Wert, ähnlich wie der Horizont immer in gleicher Distanz bleibt, auch wenn man sich ihm nähert; es wächst ständig neue Distanz hinzu.

Der Ort des Horizonts übt eine große Anziehungskraft aus: Er hat die Attraktion des Entfernten, noch Unbekannten. Aber er liegt doch in sichtbarer Nähe. Man glaubt, ihn gleich in ein paar Fort-Schritten erreichen zu können, und bemerkt nicht, wie er sich dem Auf-ihn-Zuschreitenden entzieht. Es ist ein Ziel, das immer Ziel bleibt. Es ist Gegenwart und Zukunft zugleich: gegenwärtige Zukunft.

Wir haben heute die schwierige Aufgabe, eine Verbindung herzustellen zwischen den Anforderungen, die sich aus der Phänomenologie des Horizonts mit denjenigen, die sich aus der Phänomenologie des Biotops ergeben. Der erste Schritt dazu ist zweifellos, daß wir uns der ungeheuren Attraktivität des Horizonts, der steten Vergegenwärtigung der Zukunft, bewußt werden und auch der Tatsache, daß man den Weg auf den Horizont zu nicht ohne weiteres verlassen kann, ohne die Orientierung zu verlieren. Dann – erst dann – können und müssen wir allerdings auch die Schranken, die der Horizont bildet – jeder Horizont ist beschränkt! –, durchbrechen, um zu realisieren, daß die Welt rund und endlich ist und daß man beim Schreiten auf den Horizont zu schließlich wieder dort ankommt, von wo man ausgegangen ist: beim Biotop, das die Welt ist. Hier begegnet man auch wieder der Vergangenheit und den Schädigungen der Natur, die man – zu leichtfertig – in Kauf genommen hat, um Material und Energie zu gewinnen für den Bau des Weges zum Horizont.

Es gibt keine andere Lösung. Wir müssen versuchen, zu einem qualitativen Wachstum zu kommen, bei dem der Natur-Verbrauch zumindest nicht mehr gesteigert, wenn möglich aber vermindert wird. Wir müssen auf die schnelle Art des Reichtumserwerbs durch unbekümmerte Aneignung der *freien* Naturgüter verzichten. Die Investitionen müssen sich vor allem auf eine verbesserte Umformung von Materialien, auf neue, qualitativ bessere Produkte, auf Einsparung von Rohstoff- und Energieeinsatz und auf Vermeidung weiterer Umweltbelastungen konzentrieren. Der Raum für neue Inanspruchnahme von Natur ist nur dort frei, wo dies – noch – ohne weitere Schädigung der Natur möglich ist.

Dabei müssen wir uns bewußt sein, daß die Realität des Geldes (des Horizonts) mit der Realität der Natur (des Biotops) in Konflikt gerät. Wir müssen die Wirtschaft so ordnen, daß dieser Konflikt weder zu einer Wirtschaftskrise führt, weil wir die Realität des Geldes nicht ernst nehmen, noch zu einer Umweltkrise, weil wir die Realität der Natur mißachten. Vielmehr gilt es, nicht nur die Möglichkeiten auszuschöpfen, welche die Dynamik des Geldes bietet, um neue Lösungen für eine umweltkonforme Ausrichtung der Investitionen zu finden, sondern auch diese Dynamik so zu bändigen, daß sie sich nicht verselbständigt und in ein nicht mehr kontrollierbares quantitatives Wachstum einmündet. Die Geld-Schöpfung, die im Belieben des Menschen steht, muß der Natur-Schöpfung, die nicht Sache des Menschen ist, untergeordnet werden. Wir müssen wieder Ökonomie lernen im ursprünglichen Sinne des ›guten Haushaltens‹. Dann – nur dann – kann es auch gelingen, die ökonomisch-ökologische Synthese herzustellen, die wir suchen.

I. Allgemeiner Teil:

Geld und Natur –
Neue Perspektiven
der Wirtschaftstheorie

Wirtschaftliches Wachstum –
Fortschritt oder Raubbau?*

Unter wirtschaftlichem Wachstum versteht man im allgemeinen die Erhöhung des sogenannten realen Volkseinkommens oder des Sozialprodukts. Man muß von einem *sogenannten* realen Volkseinkommen sprechen, weil der Gesamtumfang der real zur Verfügung stehenden Güter und Dienstleistungen beziehungsweise die Größe der Wachstumsrate nicht direkt gemessen werden kann, sondern aus der Wachstumsrate des nominalen, das heißt in Geldwerten gemessenen Volkseinkommens errechnet werden muß. Da in der Steigerung des nominalen Volkseinkommens die Preissteigerung mitenthalten ist, kann man nach allgemeiner Auffassung die Wachstumsrate des realen Volkseinkommens dadurch erhalten, daß man die Erhöhung des nominalen Volkseinkommens durch die Erhöhung des Preisniveaus dividiert oder – wie man auch sagt – das nominale Volkseinkommen mit dem Preisindex deflationiert. Ob man aber dadurch wirklich den Gesamtumfang der uns zur Verfügung stehenden Güter und Dienstleistungen beziehungsweise dessen Wachstumsrate und durch Umrechnung auf den Kopf der Bevölkerung die effektive Erhöhung des Wohlstands bzw. der Lebensqualität des Wohlstands errechnen kann, ist nicht ausgemacht und verpflichtet uns, vom *sogenannten* realen Volkseinkommen zu sprechen.

Wachstumsrate und Lebensstandard
Seit dem Zweiten Weltkrieg wächst in Westeuropa dieses sogenannte reale Volkseinkommen jährlich um etwa 4 bis 4,5 % und pro Kopf der Bevölkerung etwa um 3 %. Was bedeutet nun

* Text der Antrittsvorlesung an der Hochschule St. Gallen 1969.

diese Wachstumsrate? Was verändert sich eigentlich, wenn die Wirtschaft *wächst*? Insbesondere: Handelt es sich dabei in jeder Hinsicht nur um ein *Mehr,* also um einen Fortschritt, oder handelt es sich auch um ein *Weniger,* also letzten Endes um einen Raubbau am bereits Vorhandenen? Um diese Frage zu präzisieren, wollen wir zuerst die Begriffe *Fortschritt* und *Raubbau* definieren, wobei wir einfach den *Brockhaus* zu Hilfe nehmen können. Der *Brockhaus* versteht unter Fortschritt »die Aufeinanderfolge von Formen oder Zuständen in dem Sinne, daß die zeitlich späteren zugleich die wertmäßig höheren sind«; das wäre in bezug auf die Wirtschaft eine lange dauernde Verbesserung der Lebensqualität, die geradlinig in die Zukunft führt. Raubbau bedeutet hingegen – immer nach dem *Brockhaus* – »eine Wirtschaftsführung, die einen möglichst hohen Ertrag anstrebt, ohne auf die Erhaltung der Erzeugungsgrundlagen Rücksicht zu nehmen«, also – wie wir hinzufügen können – eine Wirtschaftsführung, die auf die Dauer wieder zu einer Verminderung des Ertrages, das heißt, auf das Ganze gesehen, wieder zu einer Senkung der Lebensqualität führen muß.

Wenn wir also fragen, ob es sich beim wirtschaftlichen Wachstum um Fortschritt oder Raubbau handle, so fragen wir, ob die Lebensqualität immer parallel zur Wachstumsrate ansteigen wird oder ob wir heute auf Kosten der Zukunft leben, sei es, daß sich das sogenannte reale Volkseinkommen wieder zurückbilden oder aber die Änderung der Lebensqualität immer mehr von der Wachstumsrate des Volkseinkommens abweichen wird. Mit anderen Worten: Handelt es sich beim wirtschaftlichen Wachstum um eine Gewinngröße, bei welcher der Aufwand bereits abgezogen ist, um einen Nettoertrag also, oder handelt es sich um eine Bruttoertragsgröße, von welcher der Aufwand ganz oder teilweise noch abgezogen werden muß, wenn man den Gewinn beziehungsweise den Nettoertrag – die Erhöhung der Lebensqualität – errechnen will?

Im letzteren Fall würde sich die Frage stellen, ob der Aufwand nicht den Ertrag schließlich übersteigen, den Gewinn in Verlust verwandeln könnte, so daß anstelle des Fortschritts der Raubbau dominieren würde. Handelt es sich also sozusagen um ein eindimensionales Problem, bei dem nur die eine Größe, die Gewinngröße errechnet werden muß, die dann zu maximieren ist, oder um ein zweidimensionales Problem, bei dem Ertrags- und Aufwandgröße gegenübergestellt werden müssen, so daß nicht eine Maximal-, sondern eine Optimallösung zu suchen ist?

Saint-Simon und das Goldene Zeitalter

Eine erste Antwort ergibt sich, wenn man die tatsächliche Entwicklung betrachtet. Wirtschaftliches Wachstum haben wir im Grunde seit Beginn der Menschheit, insbesondere seit der sogenannten neolithischen Revolution, als der Mensch sich nicht mehr damit begnügte zu jagen und zu sammeln und begann, Landwirtschaft zu betreiben; aber früher ging das Wachstum so langsam vor sich, daß es als solches kaum in Erscheinung trat. Erst die technische und monetäre Revolution des 18. Jahrhunderts und die darauf aufbauende industrielle Revolution des 19. und 20. Jahrhunderts haben es in einer Weise beschleunigt, daß es als dominierendes Phänomen hervortritt. Am Anfang dieses steilen Aufstiegs fiel vor allem der mit dem Wachstum verbundene Ertrag ins Auge, während allfällige negative Begleiterscheinungen kaum beachtet wurden; die Idee des Fortschritts dominierte.

1814 schrieb Henri de Saint-Simon, einer der sogenannten Frühsozialisten, den berühmt gewordenen Satz vom Goldenen Zeitalter:

> Die Fantasie der Dichter hat das Goldene Zeitalter in die Kindheit des Menschengeschlechts verlegt, in die frühe Zeit der Unwissenheit und Roheit. Dorthin sollte vielmehr das eiserne Zeitalter verwiesen werden. Das Goldene Zeitalter des Menschengeschlechts liegt nicht hinter uns, es liegt vor uns: Es liegt in der Vervollkommnung der gesellschaftlichen

Ordnung. Unsere Väter haben es nicht erblickt, unsere Kinder aber werden eines Tages dorthin gelangen; an uns ist es, ihnen den Weg zu bahnen.[1]

Das Losungswort, mit dem das Tor zum Goldenen Zeitalter aufgeschlossen werden sollte, hieß: *l'industrie* – die Arbeit, welche den Menschen zum Herrn der Natur macht, die Produktion, zuerst mit menschlicher Arbeitskraft und Werkzeugen, dann aber vor allem die Produktion mit technischer Energie und Maschinen. Man kann sich heute, da wir uns an die immer schneller voranschreitende Entwicklung gewöhnt haben, kaum vorstellen, welche Begeisterung damals dieses Losungswort entfachte.

Ich stelle nun die Frage: Haben wir dieses Goldene Zeitalter in Westeuropa und allen entwickelten Ländern nicht weitgehend erreicht? Haben wir nicht alle die Nöte und Leiden, unter denen die Menschen seit der Vertreibung Adams und Evas aus dem Paradies gelitten haben, zum großen Teil überwunden – den Hunger, das Frieren, die Pest, die Unterdrückung –, und haben wir nicht den Schweiß, mit dem man sein Brot essen soll, aus dem Angesicht gewischt? Nie in der Menschheitsgeschichte konnte man sich so reichlich ernähren, sich so gut kleiden und so bequem wohnen, nie war die ärztliche Betreuung so groß und die Lebenserwartung so hoch, noch nie hatte man so viel Bewegungsfreiheit, und noch nie mußte man so wenig gehorchen, während die Möglichkeiten, seine Fähigkeiten zur Geltung kommen zu lassen und schöpferische Kräfte zu entfalten, noch nie so groß waren wie heute.

Ich glaube, wir müssen zugeben, daß wir in Westeuropa in dieser Hinsicht tatsächlich nahe an das Goldene Zeitalter herangekommen sind, das Saint-Simon prophezeite. Noch sind zwar in zweierlei Hinsicht wesentliche Fortschritte anzustreben, um die Leiden der Menschen zu vermindern: die Schaffung einer internationalen Ordnung, welche die Entstehung von Kriegen verhindert, wozu auch die Wachstumsförderung der übrigen Teile der Welt gehört, und eine weitere Entwicklung der medi-

30

zinischen Kunst, mit dem Ziel, den Tod bis an die natürliche Altersgrenze hinauszuschieben. In beiderlei Hinsicht sind aber mindestens Aussichten für einen Erfolg vorhanden, so daß wir bald auch in bezug auf diese Probleme an einem Kulminationspunkt angelangt sein könnten, während er in anderer Hinsicht praktisch schon erreicht ist. Viele neue Erfindungen tragen ja bereits heute nur noch wenig zum Wohlbefinden bei und werden eigentlich mehr nur um ihrer selbst willen – als l'art pour l'art oder als Spielereien – betrieben. Ihr Grenznutzen ist bereits sehr niedrig geworden.

Der Preis der technischen Zivilisation
Wenn wir also in dieser Hinsicht feststellen, daß – so groß noch die Möglichkeiten neuer Erfindungen theoretisch und praktisch auch sind – im Grunde »uns nicht mehr viel zu tun noch übrig bleibt«, um mit Hilfe technischer Mittel das Glück zu verwirklichen, so stellen wir gleichzeitig fest, daß sich neue Probleme auftun und immer größer werden, die verhindern, daß wir überhaupt je einen absoluten Kulminationspunkt erreichen, das heißt das Paradies auf Erden verwirklichen können. Ja, es besteht die Gefahr, daß wir den Kulminationspunkt des Glücks schon bald wieder hinter uns lassen müssen. Diese Überlegung drängt sich deswegen auf, weil die Probleme, die mit der Technisierung und der Industrialisierung des Lebens zusammenhängen, immer größer werden. Sie wurden schon im 19. Jahrhundert, vor allem in dessen zweiter Hälfte, von den Kultur- oder Zivilisationskritikern diagnostiziert. Ihre Kritik wurde jedoch durch die zwei Weltkriege in den Hintergrund gedrängt. Erst mit der neuen Industrialisierungswelle nach dem Zweiten Weltkrieg wurde sie wieder aktuell.
Tatsächlich kommt man heute nicht mehr darum herum festzustellen, daß das wirtschaftliche Wachstum einen gewissen Aufwand erfordert, über den man sich bisher noch zu wenig Rechenschaft abgelegt hat. Ich nenne nur die bekannten Phä-

nomene Wasserverschmutzung, die Verunreinigung der Luft, das unbewältigte Problem der Abfallbeseitigung, den Lärm, von dem bereits der 1910 verstorbene Bakterienforscher Robert Koch sagte: »Man wird dereinst den Lärm bekämpfen müssen wie heute die Pocken und die Cholera«, die Verbarrikadierung der Landschaft, die zunehmende Häßlichkeit oder – um mit Alexander Mitscherlich zu sprechen – »die Unwirtlichkeit« unserer Städte, die künstliche Steigerung des Glücksgefühls durch Narkotika und Pillen und die dadurch hervorgerufenen gesundheitlichen Schädigungen, die Entfremdung des Menschen von seiner Arbeit, das Nachlassen der Dienstleistungen aller Art, die mit der Kommerzialisierung der Kunst verbundene Minderung ihres Niveaus, schließlich die allgemeine Isolierung des Menschen, die auf die Dauer pathologische Erscheinungen hervorrufen muß. Es geht also beim Raubbau nicht nur um eine drohende Vernichtung unserer Produktionsgrundlagen, sondern auch um eine Störung unserer psychischen Grundstruktur.

Eine Lücke in der Wachstumstheorie

Handelt es sich nun aber bei den von vielen Kulturkritikern beschworenen Vorstellungen des Raubbaus – und das ist die entscheidende Frage – nur um Vorstellungen frustrierter Ästheten und schockierter Wasserbiologen oder aber um ein Problem, mit dem sich ein Nationalökonom befassen muß? Handelt es sich also bei dem Raubbau, wie wir ihn eben beschrieben haben, um ein Randproblem, dessen Lösung wir getrost den technischen Wissenschaften und allenfalls der Psychologie überlassen können, oder um eine dem wirtschaftlichen Wachstum immanente Erscheinung? Um dies zu ergründen, müssen wir die einzelnen Faktoren, auf denen das Wachstum beruht, daraufhin untersuchen, inwieweit sie selber dem Gesetz des Fortschritts beziehungsweise dem Gesetz des Raubbaus unterworfen sind.

Wenn wir nun die herrschende Wachstumstheorie daraufhin befragen, können wir feststellen, daß sie ein Problem des Raubbaus nicht kennt. Dies wird deutlich, wenn wir die einzelnen Faktoren der volkswirtschaftlichen Produktionsfunktion, die der herrschenden Wachstumstheorie zugrunde liegt, untersuchen. Diese Produktionsfunktion lautet: Das Sozialprodukt, das heißt das sogenannte reale Volkseinkommen, ist abhängig erstens vom Arbeitseinsatz, zweitens vom Kapitaleinsatz und drittens von einer Restgröße, die man als technischen Fortschritt bezeichnet. Dabei stellt man sich vor, daß eine Erhöhung des Arbeits- und Kapitaleinsatzes um einen bestimmten Prozentsatz zu einer Erhöhung des Sozialproduktes (des sogenannten realen Volkseinkommens) um den gleichen Prozentsatz führt, also daß das Sozialprodukt proportional zum Arbeits- und Kapitaleinsatz wachse. Man spricht von einer linear-homogenen Produktionsfunktion. Alles überproportionale Wachstum wird dann dem als technischer Fortschritt etikettierten dritten Faktor zugeschrieben.

Als eigentlicher Faktor des Wachstums wird von der Wachstumstheorie die dritte Größe, der technische Fortschritt, bezeichnet. Die Wachstumstheoretiker geben zwar zu, daß dieser dritte Faktor nach Gottfried Bombach

ein Sammelbegriff sei, ein *catch all,* für alles das, was sich jenseits von Arbeit und Kapital nicht im einzelnen identifizieren läßt.[2]

Nichtsdestoweniger bleibt man aber bei der Vorstellung, daß der technische Fortschritt beziehungsweise die Forschung der eigentliche Wachstumsfaktor sein müsse, da er der einzige Faktor ist, der keiner Beschränkung unterliegt. Die *matière grise,* der graue Rohstoff, das heißt der menschliche Geist, regeneriert sich ständig und wird im Gebrauch immer leistungsfähiger, ist also als reines Geschenk der Schöpfung zu betrachten, bei dem – vom Ausbildungsaufwand abgesehen – überhaupt kein Aufwand einzusetzen ist, so daß dessen Ertrag von vornherein einen Nettoertrag darstellt. Es handelt sich – per definitionem – um einen reinen Fortschrittsfaktor.

In dieser volkswirtschaftlichen Produktionsfunktion fehlt jedoch eine *vierte Größe*; es fehlt als explizite Größe der Abbau der uns von der Natur gegebenen Güter beziehungsweise deren allmählicher Einbezug in das reale Volkseinkommen. Es ist ja von vornherein merkwürdig, daß in der Produktionsfunktion der Wachstumstheorie ein Faktor fehlt, der in den früheren Produktionstheorien eine große Rolle gespielt hat und sogar zeitweise als der einzige relevante Faktor neben der Arbeit angesehen wurde, nämlich der Faktor Boden, den wir als pars pro toto, als Teil, der die gesamte Natur repräsentiert, ansehen können. Der heute herrschenden Wachstumstheorie liegt offensichtlich die Auffassung zugrunde, daß bei dem ganzen Wachstumsprozeß dieser Rohstoff Natur keine Rolle spielt.

Diese Auffassung ergibt sich aus der Vorstellung, daß dieser Rohstoff nach Beendigung des Schöpfungsprozesses nicht mehr wachse und daß ein Faktor, der nicht wächst, auch nichts zum wirtschaftlichen Wachstum beitragen könne. Das ist jedoch eine Fehlüberlegung. Vielmehr erweist es sich bei genauerer Analyse – und das ist meine Hauptthese –, daß es sich beim Wachstumsprozeß in Wirklichkeit weitgehend um einen Substitutionsprozeß handelt, nämlich um die Substitution von Größen, die nicht im realen Volkseinkommen beziehungsweise im Sozialprodukt berücksichtigt werden, durch solche, die darin Eingang finden. Der Substitutionsprozeß erscheint also nur deshalb als Teil eines realen Wachstumsprozesses, weil das reale Volkseinkommen, mit dem das Wachstum gemessen wird, in Wirklichkeit gar nicht so real ist.

Dieser Substitutionsprozeß besteht darin, daß Güter aus dem Vorrat der Natur, die in der Nationalökonomie als *freie Güter* bezeichnet werden, solange sie geldwirtschaftlich noch nicht genutzt sind, mehr und mehr im Produktionsprozeß verbraucht werden. Diese freien Güter werden bei der Berechnung des realen Volkseinkommens, wie noch zu zeigen sein wird, nicht berücksichtigt, obwohl sie als solche bisher schon in ihrer Naturalform, sei es individuell oder im Kollektivgebrauch, genutzt worden sind und genutzt werden. Das gleiche gilt bis zu einem gewissen Grad auch für landwirtschaftlich genutzte Güter beziehungsweise Produktionsfaktoren, soweit sie nicht in den Marktwert der landwirtschaftlichen Produktion eingehen.

Gehen wir wieder auf die Frage der Wachstumstheorie zurück, welchem Faktor das überproportionale Wachstum des Sozialprodukts zugeschrieben werden muß, das heißt des Wachstums, das über die Erhöhung des Arbeits- und Kapitaleinsatzes hinausgeht, so lautet die Antwort gemäß der hier vertretenen These: das überproportionale Wachstum ist nicht allein aus dem technischen Fortschritt, sondern auch aus dem vermehrten Gebrauch des Rohstoffs Natur beziehungsweise des Raubbaus an diesem – nicht vermehrbaren – Vorrat zu erklären. Dies bedeutet aber nichts anderes, als daß der dritte Faktor der volkswirtschaftlichen Produktionsfunktion in zwei getrennte Faktoren – technischer Fortschritt einerseits und Abbau des Rohstoffs Natur beziehungsweise Raubbau an diesem Rohstoff andererseits – zu zerlegen ist.

Die Rolle der Geldschöpfung

Um nun unsere These überprüfen zu können, müssen wir den Weg des wirtschaftlichen Wachstums und insbesondere des beschleunigten Wachstums verfolgen. Es hat seinen Ursprung in der multilateralen Tauschwirtschaft, welche durch die Einführung und Verbreitung des Geldes möglich wird. Die Einführung des Geldes, mit dem man sich beliebige Güter kaufen kann, ermöglicht die Trennung von Produktion und Konsum, aufgrund dieser Trennung die Arbeitsteilung zwischen den Produzenten und aufgrund der Arbeitsteilung die Herstellung immer größerer Massen einheitlicher Produkte an einem Ort, in einem Betrieb und in diesem Zusammenhang wiederum die Einführung und die Spezialisierung der Maschinen, soweit sie der menschliche Erfindungsgeist schon bereitgestellt hat. Gleichzeitig werden aber immer mehr Produktionsfaktoren aus den Produktionsbereichen, in denen die Trennung von Produktion und Konsum noch nicht oder nur am Rande stattgefunden hat, das heißt aus den sogenannten freien Ressourcen der Natur und aus der Landwirtschaft, in den Industrialisierungsprozeß einbezogen.

Auf welche Weise geht dieser Attraktionsprozeß vor sich? Dieser Prozeß wird durch die Geldschöpfung in Gang gesetzt. Das neugeschaffene Geld fließt auf dem Wege der Kreditgewährung der Industrie und dem Handel zu. Die Geldschöpfung wird dabei durch die Gewinnmöglichkeiten induziert, in die sich die Geldschöpfer, das heißt vor allem der Staat und die Banken, und die Geldnehmer, das heißt die Industrieproduzenten und Händler, teilen. Die Geldschöpfung ist für den Industrialisierungsprozeß deswegen nötig, weil in einer arbeitsteiligen Wirtschaft der Industrieproduzent die Maschinen beziehungsweise der Händler die Rohstoffe und Waren bereits kaufen und bezahlen muß, bevor sich die Maschinen bezahlt gemacht haben beziehungsweise die Rohstoffe und Waren verkauft worden sind. Aufgrund dieser vorzeitigen Bezahlung gelangt aber auch mehr Geld zu den Konsumenten, die auf diese Weise in der Lage sind, mehr als früher insgesamt für die Produkte zu bezahlen. Dies ist eine zwingende Notwendigkeit, wenn der Produktionsprozeß in einer arbeitsteiligen Geldwirtschaft – im Gegensatz zur Naturalwirtschaft – aufrechterhalten beziehungsweise gesteigert werden soll. In einer Geldwirtschaft muß ein Gewinn vorhanden sein, das heißt die gesamten Geldeinnahmen müssen höher sein als die gesamten Geldausgaben. Beim Übergang von der Naturalwirtschaft zur Geldwirtschaft steigen aber auf jeden Fall die Geldausgaben, denn der Produzent muß ja nun, um zu produzieren und zu verkaufen, vorher Rohstoffe und gewisse Produktionsmittel bezahlen, während er früher nur das verkaufte, was er mit seiner eigenen Hände

Arbeit geschaffen hatte. Wenn aber die Geldausgaben steigen, müssen notgedrungen auch die Geldeinnahmen steigen, damit ein Gewinn erzielt werden kann. Es wird also ein automatischer Prozeß in Gang gesetzt, in dem die Kreditaufnahme zu höherem Geldumlauf, der höhere Geldumlauf zu höheren Gewinnen, die höheren Gewinne wieder zu neuen Möglichkeiten der Kreditaufnahme führen. Dabei wird gleichzeitig dank der neuen Kombination der Produktionsfaktoren mit dem technischen Fortschritt innerhalb der Industrie der Realaufwand pro Produktions*einheit* gesenkt. Der gesamte Realaufwand allerdings wird wegen der starken Erweiterung der Produktion vergrößert, denn mit Technik, das heißt mit Erfindungsgeist allein, kann ja nichts produziert werden, es braucht dazu die natürlichen – die sogenannten freien oder landwirtschaftlich genutzten – Güter, das heißt die Ressourcen, die noch nicht industriell genutzt wurden. Die sogenannten freien Güter wie Wasser, Luft usw. werden aber industriell verwertet, ohne überhaupt in die Kostenkalkulation einzugehen, auch wenn sie volkswirtschaftlich gesehen reale Kosten darstellen. Die agrarisch genutzten Ressourcen wie Boden und Arbeitskräfte werden von der Industrie angezogen, weil diese wegen der höheren Wertschöpfung (dank der im industriellen Prozeß möglichen Produktdifferenzierung) in Zusammenhang mit der besseren Ausnutzung des Kapitaleinsatzes höhere Löhne beziehungsweise Bodenpreise zahlen kann.

Die Kostenfunktion der »freien Güter«

Wir sehen also, daß der der Geldwirtschaft immanente Wachstumsmechanismus nicht nur die Einführung neuer Techniken, sondern auch die Überführung von Produktionskräften aus dem Gemeingebrauch beziehungsweise dem landwirtschaftlichen Gebrauch in den geldwirtschaftlichen Gebrauch durch die Industrie bewirkt. Dieser Substitutionsprozeß geht auch dann weiter, wenn die sogenannten freien beziehungsweise landwirtschaftlich genutzten Güter knapp werden, das heißt in Wirklichkeit keine freien Güter mehr darstellen. Wenn dieser Prozeß sich fortsetzt, muß wegen der Beschränktheit des Rohstoffs *Natur* schließlich einmal der Nutzenentgang durch Entzug dieser Güter aus der kollektiven beziehungsweise der landwirtschaftlichen Nutzung höher werden als der Wert, der durch diesen Prozeß dem Sozialprodukt hinzugefügt wird. Von diesem Moment an muß man konsequenterweise einen Teil des wirtschaftlichen Wachstums und schließlich das wirtschaftliche Wachstum überhaupt als ökonomischen Raubbau bezeichnen. Der Fortschritt zu einem höheren Lebensstandard hört dann auf, obwohl – wie Condorcet in seinem berühmten, 1794 erschienenen Buch *Entwurf einer historischen Darstellung der Fortschritt des menschlichen Geistes,* welches man als die Bibel des Fortschritts bezeichnen kann, richtigerweise dartut – »der Vervollkommnung der menschlichen Fähigkeiten keine Grenzen gesetzt sind«. Einer Umsetzung dieser Vervollkommnung des menschlichen Geistes in eine höhere Lebensqualität ist aber aufgrund der Begrenztheit der Natur, zu der auch die menschliche Psyche gehört, Grenzen gesetzt.

Bei dieser Betrachtungsweise ist maßgebend – und damit komme ich auf meinen Ausgangspunkt zurück –, daß dieser Substitutionsvorgang in der Berechnung des Sozialprodukts, das heißt des sogenannten realen Volkseinkommens und damit der Wachstumsrate, nicht oder kaum zum Ausdruck kommt, das heißt, daß auch die bloße Substitution von freien oder landwirtschaftlich genutzten Gütern durch Industrieprodukte, weil sich die Industrien dank dem Geldschöpfungsprozeß ständig höhere Preise leisten können, als Erhöhung des Sozialprodukts erscheint. Dies ergibt sich daraus, daß der Preisindex, mit dem das nominale Volkseinkommen deflationiert wird, die aus dem Substitutionsvorgang resultierende Preissteigerung nicht oder nicht vollständig wiedergibt, sei es, weil die Güter, welche substituiert werden, gar nicht im Preisindex enthalten sind, sei es, weil die zur Preissteigerung führende vermehrte Nachfrage nach neuen Industrieprodukten in einem Preisindex, der auf dem Vergleich der Preise gleichbleibender Produkte aufbaut, ex definitione nicht berücksichtigt werden kann.

Diese Überlegungen zeigen uns, daß es notwendig war, von einem sogenannten realen Volkseinkommen zu sprechen, weil eben dieses reale Volkseinkommen nur einen Teil der real zur Verfügung stehenden Güter und Dienstleistungen ausweist und eine relative Erhöhung dieses Teils auf Kosten des anderen fälschlicherweise für eine absolute Steigerung, also einen echten Fortschritt ausgibt. So ist es schließlich denkbar, daß die Lebensqualität beziehungsweise der effektive Wohlstand sogar sinkt, während das reale Volkseinkommen absolut und pro Kopf der Bevölkerung ansteigt, ja daß sogar die Lebensqualität um so viel mehr sinkt, als die errechnete Wachstumsrate sich erhöht! Es zeigt sich also, daß eine eindimensionale Betrachtungsweise auf die Dauer zu völlig absurden Ergebnissen führen muß und daß dieser Zeitpunkt angesichts der weitgehenden Erschöpfung der freien oder noch freizusetzenden Ressourcen in Natur und Landwirtschaft bald gekommen sein wird. Wir müssen daher heute zu einer zweidimensionalen Betrachtungsweise übergehen, bei der Bruttoertrag und Aufwand des Wachstums gegenübergestellt werden.

Wir können die Entwicklung seit der neolithischen Revolution, (8000–6000 Jahre v. Chr.) als der Mensch im eigentlichen Sinn zu wirtschaften begann, bis heute etwa so darstellen:

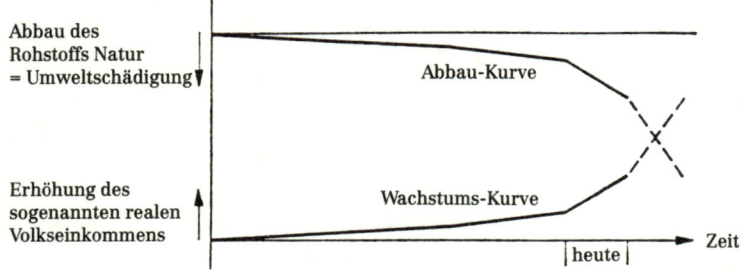

Abb. 1: Kreuzung der Wachstums- und der Abbau-Kurve

Nach einem langsamen Ansteigen des sogenannten realen Volkseinkommens mit einem ebenso langsamen Abbau des von der
Natur gegebenen Vorrats sind wir seit dem 18./19. und erst
recht seit Mitte des 20. Jahrhunderts in einen Beschleunigungs-
prozeß eingetreten, der bald zur Kreuzung der Wachstums-
und der Abbaukurve führen kann. Kurz bevor sich beide Kurven
schneiden, ist der Kulminationspunkt, das Goldene Zeitalter
erreicht. Von da an wird die durch das Wachstum bewirkte Erhöhung der Lebensqualität kleiner als die durch den Raubbau
bewirkte Minderung desselben.

Die Optimierung der Wohlfahrt

Aus diesen Überlegungen ergibt sich die Konsequenz, daß es
sich beim wirtschaftlichen Wachstum sicher nicht um eine
Maximalaufgabe, sondern um eine *Optimalaufgabe* handelt.
Wo es aber um ein Optimalproblem geht, da ist immer der Nationalökonom auf den Plan gerufen, denn dann handelt es sich
darum, ökonomisch zu denken, das heißt zu versuchen, mit
einem vorgegebenen Aufwand einen möglichst großen Ertrag
herauszuwirtschaften oder aber einen vorgegebenen Ertrag
mit einem möglichst geringen Aufwand zu erzielen. Zu diesem
Zweck muß allerdings die Wachstumstheorie aus dem naiven
Saint-Simonismus, dem sie im Grunde immer noch verhaftet
ist, herausgeführt werden.
Dies ist jedoch leichter gesagt als getan. Denn es bedeutet
nichts anderes, als daß die in letzter Zeit modern gewordene
Kosten-Nutzen-Analyse, die man bisher nur auf einzelne Pro-
jekte angewendet hat, auf das »Gesamtprojekt Wachstum«
ausgedehnt werden muß, das heißt, daß nach Kosten und Nutzen beziehungsweise Aufwand und Ertrag des Wachstums und
nicht mehr nur nach dem Wachstum selbst gefragt wird. Das
Wachstum ist aber bisher so definiert worden, daß es eine
meßbare Größe darstellt; alle realen Größen werden ja mit
ihrem Geldwert aufaddiert und erst nachträglich durch den

Preisindex dividiert. Gerade durch diese Messung werden aber – wie wir gesehen haben – die echten Kosten-Nutzen- beziehungsweise Aufwand-Ertrag-Überlegungen verfälscht.

Welchen Maßstab können wir dann aber anlegen? Man wird nicht darum herumkommen, die Probleme im einzelnen zu analysieren und sie so zu formulieren, daß sie für den Politiker durchschaubar und operationell handhabbar werden, ohne daß notwendigerweise die Aufwand- und Ertragsgrößen, die Globalgrößen aufaddiert werden. Dies ist jedoch auch nicht unbedingt nötig, da dem Politiker ohnehin keine Globalmaßnahmen zur Verfügung stehen und er die einzelnen Probleme gesondert in Angriff nehmen muß. Im ganzen gesehen handelt es sich darum, den durch die Geldwirtschaft überforcierten Wachstumsprozeß so zu steuern, daß die freien und freigesetzten Ressourcen, die heute in Wirklichkeit die knappsten Ressourcen sind, nicht unnütz verschleudert werden. Dies kann grundsätzlich auf zwei Weisen geschehen, entweder mit Hilfe einer die Marktwirtschaft ergänzenden Planung, das heißt mit Geboten und Verboten, oder aber durch Umstrukturierung der Marktwirtschaft, indem volkswirtschaftliche Kosten in privatwirtschaftliche Kosten umgesetzt werden beziehungsweise die sparsame Verwendung der noch vorhandenen Ressourcen privatwirtschaftlich belohnt wird. Hier mitzuhelfen dürfte die vornehmste Aufgabe des Nationalökonomen werden. Vielleicht erhält mit dieser Aufgabe die Nationalökonomie sogar erst ihre eigentliche strategische Bedeutung.

Das ökonomisch-ökologische System

I

Etymologisch gesehen stammen die beiden Begriffe *Ökonomie* und *Ökologie* von demselben griechischen Wort *oikos* = Haus ab. Die Ökonomie bildet die Lehre vom Wirtschaftshaushalt, die Ökologie die Lehre vom Naturhaushalt.

Lange konnte der Mensch parallel einerseits als ökonomisches Wesen, als *homo oeconomicus,* als Teil des Wirtschaftshaushaltes und andererseits als ökologisches Wesen, als *animal,* als Teil des Naturhaushaltes betrachtet und behandelt werden, ohne daß beide Betrachtungsweisen miteinander in Berührung oder gar in Konflikt gerieten. Dies war so lange möglich, wie die wirtschaftliche Tätigkeit nur am Rande in den Naturhaushalt eingriff. Heute ist die bloße Parallelbetrachtung nicht mehr möglich, da die wirtschaftliche Entwicklung eine Dimension erreicht hat, welche der Dimension des Naturgeschehens ebenbürtig ist, so daß eine totale Konfrontation von Natur und Wirtschaft bevorsteht.

Bis heute wurde in den Modellvorstellungen der Wirtschaftstheorie vernachlässigt, daß jede menschliche Schöpfung nur eine Umformung sein kann, also auf etwas Bestehendem basiert. Um mit Emil Egli zu sprechen:

> Nur der erste Schöpfer schuf ex nihilo. Der sekundäre schafft ex aliquo: der Mensch ist der große Verwandler.[1]

Dieses aliquid, dieses Etwas, nämlich die »Reichtümer der Natur«, waren bis anhin nicht in das wirtschaftliche Kalkül einzubeziehen, da sie angesichts der noch verhältnismäßig geringen Beanspruchung durch die Wirtschaft als unendlich groß und deshalb als mit ruhigem Gewissen verschwendbar erschienen. Erst in den letzten Jahren zeigte es sich, daß diese Vorräte angesichts des exponentiellen Wirtschaftswachstums ein endliches

Ausmaß haben. Die Modellvorstellung von unserer Wirtschaft als einem geschlossenen Kreislauf muß also radikal geändert und es muß der Tatsache Rechnung getragen werden, daß die wirtschaftliche Produktion die Ökosphäre in mehrfacher Hinsicht belastet, ihr die natürlichen Ressourcen entnimmt, die Abfälle an sie abliefert und sie durch Ausbreitung der Wirtschaftssphäre verdrängt.

War bisher der Grenznutzen des wirtschaftlichen Wachstums, d. h. die Zunahme im Umfang der produzierten Konsumgüter, relativ hoch und der Grenznutzen der Natur bzw. dessen, was wir als die *Umwelt* betrachten, relativ gering, so ist es jetzt umgekehrt. Während der Umfang an produzierten Konsumgütern immer rascher zunimmt, steigt der Grenznutzen der Umwelt in dem Ausmaß an, wie die Zerstörung der Natur schneller und schneller fortschreitet. Das zwingt uns, die Tatsache ernst zu nehmen, daß der Mensch gleichzeitig ein ökonomisches und ein ökologisches Wesen ist und es daher nötig ist zu untersuchen, wie sich die beiden Sphären – die ökonomische und die ökologische Sphäre – im Laufe der weiteren Entwicklung zueinander verhalten. Nur dann ist es möglich, von der ökonomischen Theorie aus mitzuhelfen, die uns drohende totale Konfrontation von Natur und Wirtschaft zu verhindern und ein Gleichgewicht zwischen beiden Sphären zu suchen.

II

Die Ökosphäre hat sich über Milliarden von Jahren – die Wissenschaftler sprechen von 4½ Milliarden Jahren – in einer Art Kapitalisierungsprozeß aufgebaut, an dessen Ende der ökologische Kreislauf steht. Das ökologische Kapital ist unsere Welt oder – theologisch gesprochen – die Schöpfung, nämlich die Sonne, welche die Urenergie liefert, das Wasser, die Erde, die Luft, die Mineralien und schließlich die fossilen Brennstoffe, welche bereits Produkte der Photosynthese sind (vgl. Abb. 2). Heute ist der Aufbau des Ökosystems zwar nicht vollständig, aber doch nahezu abgeschlossen; die Welt ist – wie sich Herder in seinen *Ideen zur Philosophie der Geschichte der Menschheit* ausdrückt – »ausgebildet oder vielmehr alt« geworden.[2] Dies bedeutet, daß sich in der Natur Zu- und Abgänge von Welt- bzw. Lebenssubstanz nahezu die Waage halten oder daß sich – unter Verwendung von ökonomischen Begriffen, die sich in der Ökologie eingebürgert haben – Produktion oder besser Reproduktion und Konsum dieser Welt- und Lebenssubstanz weitgehend ausgleichen.[3] Wir können diesen Wechsel von Konsum und Produktion bzw. Reproduktion als stationären Prozeß bezeichnen, weil er sich von Periode zu Periode wiederholt. Man kann auch von einem gleichgewichtigen Prozeß sprechen, weil sich Plus und Minus weitgehend aufheben. Das Bild eines solchen Prozesses ist der Kreislauf, weil das Ende wieder an den Anfang anschließt.

Der ökologische Kreislauf (vgl. Abb. 2) ist kompliziert und vielschichtig. Alle Lebewesen müssen atmen und ›essen‹, d. h. brauchen Sauerstoff und Nahrung, um zu leben (Leben = Energieverbrauch), wobei durch Ausatmung, Ausscheidung und Absterben Kohlendioxid, Wasser und verrottbare organische Substanzen als ökologischer Abfall entstehen. Durch Zuführen von Sonnenenergie wird mit Hilfe der Photosynthese, welche die Pflanzen dank des Chlorophylls vollziehen können, und durch die Zerlegung der organischen Abfälle mittels Mikroorganismen wiederum Nahrung und Sauerstoff bereitgestellt. Man kann hier ebensogut von einer Produktion wie von einer Reproduktion sprechen. Tagsüber unter Einwirkung des Sonnenlichtes treten also die Pflanzen als Produzenten bzw. als Reproduzenten von Nahrung und Sauerstoff auf, während sie nachts als Konsumenten des ökologischen Kreislaufs erscheinen, in gleicher Weise wie die Tiere und der Mensch. Indem die Pflanzen – wenn man so sagen darf – sich selbst konsumieren, können wir sie als Konsumenten nullter Ordnung, die pflanzenfressenden Tiere (Herbivoren) als Konsumenten erster Ordnung, die fleischfressenden Tiere (Carnivoren) als Konsumen-

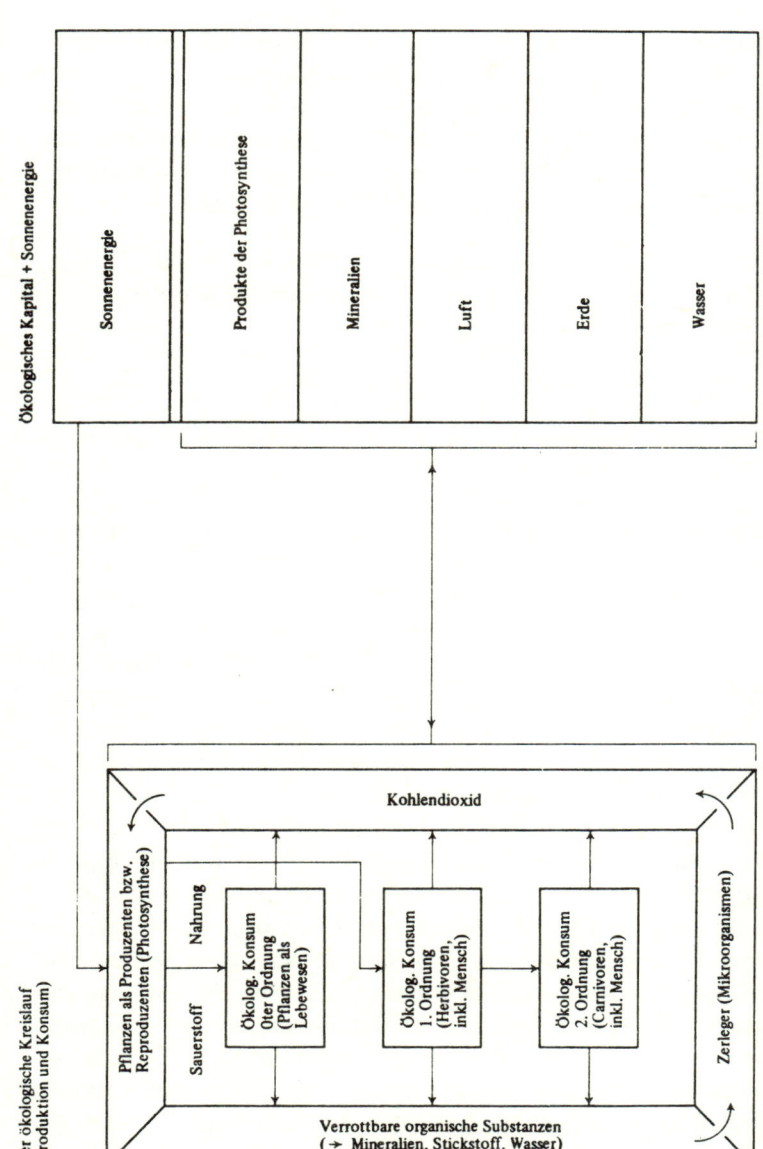

Der ökologische Kreislauf (Produktion und Konsum)

Ökologisches Kapital + Sonnenenergie

- Sonnenenergie
- Produkte der Photosynthese
- Mineralien
- Luft
- Erde
- Wasser

Pflanzen als Produzenten bzw. Reproduzenten (Photosynthese)

Kohlendioxid

Nahrung

Sauerstoff

Ökolog. Konsum 0ter Ordnung (Pflanzen als Lebewesen)

Ökolog. Konsum 1. Ordnung (Herbivoren, inkl. Mensch)

Ökolog. Konsum 2. Ordnung (Carnivoren, inkl. Mensch)

Zerleger (Mikroorganismen)

Verrottbare organische Substanzen (→ Mineralien, Stickstoff, Wasser)

Abb. 2: Das ökologische System

ten zweiter Ordnung bezeichnen; der Mensch ist als Allesfresser (Omnivor) sowohl den pflanzenfressenden als auch den fleischfressenden Tieren zuzuordnen.[4] Schematisch läßt sich der ökologische Kreislauf in den Konsumprozeß einerseits und den Produktionsprozeß andererseits zerlegen. Der Konsumprozeß hat für Mensch, Tier und Pflanzen die folgende Form:

$$O_2 + \text{Nahrung} \rightarrow \text{Energie (Lebensenergie, Abwärme)}$$
$$+ CO_2 + H_2O + \text{organische Abfallstoffe}$$

Dem steht der Produktions- bzw. Reproduktionsprozeß gegenüber, der sich tagsüber in den Pflanzen vollzieht:

$$\text{Energie (Sonnenenergie)} + CO_2 + H_2O + \text{organische Abfallstoffe}$$
$$\rightarrow \text{Nahrung} + O_2$$

Der ökologische Kreislauf scheint auf diese Weise vollständig geschlossen zu sein, wenn wir einmal davon absehen, daß quantitativ die Produktion noch immer etwas höher ist als der Konsum, also der ökologische Kapitalbildungsprozeß in geringem Ausmaß weitergeht. In Tat und Wahrheit ist jedoch der Kreislauf nicht geschlossen, weil die Energie, welche im Konsumprozeß entsteht (Lebensenergie, Abwärme) nicht mit der Energie (Sonnenenergie) identisch ist, die im Produktionsprozeß verbraucht wird. Wir können aber trotzdem von einem Kreislauf sprechen, weil die Energiequelle, die am Ursprung des Lebensprozesses steht – die Sonne –, als unendlich groß angesehen werden kann. Aus diesem Grund ist es gar nicht nötig, daß der Energiekonsum durch eine identische Energieproduktion ausgeglichen, also reproduziert wird; der Lebensprozeß kann sich trotzdem unendlich oft wiederholen. Dies gilt entsprechend auch in bezug auf die natürliche Abwärme, weil sie im Vergleich zur Atmosphäre so gering ist, daß sie keine Temperaturveränderung verursacht und damit den Lebensprozeß nicht beeinflußt. Ganz schematisch kann der ökologische Prozeß etwa folgendermaßen dargestellt werden:

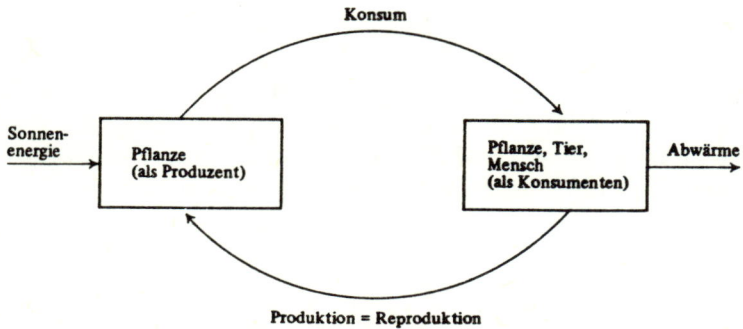

Abb. 3: Grundform des ökologischen Kreislaufs

In welcher Weise hat sich nun der Übergang vom dynamischen Kapitalisierungsprozeß der Ökosphäre in den stationären Kreislauf vollzogen? Nach allem, was wir den Ergebnissen der Paläontologie entnehmen dürfen, ist dieser Übergang im Sinne einer logistischen Funktion[5] erfolgt. Diese Funktion ist das Bild eines sich selbst begrenzenden Prozesses, und es scheint, daß der Aufbau der Ökosphäre aufgrund solcher Prozesse vor sich gegangen ist. In einer logistischen Funktion ist die Veränderung der untersuchten Größe im Zeitablauf sowohl proportional zum bereits erreichten Niveau als auch zum Annäherungsgrad an ein absolutes Sättigungs- oder Kapazitätsniveau. Bezeichnen wir die zu untersuchende Größe mit y, den Zuwachs mit Δy, das absolute Sättigungsniveau mit y_s, die für den Zuwachs in der Zeit maßgebliche Proportionalitätskonstante mit c, so gilt:

$$\Delta y_t = \underbrace{c y_t}_{\substack{\text{Wachs-}\\ \text{tums-}\\ \text{faktor}}} \cdot \underbrace{\frac{y_s - y_t}{y_s}}_{\substack{\text{Brems-}\\ \text{faktor}}}$$

47

Daraus geht hervor, daß die untersuchte Größe zuerst rasch zunimmt, solange das Sättigungsniveau noch fern ist, dann aber immer weniger zunimmt, je mehr sie sich dem Sättigungsniveau nähert und schließlich kein weiteres Wachstum mehr verzeichnet. Diese Bewegung kommt im folgenden Kurvenverlauf zum Ausdruck:

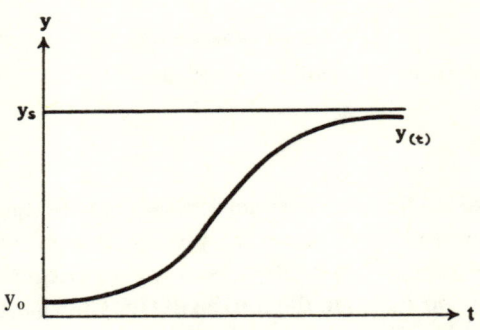

Abb. 4: Kurve einer logistischen Funktion

Einen solchen Vorgang finden wir etwa beim allmählichen Übergang von der Uratmosphäre in die heutige Atmosphäre, die das Leben auf dieser Welt ermöglicht hat. Dieser Vorgang sei hier kurz angedeutet, um den Charakter des ökologischen Kapitalisierungsprozesses deutlich zu machen. Nach Asimov[6] läßt sich dieser Prozeß in folgende Abschnitte einteilen. Die Uratmosphäre war hauptsächlich zusammengesetzt aus Wasser, Ammoniak und Methan. Unter dem Einfluß der ultravioletten Strahlung der Sonne wurden Wassermoleküle in Wasserstoff und Sauerstoff gespalten. Dieser Vorgang wird als Photodissoziation bezeichnet. Der Wasserstoff entweicht in den Weltraum, während sich der Sauerstoff mit Methan zu Kohlendioxid und Wasser und mit Ammoniak zu Stickstoff und Wasser verbindet. Allmählich verschwinden Ammoniak und Methan aus der Atmosphäre, und an ihre Stelle treten Stickstoff und Kohlendioxid. Bei einem weiteren Fortgang der Photodissoziation wäre der ursprüngliche Wasservorrat der Welt vollständig verbraucht worden und ein Leben auf der Welt unmöglich geworden. Dieser Prozeß wurde jedoch dadurch gebremst, daß ein Teil des Sauerstoffes, der bei der Photodissoziation anfällt, sich zu Ozon (O_3) verbindet. Dadurch entstand ein Ozongürtel, der 25 km von der Erdoberfläche entfernt ist. Entscheidend ist nun, daß das Ozon die ultravioletten Strahlen der Sonne stark absorbiert, so daß die Atmosphäre immer mehr vor dieser Strahlung abgeschirmt wird. Allmählich hörte damit die Photodissoziation, die vom ultravioletten Licht abhängig ist, auf oder doch nahezu auf. Die Photodissoziation ist somit – und das ist das Entscheidende – ein sich selbst begrenzender Prozeß. An die Stelle desselben tritt die Photosynthese, welche Sauerstoff aus Wasser mittels der Energie des sichtbaren Lichtes, das vom Ozongürtel nicht absorbiert wird, bildet. Die Photosynthese setzt keinen Wasserstoff frei, sondern bindet ihn im Pflanzengewebe. Aus dem organischen Abfall wird er schließlich in Wasser zurückverwandelt. Somit wird bei der Photosynthese der Wasservorrat der Erde nicht verbraucht, und der Prozeß kann sich beliebig oft wiederholen. Auf diese Weise ist der Aufbau der Atmosphäre (Kapitalisierungsprozeß) im Sinn einer logistischen Funktion zu Ende gegangen (Photodissoziation); an seine Stelle trat der Kreislaufprozeß (Photosynthese).

III

Die Wirtschaft macht einen Prozeß durch, der demjenigen der Ökosphäre genau entgegengesetzt ist. Sie beginnt mit dem ökonomischen Kreislauf und mündet in einen ökonomischen Kapitalisierungs- bzw. ökologischen Entkapitalisierungs- und Zerstörungsprozeß.

Als Lebewesen ist der Mensch, der sich seine Nahrung ausschließlich als Sammler, Jäger und Fischer verschafft, vollständig in den ökologischen Kreislauf einbezogen. Man kann in diesem Fall noch nicht von einer wirtschaftlichen Tätigkeit sprechen. Diese beginnt erst mit einer planenden Tätigkeit im Sinne der Nahrungsmittel*vorsorge,* d. h. mit der Landwirtschaft. Aber auch am Anfang des wirtschaftlichen Prozesses hat der Mensch diesen Kreislauf kaum gesprengt, sondern sich ihm mit seinem ökonomischen Kreislauf eingeordnet. Die landwirtschaftlichen Abfälle wurden wieder zu Humus, zum Rohstoff für die Produktion des folgenden Jahres; der Ernte wurden die Saatkörner für die nächste Aussaat entnommen. Die Vorstellung eines Kreislaufes kann auch noch für die einfachere Form einer sich entwickelnden Wirtschaft beibehalten werden, in der allmählich neben den sich selbst versorgenden Bauern Produktionsstätten (Betriebe) einerseits und Konsumstätten (Haushalte) andererseits treten. Dabei zeigt es sich, daß die Ökosphäre sehr elastisch ist; sie erträgt eine relativ starke Ausdehnung der Spezies Mensch, ohne aus den Fugen zu geraten. Der definitive Verzehr an natürlichen Ressourcen und die Entstehung von nicht mehr verwertbarem Abfall ist immer noch so gering, daß beides angesichts der Fülle der Natur praktisch keine Rolle spielt. Wir denken etwa an die »traditionelle Gesellschaft« im Sinne von W. W. Rostow[7], bei der zwar sprungweise Änderungen in den Produktionsbedingungen nicht ausgeschlossen sind, aber die Anwendungsmöglichkeiten der modernen Wissenschaft und Technik noch nicht genutzt werden, weil die eigentlichen Antriebskräfte der Wirtschaft fehlen. Auf einer solchen Wirtschaftsstufe wechseln regelmäßig Produktion und Konsum miteinander ab, wobei die Zu- und Abgänge – unter Mitbenutzung des ökologischen Erneuerungsprozesses – sich nahezu ausgleichen. Wir können also von einem stationären oder sich wiederholenden Prozeß sprechen, der sich im großen und ganzen im Gleichgewicht befindet.

Bei der Schilderung dieses Prozesses haben wir allerdings davon abgesehen, daß jede Arbeitsteilung und damit auch die

Ausscheidung von Produktions- und Konsumstätten einen gewissen Ausweitungsprozeß beinhaltet, sei es im Sinne der Erweiterung durch den Handel oder im Sinne der Investitionen von Maschinen und Anlagen. Angesichts der Fülle der Natur und der Langsamkeit des Erweiterungsprozesses durfte jedoch darüber hinweggesehen werden. In diesem Fall kann analog zum ökologischen auch von einem ökonomischen Kreislauf gesprochen werden. Insoweit wir also die sehr langsame Expansion unberücksichtigt lassen, können wir eine entsprechende Kreislaufformel aufstellen, bei der Produktion gleich Reproduktion ist. Die Kurzschrift des Konsumprozesses hat dann folgende Form:

Konsumgüter + natürliche Ressourcen →Mensch als Konsument (Leben) + Abfall

Der entsprechende Produktions- bzw. Reproduktionsprozeß lautet:

Mensch als Produzent (Arbeit) + natürliche Ressourcen
→ Konsumgüter + Abfall

In diesem einfachen Wirtschaftsprozeß (Landwirtschaft und Gewerbe) kann die Natur als eine unendliche Produktionsquelle und Ablagerungsstätte betrachtet werden und muß daher in der Kreislaufbetrachtung ebensowenig berücksichtigt werden wie die Sonnenenergie bzw. die Abwärme im ökologischen System. Wichtig ist der Umstand, daß diejenige Größe, welche im ökologischen Kreislauf nicht mehr in die Produktion bzw. Reproduktion eingeht, nämlich die Lebensenergie bzw. die Abwärme, im ökonomischen Kreislaufprozeß gerade derjenige Faktor ist, der sich wiederum reproduziert, nämlich der Mensch, der durch den Konsum sich selbst regeneriert. Umgekehrt ist das, was im ökonomischen Kreislauf zu Abfall wird und deswegen aus dem ökonomischen System austritt, gerade diejenige Substanz, welche im ökologischen Kreislauf wieder mit Hilfe der Zerrottung und der Photosynthese zum größten Teil reproduziert wird. Dieser einfache ökonomische Kreislauf läßt sich wie folgt darstellen:

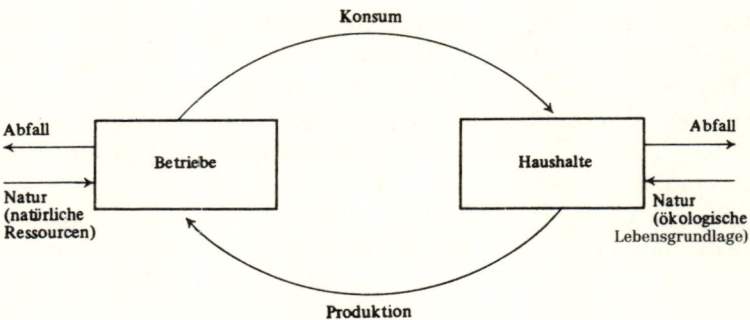

Abb. 5: Grundform des ökonomischen Kreislaufs

Dieser Kreislaufprozeß ist nun nach mehreren Anläufen im Altertum (Sumer, Ägypten, Griechenland, Rom) in der Neuzeit auf universeller Ebene in das Stadium des Kapitalisierungsprozesses übergegangen. Dieses Stadium ist charakterisiert durch den sogenannten *take-off* und durch die darauffolgenden Stufen der wirtschaftlichen Entwicklung im Sinne der Zinseszinsrechnung. Hier dominiert der »kumulative Prozeß«, der zu einem »Bestandteil der gesellschaftlichen Gewohnheiten und der institutionellen Struktur«, vor allem aber auch der wirtschaftlichen Aktivität wird.[8] In dieser Wirtschaft dominieren die Investitionen im Zusammenhang mit einer ständigen Erhöhung des technischen Fortschritts bzw. des Wissens und Könnens. Neben die sich wiederholenden Produktions- und Konsumprozesse tritt ein Investitionsprozeß, der zu einer ständigen Ausweitung des Güterstromes führt. In einer solchen Wirtschaft können wir den Verbrauch von Natur, der sich beim Produktions- und Investitionsprozeß ergibt, nicht

Das ökonomische Ablaufssystem
(Produktion und Konsum)

Ökonomisches Kapital + W+K

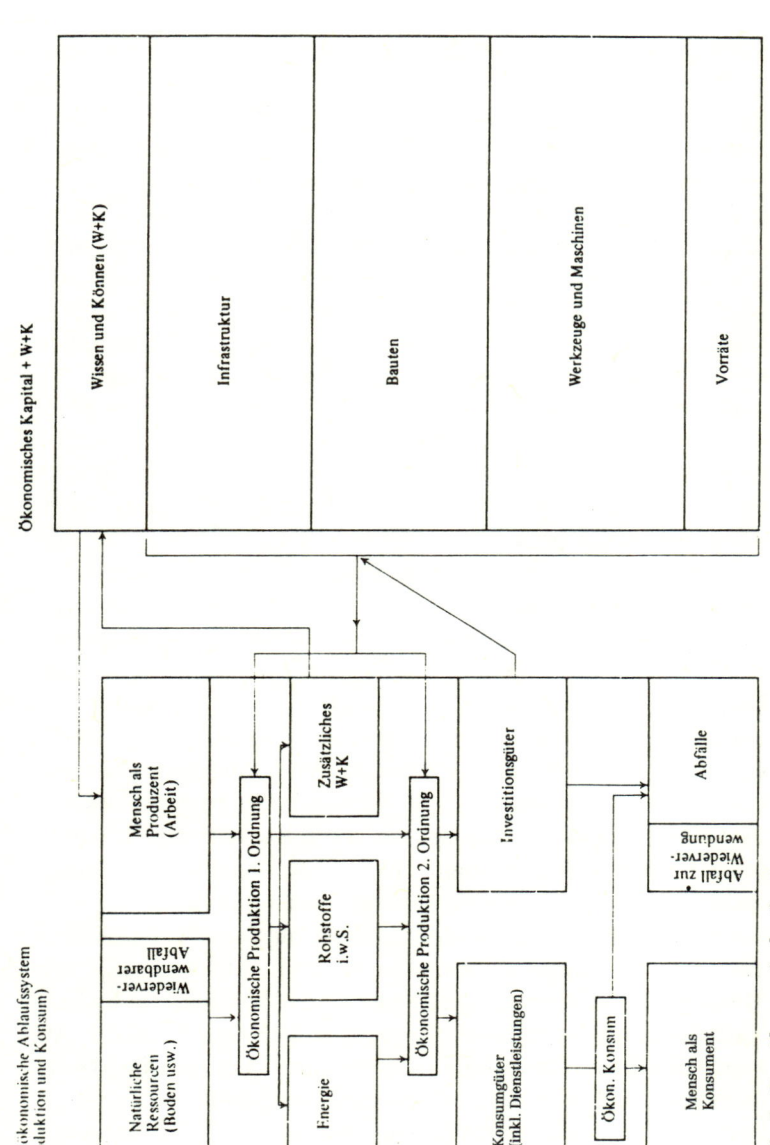

Abb. 6: Das ökonomische System

53

mehr übersehen. Dieser Wirtschaftsprozeß ist in Abb. 6 dargestellt.

Die ursprünglichen Produktionsfaktoren des Wirtschaftsprozesses sind die Bestandteile der Natur, die wir, wenn sie in den Wirtschaftsprozeß eingehen, als die natürlichen Ressourcen (NR) bezeichnen, in einem gewissen Ausmaß ergänzt durch Abfälle, die im Produktionsprozeß erneut verwertet werden (Recycling), sowie der Mensch, der als Produzent (Arbeit) auftritt. Unter die natürlichen Ressourcen im weitesten Sinn fällt sämtliches »totes« und »lebendes Material«, das ökonomisch »verarbeitet« bzw. »bearbeitet« wird: Boden, Wasser, Luft, Minen, Erdöl- und Kohlenlager, Pflanzen, Tiere usw. Zum Menschen gehört auch die Intelligenz, die ihn befähigt, wirtschaftend, d. h. planend, vorzugehen. Die natürlichen Ressourcen beutet der Mensch in einem Produktionsprozeß erster Ordnung aus. Dazu gehört der Abbau von Lagerstätten (Minen) bzw. die Verarbeitung der übrigen natürlichen Ressourcen sowie die Forschung bzw. der Unterricht. Er stellt damit erstens Energie, zweitens Rohstoffe im weitesten Sinne des Wortes und drittens Wissen und Können (W + K; technischer Fortschritt) bereit. In einem Produktionsprozeß zweiter Ordnung, der mehrstufig sein kann, werden einerseits Konsumgüter andererseits Investitionsgüter hergestellt. Der Begriff der Investitionsgüter ist hier ebenfalls im weitesten Sinne zu verstehen. In beiden Produktionsprozessen wird Kapital ge- bzw. verbraucht und bereits gespeichertes Wissen und Können angewandt. In beiden Prozessen entsteht außerdem Abfall.

An diesen Produktionsprozeß schließt nun der Konsum- und der Investitionsprozeß an. Am Ende steht einerseits der Mensch als Konsument andererseits das ökonomische Kapital (Infrastruktur, Bauten, Werkzeuge, Maschinen, Vorräte). Als unerwünschtes Nebenprodukt erscheinen wiederum die Abfälle (Konsumabfall + Abfall durch Kapitalverschleiß).

Der Konsum- und Investitionsprozeß läßt sich in folgender Kurzform schreiben:

Konsumgüter + Investitionsgüter → Mensch als Konsument (Leben)
+ Kapital + Abfall (inkl. Abfall zur Wiederverarbeitung)

Dem steht der Produktionsprozeß gegenüber, der sich folgendermaßen zusammenfassen läßt:

NR (+ Abfall zur Wiederverarbeitung) + Mensch als Produzent (Arbeit)
+ Kapitalverschleiß + W+K → Konsumgüter + Investitionsgüter
+ Abfall (inkl. Abfall zur Wiederverwendung) + W+K

Dieser Wechsel von Konsum- und Produktionsprozeß erfolgt jedoch nicht mehr im Sinne einer bloßen Wiederholung, sondern im Sinne einer Expansion, d. h. unter ständiger Ausweitung des Konsum- und Investitionsstroms (Realeinkommenserhöhung, Nettoinvestitionen) einerseits, des Produktionsstroms andererseits. Sofern man überhaupt noch von Wiederholung des Wirtschaftsprozesses im Zeitverlauf sprechen kann, so nur im Zusammenhang mit einer quantitativen Steigerung. An die Stelle eines Kreislaufs tritt somit eine Spirale: das Ende eines Umlaufs führt nicht mehr an den Anfang desselben zurück (vgl. Abb. 7). Der Bogen wird immer größer. Gleichzeitig wächst sowohl das ökonomische Produktionskapital ($P_3 > P_2 > P_1$) als auch die Anzahl der Haushalte ($H_3 > H_2 > H_1$). Die Spirale ist asymmetrisch, weil in den entwickelten Ländern der Kapitalzuwachs stärker ist als der Bevölkerungszuwachs (in den Entwicklungsländern ist es umgekehrt). Dank der mit der Kapitalerhöhung verbundenen Produktionssteigerung kann somit auch der Konsum pro Kopf der Bevölkerung ansteigen. Außerdem wächst der Verbrauch an Natur, sowohl im Sinne des Verzehrs von natürlichen Ressourcen als auch als Beanspruchung der natürlichen Lebensgrundlagen, während diese gleichzeitig durch die Abfälle beeinträchtigt bzw. zerstört werden.
Übersehen wir die Bewegung innerhalb der ökonomischen Spirale und beschränken wir uns auf die Untersuchung der Zunahme der wirtschaftlichen Aktivität im Zeitverlauf, so erhalten wir eine Kurve, welche nur die Niveauerhöhung der

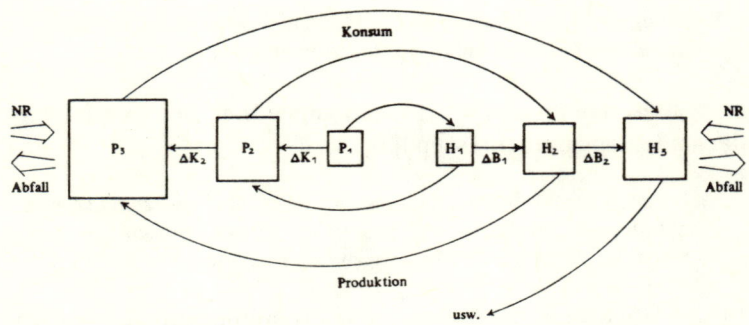

P = Produktionsstellen (Betriebe)   H = Haushalte (Bevölkerung)
ΔK = Kapitalzuwachs   ΔB = Bevölkerungszuwachs   NR = natürliche
Ressourcen

Abb. 7: Die ökonomische Spirale

Spirale im Zeitverlauf anzeigt. Die Erfahrung zeigt, daß diese
Niveauerhöhung vom Moment des take-offs an in langfristiger
Betrachtungsweise exponentieller Natur ist. Der Zuwachs ist
wie beim Zinseszins proportional zum jeweils erreichten
Stand, ohne daß eine hemmende Größe diesen Zuwachs vermindert. Bezeichnen wir die zu untersuchende Variable mit y,
den Zuwachs mit Δy, den Proportionalitätsfaktor mit k, so gilt

$$\Delta y_t = k \cdot y_t.$$

Die Ursache für diese exponentielle Entwicklung ergibt sich
aus dem Umstand, daß der Zuwachs mitwächst. Die meisten
Größen weisen sowohl Zu- wie auch Abgänge im Zeitverlauf
auf. Die Voraussetzung für einen Wachstumsprozeß ist, daß die
Zugänge die Abgänge übersteigen. Trifft dies zu, dann ergibt
sich automatisch ein Rückkoppelungsprozeß, indem sich
durch die Erhöhung des Bestandes auch die Zu- und Abgänge
erhöhen, aber die ersteren wiederum stärker als die letzteren.
So führt z. B. das Bevölkerungswachstum zu höherem Gebur-

tenüberschuß, dieser zu weiterem Bevölkerungswachstum. Das Resultat ist ein ständiges Anwachsen der Bevölkerung.[9] Das gleiche gilt für den Kapitalbildungsprozeß, wenn die Investitionen größer sind als die Ersatzinvestitionen. In einem solchen Entwicklungsprozeß können wir Produktion und Reproduktion nicht mehr gleichsetzen. Dies war im ökologischen und im einfachen ökonomischen Kreislauf nur deswegen möglich, weil wir die Zuflüsse und die leichte Möglichkeit der Abflüsse als ›Geschenke‹ des Weltraums bzw. der Natur (NR, ökologische Lebensgrundlage, ›Abfallkübel‹) betrachten konnten. Infolge der zunehmenden Knappheit der Natur bzw. unserer Umwelt ist es nun unumgänglich aufzuzeigen, wie sie durch den Regenerationsprozeß, d. h. durch die Wiederherstellung der Inputs, mit denen der Produktionsprozeß wieder beginnt, beeinträchtigt wird. Die Ausgliederung des Reproduktionsprozesses führt zur Notwendigkeit, die ökonomische in eine ökonomisch-ökologische Gesamtbetrachtung überzuführen.

IV

In seinem Buch *Die Perfektion der Technik* fällt Friedrich Georg Jünger folgendes Urteil über den wirtschaftlich-technischen Fortschritt:

> Es ist ein Raubbau, wie ihn die Erde noch nicht gesehen hat ... Was hier euphemistisch Produktion genannt wird, ist in Wirklichkeit Konsum.[10]

Dies ist zweifellos richtig, obwohl es bisher in der Ökonomie vollständig übersehen wurde. Wir müssen den Gehalt dieser Aussage jedoch näher analysieren, um ihre Bedeutung zu erkennen. Die entscheidende Frage ist, inwieweit der wirtschaftliche Konsumprozeß wieder zum wirtschaftlichen Produktionsprozeß zurückführt bzw. inwieweit Lücken, welche der Wirtschaftsprozeß läßt, durch Entnahme aus der ökologischen Sphäre gedeckt werden. Um diese Zusammenhänge zu erfassen, müssen wir wissen, wie die ökonomische und die ökologische

Sphäre im Regenerations- und Expansionsprozeß ineinander-greifen.[11] Die Darstellung der ökologischen und der ökonomischen Sphäre muß somit zu einer Gesamtdarstellung vereinigt werden, in der gezeigt wird, wie der Zusammenhang zwischen den Outputs und den Inputs ist (vgl. Abb. 8, S. 60). Dies müssen wir in bezug auf die fünf Hauptkategorien der Outputs bzw. Inputs untersuchen, nämlich: der Mensch (Konsum, Arbeit), Kapital (Investition, Abnutzung), Abfall (teilweise Recycling), W + K (kein Verbrauch), NR (nur Verbrauch).

▶ »Der Mensch arbeitet, um zu leben, und lebt, um zu arbeiten.« Diese Aussage gilt nur beschränkt. Der Mensch als Konsument ist ein Endprodukt des Wirtschaftsprozesses, insofern sein Konsum über das für seine Erhaltung und Regeneration erforderliche Maß hinausgeht. Zum Teil ist jedoch der Wirtschaftsprozeß und die Bereitstellung genügender Konsumgüter Voraussetzung dafür, daß der Mensch imstande ist, wiederum als Produzent und damit wieder als ›regenerierter‹ Produktionsfaktor zur Verfügung zu stehen. Dabei genügt jedoch die Zurverfügungstellung von Konsumgütern nicht: der Mensch zehrt als Lebewesen auch von den Lebensgrundlagen, die ihm in der Ökosphäre zur Verfügung gestellt werden. Der Regenerationsprozeß geht somit durch den ökologischen Kreislauf hindurch. Die Expansion der Wirtschaft ermöglicht ein Anwachsen der Bevölkerungszahl. Dadurch steigt potentiell auch die Arbeitsbereitschaft, allerdings nur in dem Ausmaß, wie die Arbeitszeit nicht reduziert wird (sie kann unter Umständen stärker reduziert werden, als die Bevölkerung zunimmt!). Gleichzeitig beansprucht der Mensch einen immer größeren Platz auf der Erde und bedrängt damit die übrigen Lebewesen, denen er Nahrung bzw. Lebensraum wegnimmt. Man kann es auch folgendermaßen ausdrücken: Der Mensch braucht für seine Regeneration sowohl die Wirtschaft als auch die Natur, und er braucht von beiden mehr, als für seine Regeneration im Sinne der Arbeitskraft notwendig ist. Graphisch läßt sich dieser Sachverhalt folgendermaßen ausdrücken:

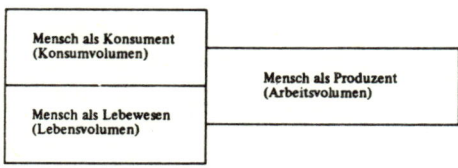

Das heißt: Der Mensch ist weitgehend ein Parasit, der allerdings dank seiner Parasitentätigkeit der Welt etwas Neues hinzufügen kann: die geistige Tätigkeit.

▶ Mit den Investitionsgütern werden die veralteten Kapitalgüter ersetzt und in der Regel darüber hinaus der Kapitalstock erweitert. Die Regeneration dieses Inputs wird also durch den Wirtschaftsprozeß selbst gewährleistet. Trotzdem belastet das Kapital die Ökosphäre in einem besonderen Ausmaß. Je größer der ökonomische Kapitalstock wird, um so stärker wird nämlich der ökologische Kapitalstock reduziert. In dem Ausmaß, wie z. B. Straßen und Häuser gebaut werden, gehen Wiesen und Waldflächen verloren. Immer mehr teilt sich die Welt auch geographisch in zwei Sphären: in die Stadtsphäre, welche der Wirtschaft, und in die Landsphäre, welche der Natur zuzuordnen ist. In dem Ausmaß, wie die Stadtsphäre auf Kosten der Landsphäre zunimmt, wird das ökologische durch das ökonomische Kapital verdrängt.

▶ Der Abfall, welcher sowohl im Konsum- wie im Produktionsprozeß entsteht, kann zu einem Teil wiederverwendet werden und ersetzt damit die natürlichen Ressourcen, welche der Ökosphäre entnommen werden. Es handelt sich um das Recycling der Abfälle. Die Möglichkeit dazu ist jedoch beschränkt auf diejenigen Abfallstoffe, die in irgendeiner Weise wieder eingesammelt werden können. Der Anteil dieser Stoffe dürfte jedoch im Maximum nicht mehr als 20−30% des Gesamtabfalls ausmachen. Als letzter, in keinem Fall mehr faßbarer Abfall erscheint die Abwärme. Sie gewinnt im Wirtschaftsprozeß eine Dimension, die teilweise mit derjenigen der Sonneneinstrahlung auf die Erde vergleichbar ist; im Gegensatz zur Abwärme, die im

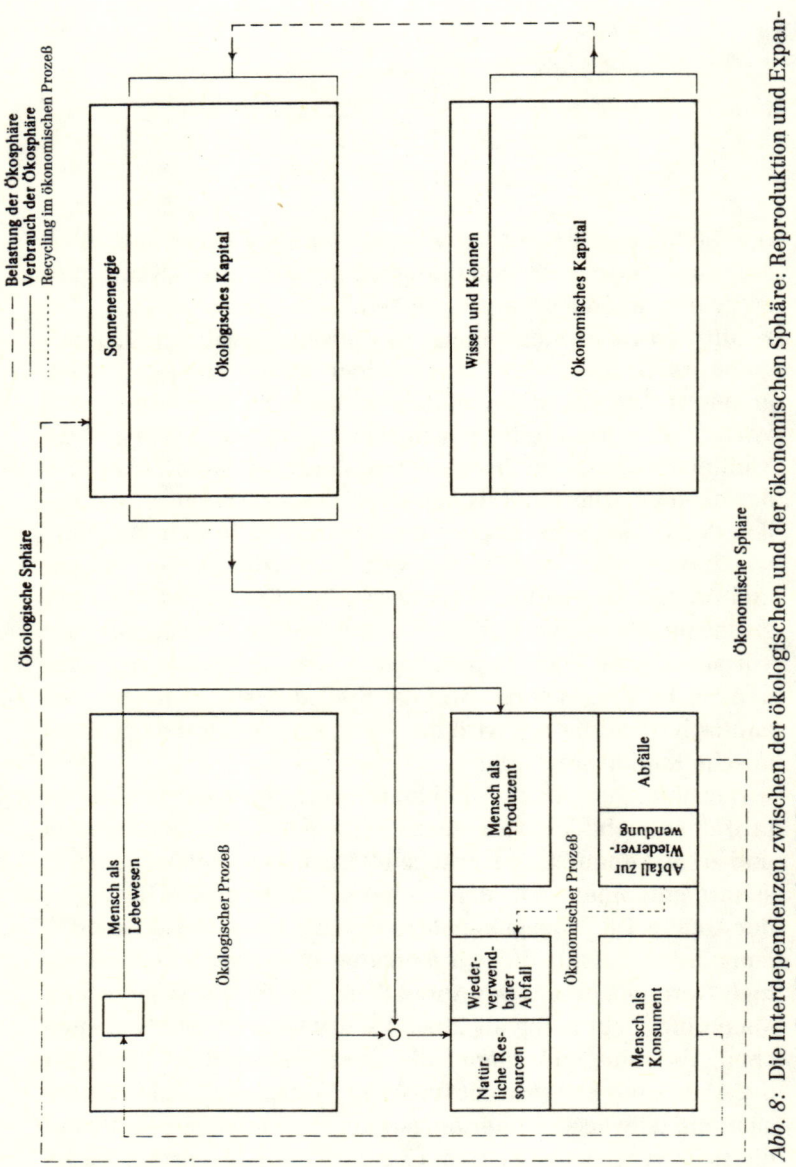

Abb. 8: Die Interdependenzen zwischen der ökologischen und der ökonomischen Sphäre: Reproduktion und Expansion der ökonomischen Sphäre

ökologischen Kreislauf entsteht, kann sie daher nicht vernachlässigt werden. Wir müssen somit den Abfall in zwei Kategorien teilen. Ein kleinerer Teil wird im Wirtschaftsprozeß selbst wieder regeneriert oder könnte wenigstens wieder regeneriert werden und erscheint als Ausgangsstoff für den nächsten Wirtschaftsprozeß. Ein größerer Teil belastet sowohl den ökologischen Kreislauf als auch teilweise das ökologische Kapital durch den Platz, den er beansprucht, und die Zerstörung, die er verursacht (vgl. dazu »Das Entropiegesetz als Grundlage einer ökologisch orientierten Wirtschaftstheorie«).

In der Ausgangssituation des Produktionsprozesses erscheinen zwei weitere Inputs, die *nicht* aus einem Endprodukt des Wirtschaftsprozesses hervorgehen, nämlich das Wissen und Können und die natürlichen Ressourcen.

▶ Das Wissen und Können ist ein Resultat des Produktionsprozesses und hat die Eigenart, daß es sich im Gegensatz zu allen anderen Produktionsfaktoren im Gebrauch nicht vermindert, sondern im Gegenteil sogar noch vermehrt: Je mehr Wissen und Können man anwendet, um so mehr *wird* man wissen und können (W + K = Fortschrittsfaktor). Es ist daher – wie die Sonnenenergie – unerschöpflich, nicht in dem Sinne zwar, daß es von allem Anfang an da ist, aber in dem Sinne, daß dafür keine endlichen Limite gesetzt sind. Man ist daher berechtigt zu sagen: Das Wissen und Können stellt die eigentliche ›Sonne‹ des Wirtschaftsprozesses dar, die dessen Weiterentwicklung garantiert, ohne bei seiner Reproduktion die Ökosphäre zu belasten.

▶ Ganz im Gegensatz dazu werden die natürlichen Ressourcen im Wirtschaftsprozeß nicht reproduziert, sondern ständig neu dem ökologischen Kapital bzw. dem ökologischen Kreislauf entnommen; in bezug auf diesen Faktor ist die Wirtschaft identisch mit einem Verzehr an Natur (natürliche Ressourcen = Raubbaufaktor). Dieser wird um so größer, je mehr sich der Wirtschaftsprozeß ausweitet, d. h. je größer der Anfall an Konsumgütern bzw. an Mensch als Konsument einerseits und

Anfall an Investitionsgütern bzw. an Kapital andererseits ist. Dieser Verzehr ist endgültig in bezug auf den ökologischen Kreislauf, soweit die ökologische Regeneration (Photosynthese) nicht mehr gewährleistet ist, und in bezug auf das ökologische Kapital, insoweit eine ökonomische Regeneration (Recycling der Abfälle) unmöglich ist.

Aus diesen Überlegungen ergibt sich, daß die Ökosphäre in vierfacher Weise durch den Wirtschaftsprozeß belastet wird:

1. der Mensch vermehrt sich dank der Möglichkeiten, die ihm die Wirtschaft öffnet, überproportional zu allen anderen Lebewesen (mit Ausnahme seiner Parasiten); er beansprucht daher immer mehr Lebensraum, wodurch derjenige der anderen Lebewesen reduziert wird;

2. das ökonomische Kapital ersetzt das ökologische Kapital (die »Stadt« verdrängt das »Land«);

3. der Abfall führt zu einer Beeinträchtigung bzw. Störung der Umwelt;

4. die natürlichen Ressourcen werden laufend dem ökologischen Kreislauf bzw. ökologischen Kapital entnommen.

Das hat zur Folge: Wenn das Sozialprodukt exponentiell mit einer Wachstumsrate von p% ansteigt, so erhöht sich der Umweltverzehr weit überproportional, also um (p + x)%. Als Ergebnis des Wirtschaftsprozesses haben wir dafür positiv:

1. eine wachsende Bevölkerung (mehr Geburten als Todesfälle);

2. eine Erhöhung des Kapitalstocks (positive Nettoinvestitionen);

3. eine Vermehrung des Wissens und Könnens (kumulativer Prozeß von Forschung, Unterricht und Anwendung des Wissens);

4. einen steigenden Wohlstand (höheres Volkseinkommen pro Kopf der Bevölkerung).

Die Erfahrung zeigt, daß langfristig dem exponentiellen Wirtschaftswachstum und dem überexponentiell zunehmenden Verzehr an Umwelt kein wirksamer Bremsfaktor entgegensteht. Wenn dem so ist, muß es zu einem Zusammenprall des ökologischen und des ökonomischen Systems kommen, d. h. das exponentielle Wachstum stößt an den durch die nicht mehr weiter wachsende Ökosphäre gegebenen Plafond:

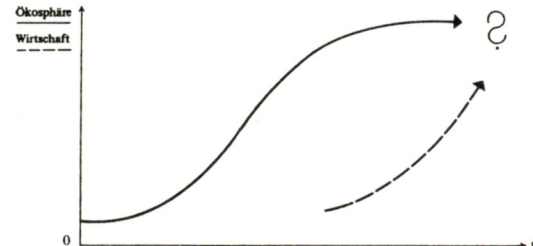

Abb. 9: Der Zusammenprall von ökonomischer und ökologischer Entwicklung

Dank des technischen Fortschritts wäre es denkbar, daß in Zukunft durch einen beliebig großen Einsatz von durch Kernfusion gewonnener Energie jeder Stoff in irgendeinen Rohstoff verwandelt werden kann. Es gilt dann, wie sich John Krutilla ausdrückt:

Ultimately, the raw material inputs to industrial production may be only mass and energy.[12]

Da bei diesem Umwandlungsprozeß der größte Teil des Energieeinsatzes in Form von Abwärme in den Weltraum entweicht, endet aber dieser Prozeß bei Weitergehen des exponentiellen Wachstums in einem immer schnelleren Abbau der Weltsubstanz. Das heißt: Wir sind im Begriff, durch unsere wirtschaftliche Tätigkeit den Schöpfungsprozeß, bei dem Energie in Substanz verwandelt wurde, rückgängig zu machen, indem wir die Substanz wieder in Energie (Abwärme) auflösen.
Es liegt auf der Hand, daß eine solche Entwicklung schließlich auch den ökonomischen Kapitalisierungsprozeß zu einem Ende bringen wird, indem die für diesen Prozeß notwendigen

Regenerationsmöglichkeiten erschöpft sein werden. Was üb-
rigbleibt, wäre dann allenfalls ein absolutes Wissen und Können, absolut jedoch nur im Sinne der Selbstzerstörung. Wenn
wir diesen Endprozeß nicht einleiten wollen, müssen wir den
exponentiellen Wachstumstrend der Wirtschaft in einen der
Entstehung der Welt entsprechenden logistischen Entwicklungsprozeß, d. h. in ein neues ökonomisch-ökologisches Kreis-
laufsystem, einmünden lassen.

Das Entropiegesetz als Grundlage einer ökologisch orientierten Wirtschaftstheorie

Um die Ansätze zu einer ökologisch orientierten Wirtschaftswissenschaft darzulegen, kann man auf zwei Weisen vorgehen. Man kann versuchen, einen spezifischen Grundgedanken einer ökologisch orientierten Wirtschaftswissenschaft festzustellen, um von dort aus eine eigenständige Theorie aufzubauen. Oder man kann die bestehenden Theorien einer ökologischen Kritik unterziehen, und dann, aufbauend auf dieser Kritik, versuchen, diese Theorie so auszuweiten, daß auch die ökologischen Gesichtspunkte darin Platz haben. Ich möchte beide Wege beschreiten, weil sie am Ende zusammenführen.

Der eigenständige Grundgedanke einer ökologisch orientierten Wirtschaftswissenschaft, ihr spezifischer Gehalt, ist zweifellos die Berücksichtigung der thermodynamischen Grundgesetze und ihrer Anwendung auf die Ökonomie. Im Vordergrund steht der 1845 vom Arzt Robert von Mayer geprägte Satz:

Nichts wird aus nichts, nichts wird zu nichts.

Oder anders ausgedrückt: etwas kann nicht aus nichts entstehen, und etwas kann nicht zu nichts werden. Dieser Satz wurde später zum Satz von der Erhaltung der Energie ausgebaut und als erstes thermodynamisches Grundgesetz bezeichnet. Heute wird dieser Satz, der einstmals auch in der Physik als »merkwürdiges Weltgesetz« verschrien war und für den Robert von Mayer sogar in die Zwangsjacke gesteckt wurde, als die grundlegende Selbstverständlichkeit der Physik angesehen und von jedem Kind gelernt. Es ist nun, 140 Jahre nach seiner Entdeckung (oder besser gesagt, nach seiner Wiederentdekkung, weil er den Griechen schon bekannt war), an der Zeit, daß er auch in der Ökonomie ernstgenommen wird. Das heißt, es muß in der Ökonomie die Tatsache berücksichtigt werden, daß Produktion und Konsum in Wirklichkeit Transformation ist, nämlich Transformation von Rohstoffen in konsumierbare Güter und Transformation von konsumierbaren Gütern in Abfälle. Mit anderen Worten, eine Produktionsfunktion, die nur Arbeit und Kapital als Produktionsfaktoren enthält (also die Natur und damit Rohstoffe und Abfälle ausklammert), wie sie heute der Makroökonomie und insbesondere auch der Wachstumstheorie zugrunde liegt, ist ein Unding.

Zu den ökologischen Gegebenheiten der Ökonomie gehört aber auch das zweite thermodynamische Grundgesetz, das Entropiegesetz. Dieses Gesetz stellt zweifellos das eigentliche Salz einer ökologisch orientierten Wirtschaftswissenschaft dar. Es besagt einfach, auf den ökonomischen Nenner gebracht, daß Rohstoffe wertvoller sind als Abfälle und daß sich im Laufe der Zeit, parallel zum ökonomischen Prozeß, parallel zum Wirtschaftswachstum, die Umwelt in dem Ausmaß entwertet, wie immer neue Rohstoffe ausgegraben und über Produktion und Konsum in Abfälle transformiert werden. Mit anderen Worten: Wirtschaftswachstum kostet etwas, wobei diese Kosten teilweise außerhalb der Ökonomie im Sinne der Umweltzerstörung anfallen, teilweise aber auch in der Ökonomie selbst, und zwar in dem Ausmaß, wie der Aufwand für die Rohstoffgewinnung steigt, indem man zu immer ungünstigeren Rohstoffquellen übergehen muß, und außerdem die Ökonomie mit Umweltreparaturkosten belastet wird. Verdeutlichen kann man dies vor allen Dingen am Unterschied zwischen der natürlichen Regeneration und dem künstlichen Recycling. Die Regeneration der organischen Abfälle wird von der Natur gratis vorgenommen. Wenn man einen Abfallhaufen im Garten hat, auf den man Eierschalen und Zitronen wirft, dann ist dieser Abfall nach einem Jahr Erde. Man hat praktisch kaum etwas dazu tun müssen. Das ist ein Geschenk der Natur. Das Recycling hingegen (soweit es überhaupt möglich ist, es gibt ja kein hundertprozentiges Recycling) kostet etwas. Wir müssen dafür in Form von Energie und Arbeit real bezahlen. Und je mehr wir anstelle von natürlicher Regeneration künstliches Recycling setzen, weil wir eben die Regenerierbarkeit der Natur zerstören oder abbauen, um so kostspieliger wird auch der ökonomische Prozeß. Einen großen Teil unseres Sozialprodukts müssen wir dann nur dafür ausgeben, das herzustellen, was wir vorher gratis erhalten haben. Wir glauben, wir würden immer eine Wertvermehrung vornehmen, während ein großer Teil dieser Wertvermehrung eigentlich nur Ersatz ist für das, was verlorengegangen ist,was vorher gratis von der Natur gegeben worden ist.

Der erste Ökonom, der die Notwendigkeit des Einbezuges des thermodynamischen Grundgesetzes und insbesondere der Entropie in die Ökonomie eindrücklich vor Augen geführt hat, war N. Georgescu-Roegen. Er macht deutlich, daß der Wirtschaftsprozeß in einen Entropiefluß eingebettet ist.

Das Entropiegesetz, das in der Physik als zweiter Hauptsatz der Thermodynamik bekannt ist, läßt sich für ein isoliertes System (isoliert bedeutet, daß das System weder Materie noch Energie mit seiner Umgebung austauschen kann) folgendermaßen formulieren: In einem isolierten System kann die Entropie niemals abnehmen, sondern sie bleibt entweder gleich oder sie wird größer im Verlauf der Zeit.

Drei verschiedene Interpretationen des Entropiegesetzes lassen sich unterscheiden:

1. *Der phänomenologische Entropiebegriff der Thermodynamik*
   Betrachtet man nur den ersten Hauptsatz der Thermodynamik (Energieerhaltungssatz), so wäre es prinzipiell möglich, daß eine bestimmte Menge Arbeit in Wärme und anschließend wieder in Arbeit umgewandelt wird. Genau das ist nun aber nach dem zweiten Hauptsatz der Thermodynamik nicht möglich. Eine einmal erzeugte Wärmemenge kann nicht wieder vollständig in Arbeit umgewandelt werden. Ein

Teil dieser Wärme ist nicht mehr verfügbar zur Verrichtung von Arbeit.

Das Entropiegesetz in der Formulierung von Rudolf Clausius (1865) sagt nun, daß in einem isolierten System die nicht mehr verfügbare Energie von selbst zunimmt, während die verfügbare Energie gegen Null strebt.

2. *Die Entropie aus der Sicht der statistischen Mechanik*

Bei diesem auf Ludwig Boltzmann zurückgehenden Ansatz handelt es sich nicht mehr um eine phänomenologische Betrachtung thermodynamischer Prozesse, sondern diese Prozesse werden nun mit Hilfe des Wahrscheinlichkeitsbegriffs auf molekularer Ebene erklärt.

Der zweite Hauptsatz der Thermodynamik lautet dann: Systeme tendieren nicht dazu, in Zustände überzugehen, die weniger wahrscheinlich sind als der Zustand, in dem sie sich gerade befinden.

Das läßt sich leicht an Beispielen erkennen. Befinden sich zwei Gase in der linken bzw. rechten Hälfte eines Behälters, so ist es höchst wahrscheinlich, daß sich die Gase nach kürzester Zeit vollständig durchmischt haben (wahrscheinlichster Zustand). Oder wird ein Gas in einen leeren Behälter geleitet, so werden sich die Gasmoleküle über den gesamten Raum des Behälters verteilen (wahrscheinlichster Zustand). Der Übergang zu wahrscheinlicheren Zuständen ergibt sich durch die Wechselwirkungen (Zusammenstöße) zwischen den sich ungeordnet bewegenden Molekülen eines Systems.

Da geordnete Zustände viel unwahrscheinlicher sind als ungeordnete Zustände, wird der Entropiebegriff der statistischen Mechanik auch häufig mit Unordnung in Verbindung gebracht. In diesem Sinne ist Entropie ein Maß für Unordnung.

3. *Der informationstheoretische Entropiebegriff*

Der informationstheoretische Entropiebegriff ist eng verknüpft mit dem vorher erwähnten, auf der statistischen

Mechanik beruhenden Ansatz von Boltzmann. Gerade in der Informationstheorie aber wurde die Entropie von den verschiedenen Pionieren auf diesem Gebiet wie Shannon und Weaver (1949), Norbert Wiener (1948) und Brillouin (1951) in unterschiedlicher Weise definiert. Ohne auf Einzelheiten einzugehen, sollen hier nur kurz die wichtigsten Zusammenhänge erwähnt werden.

Bereits 1930 wies G. N. Lewis darauf hin, daß die Entropie ein Maß unserer Unkenntnis über die Mikrostruktur eines Systems darstellt. Kenne ich den genauen Zustand eines Systems, so ist die Kenntnis über das System maximal und die Entropie ein Minimum. Kann ein System andererseits eine Vielzahl von möglichen Zuständen annehmen, und ich weiß überhaupt nichts darüber, in welchem Zustand sich das System befindet, so ist die Kenntnis über das System minimal und die Entropie ein Maximum. Betrachten wir das vorherige Beispiel der zwei Gase, die sich durchmischen, so weiß ich zu Beginn, daß die Moleküle des einen Gases in der linken Hälfte und die des anderen Gases in der rechten Hälfte des Behälters sind. Nach der Durchmischung weiß ich hingegen nicht mehr, welche Moleküle sich links bzw. rechts befinden. Die Entropie nimmt also zu, wenn eine bekannte Verteilung in eine unbekannte Verteilung übergeht. Der zweite Hauptsatz der Thermodynamik läßt sich somit folgendermaßen formulieren: In einem isolierten System strebt die Information (als tatsächliche Kenntnis über die Mikrostruktur des Systems) einem Minimum zu.

Für alle diese Interpretationen gilt, daß die Entropie mit der Zeit – nur mit der Zeit – in einem isolierten System zunimmt. Das ist ein Gedanke, der eigentlich schon sehr alt ist, und etwa in dem Satz von Ovid zum Ausdruck kommt:

Die Zeit entwertet die Welt.

Der Entropieprozeß kann nicht rückgängig gemacht werden, es sei denn durch Öffnung des Systems, d. h. durch die Zufuhr von niedriger Entropie von außen. Dadurch vergrößert sich aber die Entropie in der Umgebung des Systems.

Die Erde stellt ein sogenanntes geschlossenes System dar, das zwar Energie, aber keine Materie mit einer Umgebung austauscht. Es ist also in gewissem Sinne teil-isoliert. Die Entstehung von Ordnung ist nur durch die ständige Zufuhr von Sonnenenergie (niedrige Entropie) möglich. Eine Zufuhr materieller Ressourcen findet jedoch nicht statt. Die gesamte Materie wird vielmehr in der Natur in den von der Sonnenenergie angetriebenen ökologischen Kreisläufen ständig regeneriert.

Solange man auschließlich auf erneuerbare Ressourcen zurückgreift, stellt das Entropiegesetz für die Wirtschaftsprozesse kein Problem dar. Erst durch den umfassenden Ge- und Verbrauch der nichterneuerbaren Ressourcen (wie Metalle, fossile Brennstoffe, synthetisch hergestellte chemische Grundstoffe) hat sich dies geändert. Da diese Ressourcen nach ihrem Verbrauch in den natürlichen Kreisläufen nicht regeneriert werden können, werden sie zu Abfällen in der Umwelt und erhöhen damit die Entropie im System Erde. In diesem Sinne hat Georgescu-Roegen den Entropiebegriff mit der Wirtschaft in Verbindung gebracht.

Die Heidelberger Ökonomen Faber/Niemes und Stephan haben nun versucht, den entropischen Charakter des Wirtschaftsprozesses zu konkretisieren, indem sie sich auf den Entropiebegriff der statistischen Mechanik (die zweite der oben genannten Interpretationen) stützen. Der Grundgedanke ist folgender: Ordnung kann auch mit Konzentration beschrieben werden. Der Rohstoffsektor der Wirtschaft extrahiert aus der Umwelt bestimmte Rohstoffe und setzt gleichzeitig Abfallstoffe frei. Durch die Extraktion wird die Rohstoffkonzentration in der Umwelt gesenkt. Der Arbeits- und Kapitalaufwand zur Extraktion der Rohstoffe ist aber um so größer, je geringer die Konzentration ist. Infolgedessen nimmt der Aufwand zur Extraktion im Laufe der Zeit zu. Gleichzeitig wird die Umwelt durch immer mehr Abfälle und Emissionen belastet. Der geordnete Zustand – Konzentration der Ressourcen in bestimmte Lagerstätten – wird in den ungeordneten Zustand einer Feinverteilung von Abfällen und Emissionen in der gesamten Umwelt verwandelt.

Diese Vorstellungen lassen sich nun in ein Gesamtmodell der Wirtschaft einbauen. Die extrahierten Rohstoffe werden für die Herstellung von Kapital verwendet, welches neben der Arbeit wiederum als Produktionsfaktor in den Konsumgütersektor und den Entsorgungssektor eingeht. Die Produktionsprozesse hängen damit von der Extraktion von Rohstoffen ab und lösen indirekt eine Entropie-Zunahme in der Umwelt aus.

Im Modell werden linear-limitationale Produktionsfunktionen, also fixe Produktionskoeffizienten, angenommen. Das Modell von Faber-Niemes-Stephan eignet sich vor allem zur Lösung von Optimierungsproblemen, wenn Nutzen- und Schadensfunktionen vorliegen bzw. mit genügender Plausibilität angenommen werden können. Es geht im Prinzip um die Frage: Wie sollen Arbeit und Kapital auf den Konsumgütersektor, die Rohstoffentnahme und die Entsorgung aufgeteilt werden?

Dieses Modell ist in seiner vorliegenden Gestalt zwar noch nicht umfassend genug. Es ist aber offen für Ergänzungen. Insbesondere müßten auch die Übernutzung und der Raubbau von regenerierbaren Ressourcen und die teilweise Zerstörung der natürlichen Kreisläufe durch die entropischen wirtschaftlichen Aktivitäten einbezogen werden.

Darüber hinaus muß der bedeutende Ansatz von Faber-Niemes-Stephan allerdings noch in einer anderen Hinsicht erweitert werden: durch Berücksichtigung von Substitutionsbeziehungen in der Produktionsfunktion (neoklassischer Ansatz) und durch Berücksichtigung der Nachfrageseite (keynesianischer Ansatz).

Wir müssen daher auch versuchen – das ist der zweite Teil meiner Überlegungen –, die heute dominierenden Theorien, die Neoklassik und den Post-Keynesianismus um die ökologische Dimension zu erweitern. Dies gilt, obwohl beide Theorien bereits in der heutigen Form eine offene Tür zum Raum der Ökologie haben. In der Neoklassik ist diese offene Tür die Unterscheidung zwischen den freien und den wirtschaftlichen Gütern, und die allfällige Bereitschaft anzuerkennen, daß die Umweltgüter aus ehemalig freien Gütern zu knappen und damit zu wirtschaftlichen Gütern werden bzw. geworden sind und daher nun einen Preis erhalten müssen. Dabei kommen neben effektiven Preisen auch Schattenpreise in Frage, die in eine Rahmenordnung eingehen sollen, z. B. in eine Umweltschutzgesetzgebung unter dem Titel des Verursacherprinzips. Im Post-Keynesianismus ist diese offene Tür zur Ökologie die unterschiedliche Zielrichtung der Investitionen und die (allfällige) Bereitschaft, anstelle der alleinigen Ausrichtung der staatlichen Investitionspolitik an der Steigerung der Produktion oder der Produktivität auch eine Ausrichtung der Investitionen auf Umweltschutz und sparsamen Umgang mit den Rohstoffen ins Auge zu fassen. Zweifellos haben beide Postulate – Internalisierung externer Kosten gemäß Verursacherprinzip und Einbezug von Umweltschutzkriterien in die staatliche Investitionspolitik – große Bedeutung in der Praxis, was auch die dahinterstehenden Theorien in einem gewissen Ausmaß rechtfertigt. Einen durchschlagenden Erfolg können sie aber trotzdem nicht haben, weil diese Theorien bestimmte Grundcharakteristika des ökonomisch-ökologischen Zusammenhangs nicht einbeziehen. Dazu ist eine tiefergreifende Reform der Theorien nötig. Diese Reform würde eine ganze Reihe von Punkten umfassen. Hier soll nur ein einziger, allerdings zentraler Kritikpunkt in den Vordergrund gestellt werden.

Die Kritik betrifft die bereits genannte Reduktion der Produktionsfaktoren auf die zwei Faktoren Arbeit und Kapital. Die Produktionsfunktion der Wachstumstheorie wird reduziert auf die Form:

Produktion (Sozialprodukt) = Resultat von Arbeits- und Kapitaleinsatz.

Mit einer solchen Produktionsfunktion wird eigentlich die Produktion als Schöpfung aus dem Nichts deklariert, womit sich die Theorie den eigentlichen Zugang zur ökologischen Dimension versperrt. Es wird so getan, als brauche es keine natürlichen Stoffe – Boden, Rohstoffe, Energie –, um produzieren zu können. Für die Vernachlässigung der Natur oder der natürlichen Ressourcen in der Produktionsfunktion werden allerdings zwei Entschuldigungen geltend gemacht. Diese Entschuldigungen sind aber, wenn sie es je waren, heute nicht mehr akzeptabel. Die erste Entschuldigung ist die Vorstellung, daß die natürlichen Ressourcen so reichlich vorhanden seien, daß sie als freie Güter betrachtet werden können. Sie seien frei in dem Sinne, daß es überhaupt keine Begrenzung für die Nutzung dieser Ressourcen gebe, auch unter ökologischem Gesichtspunkt, und daß sie infolgedessen auch ökonomisch frei sind, also keinen Preis haben, bzw. nur einen Preis, der die Extraktionskosten deckt, die auf Arbeit und Kapital zurückgeführt werden können. Die Produktionsfunktion, heißt es, sei aber eine ökonomische Funktion und müsse daher nur diejenigen Produktionsfaktoren erfassen, die an sich etwas kosten, also preislich bewertet werden. Die natürlichen Ressourcen würden eben nicht dazu gehören. Man könne sie daher mit Recht in der ökonomischen Produktionsfunktion vernachlässigen. Das ist die eine Entschuldigung.

Die andere Entschuldigung wird dort vorgebracht, wo sich nicht negieren läßt, daß die betreffende natürliche Ressource tatsächlich als solche einen Preis hat, und nicht nur wegen der Extraktionskosten. Dies trifft z. B. für den Boden als Basis der regenerierbaren Ressourcen zu. Der Boden wird auf dem Grundstücksmarkt gehandelt und hat zweifellos einen selbständigen Preis. Diesbezüglich wird nun gesagt, daß der Boden (und andere ähnlich knappe Ressourcen) bereits im Faktor Kapital enthalten seien, da es sich beim Boden genauso wie bei den produzierten Produktionsmitteln, bei den Maschinen usw., um ein Produktionsgut handelt, das im Produktionsprozeß genutzt und nicht oder nur langsam verbraucht werde. Fundamental sei also beides das gleiche.

Diese Reduktion – die endgültige Reduktion – der Produktionsfunktion auf Arbeit und Kapital – also die Ausklammerung des Bodens bzw. der Natur – wurde von J. B. Clark am Anfang dieses Jahrhunderts vorgenommen. Er sagt:

> Die Produktion ist allein ein Ergebnis von Arbeit und Kapital. Der Ertrag der Kapitalgüter ist die Rente, das Produkt des Kapitals ist der Zins. Die Gesamtsumme der Zinsen ist die Gesamtsumme der Renten.[1]

Clarks Lehre ist allerdings nur der Schlußpunkt einer langen Entwicklung der Nationalökonomie, die ursprünglich – in der Physiokratie – vom produktiven Beitrag der Natur bzw. des Bodens an die Produktion ausgegangen ist. Auch Adam Smith hat noch vom Sozialprodukt als Arbeits- *und* Bodenprodukt gesprochen. Ricardo allerdings hat bereits den Produktionsfaktor Boden zu einem Residualfaktor degradiert – ein Degradationsprozeß, der in der Folge immer weiter gegangen ist. Die nichtregenerierbaren Ressourcen wurden nie wirklich in die Nationalökonomie aufgenommen. Und so war es dann für Clark eigentlich relativ leicht, definitiv Boden durch Kapital zu substituieren bzw. Boden einfach als Teil des Kapitals zu deklarieren. Diese reduzierte Produktionsfunktion hat Keynes von Clark übernommen, direkt oder indirekt, und von Keynes hat es die moderne Wachstumstheorie übernommen (gleichgültig, ob es sich um die post-keynesianische oder die neoklassische Version handelt).

Beide Begründungen für die Nichtbeachtung natürlicher Ressourcen sind nicht stichhaltig. Im Konzept der Produktionsfunktion wird nämlich suggeriert, daß ein Zusammenhang hergestellt werde zwischen dem Einsatz der Produktionsfaktoren und der realen, d. h. physischen Produktion, die aus diesem Einsatz resultiert. Nach allgemeiner Auffassung dient das Sozialprodukt der Bedürfnisbefriedigung (und nicht nur dem Gelderwerb). Diese kann aber nur von Realgütern ausgehen, nicht von irgendwelchen nominalen Geldwerten. An der realen physischen Produktion sind aber selbstverständlich die natürlichen Ressourcen immer beteiligt. Es geht daher nicht an, sie erst dann in die Produktionsfunktion aufzunehmen, wenn sie monetär bewertet werden, also aus freien Gütern zu wirtschaftlichen Gütern werden. Dann wird nämlich der reale Charakter der Funktion in Frage gestellt. Ja, es wird den natürlichen Ressourcen paradoxerweise sogar erst dann ein Beitrag an der Herstellung des Sozialproduktes zugeschrieben, wenn ihr physischer Beitrag zur Produktion in Frage gestellt wird, wenn sie knapp werden. Bewertung der Produktionsfaktoren im Sinne ihres Beitrages an das Sozialprodukt und Bewertung im Sinne ökonomischer Knappheit sind eben nicht das gleiche. Unter einem ökologisch-ökonomischen Gesichtspunkt ist es daher nötig, zwischen einem Konzept eines im echten Sinne realen, d. h. physischen Sozialprodukts und einem monetären Sozialprodukt klar zu unterscheiden. Genauso wie es in bezug auf die Arbeit eine Dualwirtschaft gibt, d. h. einen Bereich der Arbeit im monetären Sektor, im erwerbswirtschaftlichen Sektor der Wirtschaft und einen Bereich der Arbeit außerhalb dieses monetären Sektors, in der Eigenwirtschaft (wie man etwa heute sagt), gibt es auch eine Dualwirtschaft in bezug auf die Leistungen der Natur. Es gibt Leistungen der Natur, die im ökonomischen Prozeß durch ihre preisliche Bewertung einbezogen sind, und Leistungen der Natur, die eben nicht oder nur ungenügend in den Preisen zum Ausdruck kommen. Dabei verschieben sich diese Grenzen zwischen den beiden Bereichen laufend.

Noch problematischer aber ist die Unterordnung des Bodens und anderer natürlicher Ressourcen unter den einheitlichen Kapitalbegriff im Sinne von z. B. Clark.[2] Die Problematik ergibt sich daraus, daß der heutige Kapitalstock als das Anfangskapital deklariert wird, das zu irgendeinem Zeitpunkt Null vorhanden gewesen ist plus alle Nettoinvestitionen, die seither hinzugefügt worden sind. Der Kapitalstock ist also etwas, was ständig mit der Zeit wächst bzw. wachsen kann, wenn Nettoinvestitionen vorgenommen werden. Er kann daher immer weiter wachsen, solange aus dem Sozialprodukt etwas gespart und in den Investitionssektor hineingesteckt wird (Nettoinvestitionen = Sparen). Demgegenüber ist festzustellen, daß die natürlichen Ressourcen nicht wachsen. Sie sind nicht Resultat von Investitionen, sie waren vielmehr am Anfang da und werden nun sukzessive verbraucht (im besten Falle gerade intakt gelassen). Sie schwinden also tendenziell. Die Beanspruchung der natürlichen Ressourcen führt daher zu einer Desinvestition des ursprünglichen natürlichen Kapitalstocks. Aus diesem Grunde ist es unbedingt nötig, die produzierten Produktionsmittel, also die Maschinen, Gebäude usw., als Gegenstand von Investitionen, von den natürlichen Produktionsmitteln als Gegenstand von Desinvestitionen zu trennen.

Die Frage ist nun: Wie ist die Natur, wie sind die natürlichen Ressourcen in die Ökonomie einzubeziehen, wie sind sie dort zu behandeln? Um diese Frage zu beantworten, müssen wir zwischen verschiedenen Kategorien von Ressourcen unter ökonomischen Aspekten unterscheiden, wobei ein und dieselbe Ressource neben oder nacheinander verschiedenen Kategorien angehören kann. Einen ersten Teil der natürlichen Ressourcen möchte ich unter dem Begriff der Kategorie der freien Güter oder der quasi-freien Güter subsumieren, und zwar nicht deswegen, weil sie nicht im ökologischen Sinne knapp wären oder zumindestens sein könnten, sondern deswegen, weil sie unter ökonomischen Aspekten als reichlich erscheinen, weil sie keinen Preis haben und also kostenlos in Anspruch genommen werden können – unabhängig davon, ob sie in Wahrheit knapp sind oder nicht. Dazu gehört heute noch zum größten Teil die Umwelt im Sinne der Abfallkübel Luft, Wasser, Boden. Dazu gehören aber auch der Urwald, die Fische im Meer, die für den Fremdenverkehr attraktiven Landschaften (für die der Fremdenverkehrsbetrieb nichts bezahlt) usw. Es gibt aber auch quasi-freie Ressourcen, die zwar einen

Preis, aber nur einen sehr niedrigen Preis haben. Es handelt sich um den Boden bei extensiver Nutzung, die Eigenarbeit in Entwicklungsländern (Dualwirtschaft), die nicht regenerierbaren Ressourcen, die gerade zu Preisen in Höhe der Extraktionskosten verkauft werden usw. Man könnte sagen, das sind alles Ressourcen im vorkapitalistischen Zustand. Sie sind als solche noch nicht eigentlich in die kapitalistische Erwerbswirtschaft einbezogen worden. Erst die Produkte werden – zum Teil – einbezogen in die Erwerbswirtschaft. Den ganzen Vorteil ihrer Nutzung hat dann derjenige, der die Produkte weiterverkauft, und nicht der Besitzer dieser Ressourcen (soweit es überhaupt einen solchen gibt).

Ein zweiter Teil der Ressourcen ist als Kapital einzustufen, aber als Natur-Kapital, das nicht investiert, sondern *des*investiert wird. Natürliche Ressourcen werden in dem Moment zu Kapital, zu Natur-Kapital, wo sie deutlich über den Extraktionskosten liegende Preise erzielen. Die Einstufung der Ressourcen als Natur-Kapital setzt voraus, daß für die Inanspruchnahme dieser Ressourcen ein Preis bezahlt wird, der sich deutlich am Gewinn orientiert, der sich aus der späteren Verarbeitung oder Nutzung dieser Ressourcen, also aus den Produkten, erzielen läßt. Sie sind daher auch mit dem Gegenwartswert der künftigen Gewinne zu bewerten, eben als Kapital. Kapital zeichnet sich dadurch aus, daß es mit der Gesamtsumme der zukünftigen Gewinne, diskontiert auf heute, bewertet wird. Die Gewinne werden dann zu (absoluten) Renten. Paradebeispiel für das Natur-Kapital ist das Erdöl seit 1973.[3] Dazu gehören aber z. B. auch der Boden im Bereich der Städte, die zur Elektrizitätsproduktion genutzten Flüsse mit hohen Konzessionsgebühren usw. Man kann diese Ressourcen als Ressourcen im kapitalistischen Zustand bezeichnen.

Einen dritten Teil der Ressourcen schließlich können wir zur Kategorie der öffentlichen Güter zählen, weil ihre Nutzung dauernd der Allgemeinheit vorbehalten ist oder vorbehalten wird, so daß sie aus dem erwerbswirtschaftlichen Bereich ausgeklammert bleiben (oder mindestens annähernd ausgeklammert bleiben). Dazu gehören als typische Beispiele Naturreservate und Landschaftsschutzgebiete, dazu gehören aber auch saubere Luft, sauberes Wasser, sauberer Boden, insoweit als die Säuberung durch Umweltschutzvorschriften erzwungen wird. Der monetäre Ertrag aus der Nutzung dieser Ressourcen ist dann entweder Null oder auf jeden Fall wesentlich geringer als der Ertrag, der sich ohne die betreffende Regelung erzielen ließe, oder er verwandelt sich in monetäre Kosten. Entsprechend niedrig oder negativ ist dann auch ihr Kapitalwert. Wir können solche Ressourcen als diejenigen bezeichnen, die sich im nachkapitalistischen Zustand befinden.

Der ökonomische Wachstumsprozeß geht nun so vor sich, daß immer mehr Umweltgüter für die Ökonomie genutzt werden, also der direkten ökologischen Nutzung entzogen und der ökonomischen Nutzung zugeführt werden. Sie bleiben aber im ersten Moment freie oder quasi-freie Güter. Sie gehören also weiterhin der ersten Kategorie der Ressourcen an. Das bedeutet, daß weiterhin ein sehr intensiver Gebrauch von ihnen gemacht wird, weil es ja nichts kostet, sie zu nutzen. Nun gibt es in der Folge drei Möglichkeiten. Die natürlichen Ressourcen können endgültig im Stadium der freien Güter verbraucht werden, sie verlassen also gar nicht die Kategorie 1. Eine andere Möglichkeit besteht darin, daß sie rechtzeitig, d. h. vor endgültigem Verbrauch, in die Kategorie 3, in die Kategorie der öffentlichen Güter, überführt werden. Sie werden also in einem gewissen Sinne unter Schutz gestellt. Dann kann man sie – wenn der Schutz effektiv ist – auf die Dauer für die Zukunft erhalten. Oder – und das ist der eigentlich interessante Fall – sie werden nicht unter Schutz gestellt, werden aber ökonomisch knapp und geraten damit in die Kategorie 2, in die Kategorie des Natur-Kapitals.

Bezüglich des Natur-Kapitals gibt es bereits eine ausgebaute Theorie, nämlich die sogenannte Ressourcen-Theorie, die auf Gustav Cassel und Harold Hotelling aufbaut. Der Fehler dieser

Theorie ist nur, daß sie von der Auffassung ausgeht, daß *alle* natürlichen Ressourcen von dieser Theorie erfaßt werden, also alle schon im kapitalistischen Zustand seien, was natürlich nicht der Fall ist. Für diesen kapitalisierten Teil der Ressourcen aber zeigt die Ressourcenökonomie durchaus interessante Aspekte auf. Wichtig ist, daß hier das Sozialprodukt als Resultat nicht nur des Einsatzes von Kapital im Sinne der produzierten Produktionsmittel angesehen wird, sondern auch von Natur-Kapital im Sinne der natürlichen Ressourcen (dabei wird allerdings die Arbeit vernachlässigt). Das Produktionskapital wird investiert, das Natur-Kapital wird desinvestiert. Wenn der Eigentümer des Natur-Kapitals erwartet, daß infolge der Verknappung der Ressourcen der Preis derselben in Zukunft steigt, wird er mit der Ausbeutung der Ressourcenquellen warten und nur dann bereit sein, mit der Ausbeutung fortzufahren, wenn der Zins, zu dem er das Geld aus dem Verkaufserlös anlegen kann, mindestens gleich groß ist wie die erwartete Preissteigerung. Dies ergibt sich aus dem Umstand, daß sich der Ressourcenbesitzer der Endlichkeit seiner Vorräte bewußt ist, so daß die Ausbeutung heute gleichzeitig ein entsprechender Verzicht auf die Ausbeutung morgen bedeutet. Bei der Ausbeutung heute gewinnt er den heutigen Preis plus den Zins, bei der Ausbeutung morgen den morgigen eventuell höheren Preis, aber keinen Zins. Diese Überlegung führt den Ressourcenbesitzer dazu, den Abbau der Ressourcen tendenziell zu verlangsamen, weil er gegebenenfalls von der künftigen Preissteigerung profitieren möchte. So haben wir an sich das merkwürdige Resultat, daß die Kapitalisierung der Ressourcen gleichzeitig auch in einem gewissen Ausmaß – eine Zeitlang – zu einer Konservierung der Ressourcen führt.

In diesem Zusammenhang gewinnt auch der Zins eine neue Funktion, nämlich als indirekter Maßstab für die Knappheit der Ressourcenvorräte. Wenn man sich allgemein der Knappheit dieser Vorräte bewußt wird, muß der Zins auf ein höheres Niveau steigen, damit überhaupt die Vorräte noch abgebaut werden. Anderenfalls würde man eher von der künftigen Knappheit und den höheren Preisen profitieren wollen. Durch die Ressourcenökonomie wird die Produktionsfunktion der bisherigen Wachstumstheorie in Frage gestellt; sie wird nicht mehr als eine gültige Beschreibung der heutigen Situation beurteilt. In Frage gestellt wird aber auch das Wachstum der Wirtschaft, das an die Begrenzung der Ressourcen bzw. an den höheren Zinssatz stößt.

Die Infragestellung der Wachstumstheorie nahmen die orthodoxen Nationalökonomen allerdings sehr ungern zur Kenntnis. Sie haben infolgedessen, unter formaler Akzeptanz der Ressourcenökonomie, ihre Substanz wieder durch einen Trick aus der orthodoxen Nationalökonomie hinausgeworfen. Dieser Versuch, nach dem Intermezzo der Ressourcenökonomie wieder auf die alte Wachstumstheorie zurückzukommen, ist vor allen Dingen von Solow und Nordhaus vorgetragen worden. Er wurde aber erstaunlich schnell in die allgemeine nationalökonomische Literatur hinausgetragen. Es geht dabei um die Idee einer sogenannten Back-Stop-Technologie, also einer Auffang-Technologie – ein Begriff, der aus der Baseballsprache in den Vereinigten Staaten stammt (beim Baseball wird ein Netz aufgestellt, das den Ball ›auffangen‹ soll, wenn er nicht vom Spieler gehalten wird). Mit dieser Back-Stop-Technologie ist eine Energie gemeint, die zwar zu höheren Kosten als das Erdöl, aber doch zu konstanten Kosten in beliebiger Menge produziert werden kann. Mit ihr sollen dann aus dem Gesamtmaterial, das die Welt überhaupt bietet, genügend Rohstoffe irgendwelcher Art in praktisch beliebiger Menge hergestellt werden können. Diese Back-Stop-Technologie fängt also in gewissem Sinne die Knappheit auf, die sich aus der absehbaren Erschöpfung der Erdölvorräte ergeben könnte. Wenn es eine solche Back-Stop-Technologie gibt, dann hat die Ressourcenökonomie tatäschlich nur Bedeutung für eine kurze Zeit, in der der Sprung vom billigen Erdöl zu teureren, aber auch viel ergiebigeren Alternativ-Energien vollzogen wird. Eine weitere Teuerung ist dann nicht abzusehen. Wenn dieses neue Kosten- und Preisniveau erreicht ist, kann man daher wieder mit einem exponentiellen Wachstumstrend und der alten Wachstumstheorie weiterfahren. Dann kann man wieder die Ressourcen aus der Produktionsfunktion ausklammern.

Dieser Ausweg ist aber in Wirklichkeit versperrt wegen der Entropie-Problematik, auf die oben hingewiesen wurde, und wegen der Endlichkeit der Welt. Unter dem Gesichtspunkt der Entropie und der Endlichkeit der Welt kann es keine Back-Stop-Technologie geben. Das läßt sich auch im einzelnen verdeutlichen, wenn man an die drei Back-Stop-Technologien denkt, die etwa von Solow hervorgehoben werden. Es sind dies die Plutoniumenergie, die Fusionsenergie und die großtechnologische Nutzung der Sonnenenergie (hard-solar). Die ersten beiden Technologien kommen im Grunde genommen – unabhängig von ihren spezifischen Problemen – als Back-Stop-Technologien letztendlich doch nicht in Frage, weil durch sie zusätzliche Wärme in der Welt freigesetzt wird, also eine globale Wärmeproblematik mit ihnen verbunden ist. Das wird auch heute allgemein zugegeben. Infolgedessen wird die Back-Stop-Technologie meistens auf die Sonnenenergie im Sinne der großtechnologischen Nutzung der Sonne begrenzt.[4] Zur Nutzung der Sonnenenergie, die ja an sich frei ist, benötigt man ein immenses Kapital von Solarzellenanlagen und ein ausgedehntes Transportsystem für die Verteilung der aus den Solarzellen gewonnenen Energie. Damit könnte man – so stellt man sich vor – das Natur-Kapital im Sinne des Erdöls durch Solar-Kapital im Sinne der produzierten Produktionsmittel ersetzen (der Solarteil ist gratis). Die Produktionsfunktion könnte dann wieder reduziert werden auf Arbeit und Kapital. Dabei wird die Tatsache verkannt, daß die Sonnenenergie dezentral anfällt, daß sie zur großtechnologischen Nutzung gebündelt werden muß und trotzdem, trotz dieser Bündelung, einen sehr großen Teil der Erdoberfläche beansprucht, wenn man in wirklich großem Maßstab auf die Sonnenenergie abstellen will. Nichts ist aber so begrenzt wie die Erdoberfläche, der Boden. Es ist daher unsinnig, wenn man die Solar-Technologie als Back-Stop-Technologie bezeichnet. Der Boden ist im Grunde genommen bereits knapper als die Vorräte etwa an Erdöl und Kohle. Einen relativ reichlichen Faktor durch einen noch knapperen zu ersetzen, ist eine sehr merkwürdige Auffassung von einer Back-Stop-Technologie!

Als Fazit ergibt sich, daß wir nicht zu einer Back-Stop-Technologie übergehen werden, weil es diese in Wirklichkeit gar nicht gibt. Was wirklich passiert, ist, daß wir aus dem Reservoir der immer noch freien oder frei erscheinenden Ressourcen – die aber ökologisch knapp geworden sind (nur eben noch keinen entsprechenden Preis haben) – Material und Energie entnehmen, in den ökonomischen Bereich überführen und entweder vorschnell verbrauchen oder in den Bereich des Natur-Kapitals aufsteigen lassen (soweit sie nicht zu öffentlichen Gütern deklariert werden). Das bedeutet aber, daß die natürlichen Ressourcen sowohl unter ihrem realen, physischen Aspekt als auch unter ihrem monetären Aspekt – als Natur-Kapital – definitiv in der Produktionsfunktion sowohl unter dem Aspekt der Knappheit wie der Reproduktionskosten berücksichtigt werden müssen.

Die Dynamik der Geldwirtschaft –
Zur Frage eines Wachstumszwangs

I

Damit die ökonomische Theorie die im ökonomisch-ökologischen Gesamtgeschehen wirkende Dynamik erklären kann, muß sie mit offenen Modellen arbeiten, die nicht nur die Inputs und Outputs im ökonomischen System erklären, sondern auch die Inputs in das und die Outputs aus dem ökonomischen System. Das heißt: Die Ausgangsstoffe und Abfälle sind nicht exogen gegeben; sie werden vielmehr im historischen Zeitablauf durch die Wirkungsweise des ökonomischen Systems selbst beeinflußt, d. h. verbraucht, regeneriert oder kumuliert. Eine solche Erklärung ist in den Modellvorstellungen der traditionellen Wirtschaftstheorie nicht möglich, weil es sich um geschlossene, ahistorische Modelle handelt.

Es stellt sich damit die Frage, wodurch die ökologischen Bestandteile der Welt zu Bestandteilen der Ökonomie werden. Eine vorläufige Antwort lautet: indem sie Ausgangsgröße, Mittel und Endgröße eines Haushaltsplanes werden, indem man also über sie *disponiert*. Ein einfacher Verzehr dessen, was der Mensch durch Sammeln, Jagen oder Fischen aus der Natur bezieht, ist nicht als Wirtschaften anzusprechen, genausowenig wie das Sammeln, Jagen und Fischen der Tiere. In dieser Hinsicht ist der Mensch einfach Teil des ökologischen Systems. Einen Haushaltplan festlegen heißt jedoch mehr, es heißt, die Möglichkeiten des Konsums durch vorsorgliche Tätigkeit zu verbessern, was für die Tiere nicht oder nur instinktiv möglich ist.

Die erste große Etappe der Entwicklung der Wirtschaft erfolgte in der neolithischen Revolution mit dem Beginn der Landwirtschaft. An die Stelle des einfachen Ergreifens trat die Produktion. Eine Voraussetzung jeder Produktion ist das Sparen bzw. die Investition und der Einsatz von Wissen und Können. Das einfachste Beispiel ist der Ackerbau: An die Stelle des Sammelns von wildwachsendem Korn tritt Aussaat und Ernte. Voraussetzung dafür ist der technische Fortschritt (= Wissen und Können), denn die Körner müssen zuerst veredelt werden, damit sie sich für den Ackerbau eignen, d. h. es muß Pflanzenzucht betrieben werden. Außerdem muß der Boden urbar gemacht (= Investition) und dann angebaut werden (= Produktion). Man kann also sagen: Wirtschaften im Sinne des Haushaltplanes ist eine Art der Bedarfsdeckung, bei der Wissen und Können, Investition und Produktion auftreten.

Mit diesem Bild der Wirtschaft können wir uns jedoch nicht mehr begnügen. Wenn wir heute fragen, wodurch die ökologischen Bestandteile der Welt zu Bestandteilen der Ökonomie werden, müssen wir die Ökonomie als Geld- und Erwerbswirtschaft – im Gegensatz zu einer reinen Versorgungswirtschaft – begreifen.[1] Wir haben eine Wirtschaft vor uns, in der die Bestandteile der Natur Ausgangslage, Mittel und Endgröße des Gelderwerbs und in diesem Sinne knapp werden, d. h. wir sind bereit, einen Preis für die Bereitstellung derselben zu bezahlen. Die Geld- und Erwerbswirtschaft ist eine Folge der Arbeitsteilung, zuerst zwischen Landwirtschaft und Gewerbe, dann zwischen den Gewerbebetrieben und der damit verbundenen Ausgliederung von Produktions- und Konsumstätten. Der Produzent – das Unternehmen bzw. die Firma – kann sich nach dieser Ausgliederung nicht auf die Haushaltpläne der Käufer stützen, da er sie nicht kennt, und noch weniger auf seinen eigenen Haushaltplan, da er ja überhaupt nicht für sich selbst, sondern für den Markt produziert. Somit bleibt ihm gar nichts anderes übrig, als seinen Wirtschaftsplan auf dasjenige Gut auszurichten, das stellvertretend für die anderen Güter steht: das Geld.

Das bedeutet zweierlei: Erstens kann der Produzent außer seiner eigenen Arbeitskraft und dem ihm aufgrund historischer

Gegebenheiten zur Verfügung stehenden Grund und Boden nur Produktionsmittel kaufen bzw. beschäftigen, die er bezahlen kann, und zweitens muß er seine Produkte gegen Geld verkaufen, damit er seine Ausgaben decken kann. Das Entscheidende dabei ist aber, daß zwischen der Herstellung der Waren und dem Verkauf derselben Zeit verstreicht und daß somit die Ausgaben für die Herstellung der Waren nicht mit *dem* Geld bezahlt werden können, das durch den Verkauf der Waren wieder hereinkommt: Es kommt erst später herein! Es braucht also Geld, das dazwischentritt, d. h. Geldkapital. *Bevor* also der Produzent (Industrieproduzent oder Händler) produzieren bzw. Warenvorräte anlegen kann, muß er Geld in der Hand haben. Das gilt erst recht, wenn er in Anlagen investiert; in diesem Fall ist der Time-lag zwischen Anschaffung der Anlage und dem Verkauf der Ware noch länger. Somit kommt in der Geldwirtschaft ein weiterer Wirtschaftsfaktor hinzu: das Geldkapital. Es tritt in zeitlichem Wechsel zu den anderen ökonomischen Faktoren auf: die Ausgabe von Geldkapital dient der Beschaffung von Produktionsmitteln bzw. Warenlagern, und der Verkauf von Waren dient der Beschaffung von Geldkapital.[2]

Der äußere Ausdruck für dieses Gelddenken ist die doppelte Buchhaltung, bei der immer gleichzeitig Real- und monetäre Transaktion gebucht wird, wobei es am Schluß nur auf die Gegenüberstellung von monetärem Aufwand und monetärem Ertrag ankommt. Realität sind hier also nicht die Realgrößen (die Produktionsmittel und die Waren), sondern die Geldwerte, von denen am Schluß des Jahres möglichst mehr vorhanden sein soll als am Anfang.[3] Ein solcher monetärer Überschuß gilt dann als Maßstab des wirtschaftlichen Erfolgs, der auf das investierte Geldkapital bezogen wird.

II

Entscheidend ist die Erkenntnis, daß die Wirtschaftswelt im Sinne der Geld- und Erwerbswirtschaft keineswegs identisch ist mit der Welt, aus der die Wirtschaft ihren Nutzen zieht. Sie zehrt vielmehr davon, daß es große Bestandteile der Welt gibt, die noch nicht kommerzialisiert sind, sich aber kommerzialisieren lassen, d. h. als Rohstoffquellen für den Gelderwerb ausgebeutet werden können. Dazu gehören sowohl die Bestandteile der Ökosphäre, die bisher vom Menschen nicht oder nur im Rahmen der ökologischen Austauschprozesse genutzt wurden, als auch die Bestandteile der Versorgungswirtschaft, in der Produktion und Konsum nicht über den Geldprozeß verbunden sind, sondern in welcher der Lohn der Arbeit das Produkt selber ist (Eigenproduktion). Denn es ist ja keineswegs so, daß heute die Erwerbswirtschaft die Versorgungswirtschaft vollständig ersetzt hätte; diese spielt im Gegenteil immer noch eine große Rolle im Rahmen der Landwirtschaft, des Handwerks, der Haushaltstätigkeit, des Boden- und Hausbesitzes (zum Eigengebrauch), der Kunst und Forschung, des Reisens und Wanderns usw., überall da, wo mit der Tätigkeit selbst bzw. mit ihrem unmittelbaren Ergebnis eine Befriedigung bzw. eine Bedarfsdeckung verbunden ist. Diese Versorgungswirtschaft bildet zusammen mit der ökologischen Sphäre die Humusschicht der Erwerbswirtschaft, die nur deswegen gedeihen, d. h. wachsen kann, weil es diese Schicht gibt, welche die Pflanzen der Erwerbswirtschaft – die Betriebsstätten und Konsumentenhaushalte – ernährt.

Alle diese Bestandteile der nichtökonomischen Welt stehen entweder der Allgemeinheit oder dem privaten Eigentümer als solche umsonst zur Verfügung und werden daher unter dem Konkurrenzdruck billig weitergegeben, *weil Kosten nur für die Produktion, d. h. für die Bereitstellung derselben, nicht aber für die Regeneration bzw. Reproduktion entstehen.* So sind die natürlichen Ressourcen wohlfeil, weil sie sich entweder auf ökologischer Basis regenerieren (Pflanzen und Tiere) oder keiner Regeneration zu bedürfen scheinen, solange im Verhältnis zur jeweiligen Nachfrage noch genügend Vorräte vorhanden sind (Wasser, Luft, Boden und Bodenschätze); ebenso stehen auch diejenigen Arbeitskräfte, die sich selbst versorgen (z. B. traditionelle Landwirtschaft) und für die das Geldeinkommen nur eine Nebenrolle spielt, billig zur Verfügung. Das Wissen und Können, das in Büchern aufgeschrieben ist und sich immer weiter akkumuliert, ist jedermann zugänglich. Schließlich kann auch das in der Vergangenheit aufgebaute, aber bereits abgeschriebene Kapital, soweit es durch den Gebrauch noch nicht verbraucht wurde, umsonst genutzt werden. Alle diese Dinge sind sozusagen ›Geschenke‹ der Natur oder der Vergangenheit an die Gegenwart. Derjenige, der einen Zugriff darauf hat, kann sie unter Einsatz von Wissen und Können zu wirtschaftlichen Gütern und damit zu Geld machen, indem er sie entweder direkt in ihrer ursprünglichen Form oder indirekt in Form von Waren, die aus ihnen bzw. mit ihrer Hilfe produziert werden, auf dem Markt zu einem höheren Preis verkauft.

Zu klären ist allerdings noch die Frage, warum es Nachfrager gibt, die bereit sind, einen solchen höheren Preis dafür zu bezahlen. Warum nutzen oder nehmen sich die Nachfrager die betreffenden Güter nicht selbst? Die Antwort lautet: weil es ihnen entweder verwehrt ist oder weil sie nicht daran interessiert sind. Verwehrt ist ihnen der Zugang zu den billigen Gütern einmal dann, wenn sie nicht Eigentümer derselben sind oder wenn sie zwar Eigentümer sind, aber ihre Nutzung nur mit hohem Produktionsmitteleinsatz, d. h. mit einem Einsatz von Wissen und Können, Energie, Maschinen und Arbeitskräften möglich wäre, über die sie nicht verfügen. Und nicht interessiert sind sie dann, wenn sie bereits in die arbeitsteilige Wirtschaft integriert sind, also von ihrem Geldeinkommen leben und durch die Spezialisierung auf *eine* Arbeit mehr verdienen bzw. zu verdienen glauben, als sie durch Hingabe von Geld für den Kauf des betreffenden Gutes verlieren, aber auch, wenn sie das Risiko einer selbständigen Produktion scheuen.

Daraus ergibt sich: Das Gesamtangebot des Ausgangsmaterials für die Wirtschaft ist nicht fest gegeben, sondern preiselastisch; es erhöht sich in dem Ausmaß, wie der Ertrag der wirtschaftlichen Güter immer weiter über dem ökologischen und versorgungswirtschaftlichen Ertrag liegt, für den naturgemäß nur ein sehr geringer Preis bezahlt wird.

Das ökonomische System ist also offen, wobei es sich um so weiter öffnet, je mehr man für die Waren erlösen kann bzw. je höher die Löhne der in die Erwerbswirtschaft integrierten Arbeitskräfte im Verhältnis zu den (noch) nichtkommerzialisierten Gütern bzw. dem Verdienst der Selbstversorger sind, und je größer damit die Gewinnmöglichkeiten durch Kommerzialisierung der noch nicht kommerzialisierten Güter und der noch nicht kommerzialisierten Arbeit werden.[4]

III

In dieser offenen Geldwirtschaft besteht eine immanente Dynamik, die auf wirtschaftliches Wachstum ausgerichtet ist. Sie geht von der Zukunftsorientierung aus, die dem Kapitalisierungsprozeß eigen ist.

Ausgangspunkt unserer Überlegungen ist die Frage: Warum produziert man Investitionsgüter, da man doch auf diese Weise dem Konsumprozeß etwas entzieht und so den Konsum unter das Niveau senkt, das man hätte erreichen können, wenn man das ganze Produktionspotential unmittelbar der Konsumgüterherstellung zur Verfügung gestellt hätte? Der Grund dafür ist offensichtlich, daß man durch den Umweg über die Herstellung und den Einsatz von Investitionsgütern, z. B. durch Melioration des Bodens, durch Herstellung von Werkzeugen und Maschinen, Anlegung von Wegen für Fahrzeuge usw. in Zukunft mehr Konsumgüter herstellen kann. Der Wert der Anlagen bzw. Investitionsgüter – des Kapitals – liegt also allein in der *künftigen* Erhöhung der Konsumgüterproduktion. Ist diese Erhöhung nicht möglich bzw. findet die erhöhte Konsumgüterproduktion keinen Absatz, dann werden die Investitionsgüter, d. h. das Kapital wertlos, denn man kann die Investitionsgüter, wenn sie einmal produziert worden sind, nicht wieder in Konsumgüter zurückverwandeln. Mehrproduktion (mehr gegenüber der Ausgangssituation) ist also ein notwendiger Bestandteil des Kapitalisierungsprozesses.

Es kommt also darauf an, daß der erwartete Mehrertrag an Konsumgütern in der Zukunft mindestens so groß bzw. etwas größer ist als der Minderertrag an Konsumgütern, der wegen der zeitweisen Bindung des Produktionspotentials in der Investitionsgüterherstellung nötig wurde. Sonst lohnt sich die Umwegproduktion nicht. Oder anders ausgedrückt: der Mehrertrag während der Lebensdauer der Investitionsgüter muß die Abschreibungen für die Investitionsgüter und damit ihre Kosten decken.

Darüber hinaus muß der Mehrertrag aber auch die Entrichtung eines Zinses ermöglichen, denn der Investor muß zuerst über Geldkapital verfügen, bevor er sich das Realkapital beschaffen kann. Der Preis für den Erwerb des Geldkapitals ist der Zins, so wie der Preis des Realkapitals der Investitionsgüterpreis ist. Damit sich eine Investition lohnt, müssen beide Preise bezahlt werden können.

In diesem Zusammenhang ist festzuhalten: ein wesentlicher Bestandteil der Geldwirtschaft ist das Vorhandensein eines Kreditmarktes. Auf diesem herrscht ein über lange Frist relativ stabiler Zinssatz. Er beträgt, von Inflationszeiten abgesehen, seit etwa drei Jahrhunderten ca. 3 bis 6 %. Vorher lag er höher. Seit einiger Zeit zeichnet sich, vor allem in Zusammenhang mit der Expansion der Finanzmärkte, wieder eine gewisse Verschiebung nach oben ab.

Auf dem Kreditmarkt kann jeder sein nicht für unmittelbaren Konsumgüterkauf vorgesehenes Geld jederzeit anlegen, d. h. kapitalisieren, indem er Kredite gewährt. Für den Geldanleger stellen diese Kredite Geldkapital dar. Der Wert des Geldkapitals ergibt sich aus der Summe der künftigen Zinserträge inkl. der Zinseszinsen.[5]

Die besondere Dynamik der Geldwirtschaft ergibt sich aus der

Überlagerung von Geld- und Realinvestition, von geld- und realwirtschaftlichen Aspekten.

Aus dieser Überlagerung resultiert nicht nur ein Antrieb bzw. eine Notwendigkeit, das nicht zum unmittelbaren Kauf bestimmte Geld anzulegen, damit es überhaupt seinen Wert (im Sinne des Kapitalwerts) behält, sondern auch ein Antrieb bzw. eine Notwendigkeit,

▶ erstens, dem investierten Kapital eine ›ewige‹ Lebensdauer zu verschaffen, indem man die Abschreibungen stets für Ersatzinvestitionen verwendet,

▶ und zweitens, einen Teil der Gewinne immer wieder zu reinvestieren und so das Kapital stets anwachsen zu lassen.

Wir wollen uns zunächst der ersten, dann der zweiten These zuwenden.

Wir müssen berücksichtigen, daß ein Zins nur gezahlt werden kann, wenn das Geldkapital gewinnbringend eingesetzt wird, also Realinvestitionen vorgenommen werden und damit ein Mehrertrag erwirtschaftet wird. In diesem Mehrertrag muß allerdings außer dem Zins auf dem Fremdkapital und einem Gewinn auf dem Eigenkapital auch ein Abschreibungsbetrag auf dem Realkapital enthalten sein. Im Gegensatz zum Geld haben ja die Investitionsgüter keine ewige, sondern nur eine beschränkte Lebensdauer. Sie werden in einer bestimmten Zeit abgenutzt bzw. verbraucht (Gewinn auf dem Eigenkapital und Abschreibungsbetrag zusammen bilden den Bruttogewinn).

Ein Investor wird sich im allgemeinen nur dann zu einer Realinvestition entschließen, wenn der erwartete Gewinn auf dem Eigenkapital (der Gewinn nach Abzug der Zinsen auf dem Fremdkapital) im Durchschnitt der Jahre höher ist als ein Eigenkapitalzins, der dem Marktzins entspricht. Denn sonst lohnt es sich nicht, das höhere Risiko einer solchen Investition (im Verhältnis zu einer Kreditanlage) in Kauf zu nehmen. Der Investor würde dann lieber sein Geld auf dem Kreditmarkt anlegen.

Umgekehrt wird es aber auch mit Hilfe von Investitionen,

speziell von Rationalisierungs- und Produktinnovations-Investitionen auch tatsächlich möglich sein, höhere Gewinne zu erwirtschaften, weil sie der investierenden Firma einen vielleicht nur zeitlich befristeten, aber auch immer wieder erneuerbaren Vorsprung vor anderen Firmen verschaffen. Das heißt mit anderen Worten: es gibt zwar Konkurrenz, die den Gewinn immer wieder zu verringern droht, aber die Konkurrenz führt nicht dazu, den Gewinn in dem Moment, in dem er entsteht, schon wieder zunichte zu machen. Eine Reihe von Konkurrenzschranken lassen eine solche Vernichtung des Gewinns nicht zu. Dazu gehört der Besitz bestimmter Eigentumsrechte, das Vorhandensein eines spezifischen Know-hows, die schon bestehenden Anlagen usw., über welche andere nicht verfügen, so daß ihnen der Zutritt zum Markt erschwert wird. Dazu gehören aber auch die unternehmerischen Fähigkeiten, immer wieder neue Erfolgspositionen aufzubauen und zu nutzen. Die Konkurrenz braucht immer Zeit, diesen Vorsprung einzuholen, d. h. die Gewinnrate wieder absinken zu lassen. Bevor dies geschieht, wird ein neuer Vorsprung erzielt usw.

Daraus ergibt sich einerseits, daß in der realen Wirtschaft – im Gegensatz zum Modell der vollkommenen Konkurrenz – die Gewinnrate j (genauer die Netto-Gewinnrate nach Abzug der Abschreibungen) *im Durchschnitt* größer ist als der Zinssatz i, daß andererseits aber auch die Gewinnrate nicht beliebig über dem Zinssatz liegen kann, weil sonst die Konkurrenz zu stark wird.

Mit besonderer Deutlichkeit wird dieses Verhalten von Gewinn und Zins von Adam Smith hervorgehoben, der wohl immer noch als der genaueste Beobachter der real existierenden Marktwirtschaft gelten darf. Er stellt fest:

Das Verhältnis, in dem der übliche Marktzins zum normalen Reingewinn stehen sollte, ändert sich natürlich, wenn der Gewinn steigt oder fällt. So halten die Kaufleute in Großbritannien einen Gewinn, der doppelt so hoch wie der Zins ist, für, wie sie sagen, gut, angemessen und vernünftig, was, so meine ich, nichts anderes bedeutet als ein gewöhnlicher und marktüblicher Gewinn.[6]

Das heißt: auch wenn die Gewinne der einzelnen Unternehmen und der einzelnen Branchen unterschiedlich sein können und auch stärker schwanken als der Zins, so ist doch eine durchschnittliche Differenz zwischen Gewinn und Zins auszumachen, an dem sich die Wirtschaft orientiert. Daß gemäß Adam Smith diese durchschnittliche Differenz gerade gleich dem Zinssatz selbst ist ($j = 2i$ bzw. $j - i = i$), will veranschaulichen, daß die Gewinnrate deutlich, aber nicht beliebig hoch über dem Zinssatz liegt.

Unsere erste These lautet nun: in dem Ausmaß, als gilt

$$j > i$$

wird es sich immer lohnen, die Abschreibungen zu Ersatzinvestitionen zu verwenden und die Investitionen damit zu *verewigen*.

Der Kapitalwert einer ewigen Investition errechnet sich als Barwert (B_0^R) einer ewig gleichen Rente. Die Rente ist in diesem Fall gleich dem Gewinn, der sich aus der (erwarteten) Gewinnrate (j) mal der angelegten Kapitalsumme (K_0) berechnet. Wird stets eine (im Durchschnitt) gleiche Gewinnrate und ebenso ein stets konstanter Zinssatz (i) angenommen, so berechnet sich der Bar- bzw. Kapitalwert der angelegten Kapitalsumme wie folgt:

$$B_0^R = \frac{1}{i} j K_0$$

Der Bar- oder Kapitalwert einer ewigen Investition ist größer als der Bar- bzw. Kapitalwert einer Investition mit endlicher Lebensdauer, bei der die Abschreibungen nicht zur Ersatzinvestition, sondern zu Konsumzwecken verwendet werden: der Verzicht auf den Konsum wird überkompensiert durch die Wertsteigerung des Kapitals.[7]

Der höhere Kapitalwert einer ewigen Investition wird allerdings dadurch erkauft, daß die Investition ständig dem Konkurrenzrisiko ausgesetzt bleibt.

Die Investition mit endlicher Lebensdauer wird in dem Ausmaß risikoärmer, wie die Zeit fortschreitet, also mit der Zeit sich die Investitionsgüter abnutzen und mit dem Kapital auch der Kapitalwert abnimmt. Nach Verbrauch der ursprünglichen Anlage ist nicht nur der Kapitalwert, sondern auch das Risiko Null.

Demgegenüber behält der Bar- oder Kapitalwert einer ewigen Investition, solange keine Gewinnminderung eintritt, in der Erwartung immer den gleichen Wert, da für den Teil des Kapitalwerts, der in einer Periode verlorengeht, ein neuer Teil des Kapitalwerts aus der unendlichen Zukunft wieder zuwächst.

Allerdings ist, wie gesagt, ein Gewinn, der über den Zins hinausgeht, stets durch die Konkurrenz bedroht. Die Gewinn-Position muß daher immer neu erobert werden. Dies ist nur möglich durch Reinvestition eines Teils der Gewinne und damit durch Nettoinvestitionen, welche zu den Ersatzinvestitionen hinzukommen.[8]

Insbesondere geht es dabei darum, bessere Verfahren (Rationalisierung) und neue Produkte (Innovation) mit neuen Gewinnchancen zu entwickeln.

Auf diese Weise kommt es nicht nur zu einer Verewigung der Investition durch ständige Erneuerung im Sinne von Ersatzinvestitionen, sondern auch zu einem kumulativen Wachstumsprozeß des Kapitals aufgrund der Reinvestition eines Teils der Gewinne (Nettoinvestition).

Dabei ist zu beachten, daß sich der Begriff Investition nicht auf ein bestimmtes Investitionsgut bezieht, sondern auf die gewinnbringende Einheit, also die Firma, die als Ganzes kapitalmäßig bewertet wird, z. B. durch den Kurswert der Aktien bei einer Aktiengesellschaft. Eine Verewigung und Erweiterung der Investition heißt daher nicht, daß immer die gleiche Maschine ersetzt bzw. eine gleiche Maschine danebengestellt wird – ganz im Gegenteil ist es ja für die Gewinnerzielung wesentlich, daß jede Investition mit einer Neuerung verbunden ist –, sondern daß in der gleichen gewinnbringenden Einheit, also in der gleichen Firma, investiert wird.

Der Wachstumsprozeß läßt sich wie folgt beschreiben:
Wenn ein Anteil (c) der Gewinne immer wieder reinvestiert wird, so wächst die ursprüngliche Kapitalanlage (K_0) bei konstanter Gewinnrate (j) im Sinne der geometrischen Progression (bzw. der Exponentialfunktion) auf

$$K_t = (1 + cj)^t \, K_0$$

Dies sei an einem Beispiel verdeutlicht. Nehmen wir an, daß am Anfang 100 Geldeinheiten investiert werden ($K_0 = 100$), die Gewinnrate 10 % beträgt (j = 0,1) und jeweils 30 % des Gewinns (c = 0,3) wieder reinvestiert wird, so erhöht sich das ursprüngliche investierte Kapital

von heute	100
nach 10 Jahren auf	134
nach 20 Jahren auf	180
nach 30 Jahren auf	242
nach 40 Jahren auf	326
nach 50 Jahren auf	438

.
.
.

Das Interesse des Kapitaleigners an einer solchen Entwicklung liegt darin, daß der Bar- bzw. Kapitalwert einer Kapitalanlage immer über der angelegten Kapitalsumme liegt. Dies ist der Fall, sobald der (erwartete) Gewinn höher ist als der Zins.
Wenn aber ein Teil des Gewinns wieder reinvestiert wird, so steigen die Erwartungen über die Dividendenausschüttungen in der Zukunft. Der Kapital- oder Barwert der Kapitalanlage ist dann nicht gleich dem Barwert einer ewig gleichen Rente, sondern gleich dem Barwert einer ewig wachsenden Rente. Die Rente ist der ausgeschüttete Gewinn, d. h. die Dividende. Diese ist gleich dem Dividendenanteil (1-c) am Gewinn (j K_0). Das

Kapital wächst mit dem Anteil des Gewinns, der reinvestiert wird. Der Wachstumsfaktor ist gleich dem prozentualen Anteil des reinvestierten Gewinns (cj) am Kapital. Der Kapital- bzw. Barwert der Kapitalanlage errechnet sich aus der Summe der (erwarteten) steigenden Dividenden. Er beträgt bei Annahme der Konstanz aller Parameter:[9]

$$B_{0,\,0}^R = \frac{1}{i - cj}\ (1 - c)\,j\,K_0 \quad [10]$$

Kommen wir wieder auf unser Beispiel zurück und nehmen an, daß die ursprüngliche Kapitalanlage 100, die Gewinnrate 10 % und der Marktzins 5 % beträgt und daß 30 % des Gewinns reinvestiert werden, so ist der Bar- bzw. Kapitalwert ($B_{0,\,0}^R$) heute dreieinhalbmal so hoch wie die angelegte Kapitalsumme, nämlich

$$B_{0,\,0}^R = \frac{1}{0,02}\ 0,7 \cdot 0,1 \cdot 100 = 350$$

Dieser Bar- und Kapitalwert erhöht sich dann im Laufe der Zeit entsprechend der Reinvestition der Gewinne auf

$$B_{t,\,0}^R = \frac{1 - c}{i - cj}\ jK_t$$

$$= \frac{1 - c}{i - cj}\ (1 + cj)^t jK_0$$

In unserem Beispiel beträgt der Barwert

heute	350
nach 10 Jahren	470
nach 20 Jahren	632
nach 30 Jahren	850

| nach 40 Jahren | 1142 |
| nach 50 Jahren | 1534 |

.

.

.

Bei jeder einzelnen Investition entsteht ein Kapitalgewinn. Dieser ist gleich der Differenz zwischen dem Bar- und Kapitalwert der Investition ($B^R_{t,0}$) und der Kapitalanlage (K_t). In unserem Beispiel beträgt der Kapitalgewinn

heute	$350 - 100 =$	250
nach 10 Jahren	$470 - 134 =$	336
nach 20 Jahren	$632 - 180 =$	452
nach 30 Jahren	$850 - 242 =$	608
nach 40 Jahren	$1142 - 326 =$	816
nach 50 Jahren	$1534 - 438 =$	1096

.

.

.

Der fortlaufende Verzicht auf einen Teil der Dividende führt also zu einem stets höher werdenden Kapitalgewinn. Dieser Kapitalgewinn kann vom Besitzer dieser Kapitalwerte, z. B. vom Besitzer einer Aktie, realisiert werden, indem er diesen Wert bzw. die Aktie zu einem entsprechend hohen Kurswert verkauft.

Der laufende Gewinn (jK_t) ist dann aber auf den höheren Bar- bzw. Kapitalwert zu beziehen. Daraus ergibt sich die Rendite. Der im Verhältnis zum Zins höhere Gewinn verwirklicht sich im Kapitalgewinn, während die Rendite (r) sogar unter den Marktzins zu liegen kommt, denn

$$r = \frac{jK_t}{B^R_{t,0}} = \frac{i - cj}{1 - c}$$

In unserem Beispiel tritt an die Stelle einer Gewinnrate von 10 % eine Rendite von 2,84 %.

In bezug auf den Aktienmarkt heißt dies, daß die Dividende auf den Nennwert bezogen oft sehr hoch, aber auf den Kurswert bezogen oft sehr niedrig ist. Für den Anleger ist nicht die Dividende ausschlaggebend, sondern die absehbare Kurssteigerung der Aktie, die sich fortlaufend aus der Reinvestition eines Teils des Gewinns (Kapitalgewinn) ergibt.

Wenn wir uns diese Umwandlung künftiger Gewinne in Kapitalwerte vor Augen halten, wird deutlich, warum es sehr schwer fallen muß, Abstand zu nehmen vom Wachstum, selbst wenn es sich aus Gründen der Umwelterhaltung aufdrängen und sich allgemein die Auffassung durchsetzen würde: »Wir haben genug; wir wollen behalten, was wir haben, aber wir haben genug.« Schon die bloße Vorstellung eines solchen Wachstumsverzichts würde nämlich dazu führen, daß der Kapitalwert sinkt. Der Barwert einer steigenden Rente ($B_{t,\,0}$) würde auf den Barwert einer immer gleich bleibenden Rente reduziert, also

von

$$B_{t,\,0} = \frac{1-c}{i-cj}\ jK_t$$

auf

$$B_t = \frac{1}{i}\ jK_t$$

nämlich um $\dfrac{c\,(j-i)}{i\,(i-cj)}$

In unserem Beispiel würde der Kapitalwert um ca. 43 % fallen. Das heißt: ein bloßer Wachstumsverzicht würde selbst bei Aufrechterhaltung der Gewinnrate zu einem Kapitalverlust – genauer: zu einem Verlust des Kapitalwertes – führen. Das heißt: eine bloße *Stabilisierung* auf der Einkommensseite führt zu einem *Verlust* auf der Vermögensseite.

Die Ursache dafür ist die Vergegenwärtigung künftiger Gewinne in Barwert und die Tatsache, daß sich daraus der Kurswert bzw. der Preis der Kapitalwerte ableitet. Die Kapitalwerte werden zum Barwert gekauft und verkauft. Die Minderung des Barwerts führt daher zu einer entsprechenden Minderung des Kurswerts bzw. des Preises. Reduziert sich (nur) die *künftige* Steigerung der Gewinne, fällt der *gegenwärtige* Kapitalwert. *Das heißt: Investor wie Kapitalanleger sind nicht nur um des Gewinnes willen an der Erhöhung der Gewinne interessiert, sondern auch, um einen drohenden Kapitalverlust zu vermeiden.*

Es ist kein Zweifel, daß es diese Vision des Kapitalverlustes ist, welche allein schon die Opposition gegen einen Wachstumsverzicht hervorrufen muß.

Eine Verschärfung der Problematik ergibt sich dann, wenn aus Gründen des Umweltschutzes der Zugang zu den natürlichen Ressourcen bzw. zu den Umweltmedien Boden, Wasser, Luft (als ›Abfallkübel‹) tatsächlich erschwert bzw. verteuert wird. In diesem Fall ist zu erwarten, daß es erhöhter Investitionsanstrengungen bedarf, um nur die sich aus diesen Zugangsbeschränkungen ergebenden zusätzlichen Kosten zu senken. Das bedeutet aber, daß die zusätzlichen Investitionen und das sich daraus ergebende Kapitalwachstum nicht zu einem entsprechenden Gewinnwachstum führt, so daß die Gewinnrate sinkt.

In diesem Fall entsteht ein Kapitalverlust, obwohl noch immer ein positiver Gewinn entsteht. Eine nur relative Gewinneinbuße führt also zu einem absoluten Vermögensrückgang.

Sinkt der erwartete Gewinn nur bis zur Höhe des Zinses, so wird allerdings nur ein früher stattgefundener Vermögenszuwachs wieder korrigiert. Es entsteht auch vorläufig nur ein Buchverlust. Dieser Buchverlust kann aber für den einzelnen

Kapitaleigner unter verschiedenen Bedingungen zu einem Realverlust führen.

Dies ist einmal dann der Fall, wenn der Kapitalwert zur Sicherung eines Kredits gedient hat und aus dem Sinken des Kapitalwerts die Kündigung des Kredits resultiert bzw. eine Nachschußpflicht entsteht, der der Kreditnehmer nicht nachkommen kann.

Ein Realverlust entsteht aber vor allem dann, wenn der gegenwärtige Kapitaleigner den Kapitalanteil zum Barwert gekauft hat (so daß nicht er, sondern der frühere Eigentümer einen Kapitalgewinn realisiert hat) und er seinen Kapitalanteil wieder verkaufen muß, z. B. weil der Sparzweck akut wird.

Bei institutionellen Anlegern, die Kapitalwerte in ihren Aktiven haben, führt das Sinken des Kapitalwertes zur Minderung der Aktiven in der Bilanz und damit zur Verringerung des Gewinns bzw. zu einem Verlust.

Vor allem aber verliert ein Unternehmen, dessen Kapitalwert sinkt, die Kreditwürdigkeit. Es wird daher nicht mehr im gleichen Ausmaß investieren können, was früher oder später zu Verlusten führen muß.

Selbstverständlich gibt es in der Wirtschaft immer neben wachsenden Branchen auch solche, die schrumpfen und untergehen und neben Gewinnen auch Verluste. Dies ist sogar notwendig, um die Dynamik der Wirtschaft aufrechtzuerhalten. Solche Realverluste sind gesamtwirtschaftlich nicht gefährlich, solange sie auf einzelne Unternehmen oder Branchen beschränkt sind. Wenn aber überall Wachstumsgrenzen auftauchen und kein Ausweichen möglich ist, müssen bloße Begrenzungen des Wachstums auf die geschilderte Weise sehr schnell zu einer allgemeinen Tendenz der Schrumpfung und zur wirtschaftlichen Krise führen.

Es gilt dann: Wachstum *oder* Schrumpfung. Ein mittlerer Weg – das Beharren auf einem einmal erreichten Niveau – erscheint nicht möglich. Der Grund ist – dies sei wiederholt – die unter den gegebenen Bedingungen des Geld- und Finanzsystems sich stets vollziehende Verwandlung erwarteter wachsender Gewinne in gegenwärtige Vermögenswerte und die Abhängigkeit der Wirtschaft von der (gesamtwirtschaftlichen) Aufrechterhaltung dieser Vermögenswerte.

IV

Bisher haben wir die Dynamik der Geldwirtschaft nur aus der kapitalwirtschaftlichen Perspektive heraus untersucht. Damit sie sich durchsetzen kann, müssen aber zwei Voraussetzungen erfüllt sein, eine auf der geldwirtschaftlichen, die andere auf der realwirtschaftlichen Seite. Diese zwei Voraussetzungen sind:

► erstens muß die monetäre Nachfrage so stark wachsen, daß die erhöhte Produktion auch mit Gewinn abgesetzt werden kann und die sich darauf aufbauenden Finanztransaktionen vorgenommen werden können;

► zweitens muß das reale Angebot erhöht werden können, damit nicht die höhere Nachfrage einfach nur zu Preissteigerungen, also zu Inflation führt.

Damit die erste – die monetäre – Voraussetzung des Wachstums erfüllt wird, bedarf es der willkürlichen, d. h. nicht durch äußere Grenzen gebundenen Vermehrung der Geldmenge durch künstliche Geldschöpfung, da die Vermehrung des stoffwertvollen Geldes (Gold oder Silber) schon lange nicht mehr genügt, um die Handels- und Finanzumsätze zu finanzieren. Diese Voraussetzung ist heute (fast) vollkommen gegeben. Sie ist das Ergebnis einer langen historischen Entwicklung.

Man kann überspitzt sagen: Das Wesen des Geldes ist seine Vermehrung. Von dem Moment an, als der Mensch Geld verwendet hat, war er auch darauf bedacht, auf künstliche Weise neues Geld zu produzieren. Der Mechanismus der Geldschöpfung war im Grunde genommen immer der gleiche. Es handelte sich darum, ein Geldsurrogat zu finden, das gleichzeitig dem Zahlungszweck (man spricht von der zirkulatorischen Befriedigung) besser dient und daher einer noch größeren Nachfrage begegnet und gleichzeitig in der Herstellung billiger ist und somit in größerem Umfang angeboten werden kann, ohne daß das Vertrauen in seine zirkulatorische Fähigkeit verlorengeht. Das Geldsurrogat wurde dann nach einer gewissen Zeit als vollwertiges Geld akzeptiert. Ein anschauliches Beispiel sind primitive Geldformen, wie z. B. Äxte, die in ihrer ursprünglichen Form wegen ihres Gewichtes und ihrer Unhandlichkeit zur Zirkulation nicht geeignet waren und durch sogenannte Kümmerformen, d. h. kleine symbolische Äxte, ersetzt wurden, die gleichzeitig leichter transportierbar und billiger in der Herstellung waren. Solche Kümmerformen sind auch unterwertige Münzen im Verhältnis zu ungemünztem Metall, Banknoten im Verhältnis zu Münzen und Giralgeld im Verhältnis zu Banknoten. Jedesmal wurde der Zahlungsprozeß durch die Herstellung einer solchen Kümmerform bzw. eines Geldsurrogats erleichtert, und jedesmal wurden die Kosten gesenkt mit der entsprechenden Möglichkeit der Gewinnerzielung (größere Erträge, geringere Kosten). Die Kosten bestehen nur noch in der Haltung eines gewissen Vorrats von ursprünglichem vollwertigem Geld für den Fall, daß das Geldsurrogat in solches vollwertiges Geld eingelöst wird (Aufrechterhaltung des Vertrauens in die Gültigkeit des Geldsurrogats!), sowie in den Kosten des Materials bzw. des Apparats zur Herstellung des Geldsurrogats.

Der Ort, wo aufgrund eines Kapitals bzw. eines Vorrats von vollwertigem Geld Geldsurrogate produziert werden, also die Geldschöpfung erfolgt, ist heute primär das Bankensystem (Zentralbank und Geschäftsbanken). Das vollwertige Geld wird benötigt, um die Einlösbarkeit des Geldsurrogats in vollwertiges Geld (Gold bzw. Silber auf einer ersten, Banknoten auf einer zweiten Stufe) zu garantieren und somit das Vertrauen in die Zirkulationsfähigkeit des Geldsurrogats (Banknoten auf der ersten bzw. Giralgeld auf der zweiten Stufe) aufrechtzuerhalten. Das neugeschöpfte Geld wird entweder durch freiwilliges Einwechseln von vollwertigem Geld in ein Geldsurrogat, das seiner besseren Zahlungsfähigkeit wegen begehrt wird, oder durch Kredit in Umlauf gebracht. Es ermöglicht wegen seiner Billigkeit dem Geldschöpfer – dem Bankensystem –, Kredite mit einem (relativ konstanten) Zins anzubieten, der wesentlich niedriger ist als der Zins, der für das vollwertige Geld bezahlt werden müßte, und trotzdem einen Gewinn zu erzielen.[11]

Dieser Geldschöpfungsprozeß wurde lange Zeit durch die Aufteilung der Welt in verschiedene Währungen und den damit verbundenen Zahlungsbilanzschwierigkeiten gehemmt; sie ist aber nun aufgrund der Leitwährungsfunktion des Dollars in volle Expansion übergegangen.

Der Geldschöpfungsprozeß kann von Jahr zu Jahr weitergehen, weil die Geschäftsbanken einen Teil ihrer Kredite in einer Form geben (z. B. Wechsel), die es ihnen gestatten, sich bei der Zentralbank wieder zu refinanzieren, d. h. sich wieder neues Bargeld (gesetzliche Zahlungsmittel) zu beschaffen. Auf diese Weise wachsen auch die Bilanzen sowohl der Geschäftsbanken wie der Zentralbanken ohne Unterbrechung von Jahr zu Jahr an.

Der Geldschöpfungsprozeß setzt allerdings voraus, daß Investoren, welche das Produktionskapital erhöhen wollen, Fremdkapital (= Kredite) in Ergänzung zum Eigenkapital, d. h. zur Reinvestition der Gewinne nachfragen. Wegen der relativen Billigkeit der Kredite ist damit aber immer zu rechnen, wenn überhaupt Nettoinvestitionen vorgenommen werden.[12] Entscheidend ist also, ob überhaupt Investitionsgelegenheiten vorhanden sind, sei es um die Produktion zu vergrößern (Erweiterungsinvestitionen), sei es um Neuerungen durchzusetzen, entweder durch Senkung der Durchschnittskosten (Rationalisierungs-Investitionen) oder um neue Produkte auf den Markt zu bringen (Produktinnovations-Investitionen)[13].

Die »List der Vernunft« (Hegel), die im geldwirtschaftlichen System wirkt, besteht nun darin, *daß sich die Produzenten durch die Aufnahme von Krediten aus dem neugeschöpften Geld gleichzeitig die Nachfrage schaffen, die nötig ist, damit sie ihre Waren mit Gewinn absetzen können.* Die Kredite werden ja dazu benutzt, Löhne oder Eigentümerrenten zu bezahlen, also zusätzliches Einkommen entstehen zu lassen, und zwar, bevor die Waren auf den Markt kommen.

Die zweite – die reale – Voraussetzung des Wachstums ist dadurch gegeben, daß es möglich ist, immer neue Rohstoffquellen zu erschließen *und* gleichzeitig Arbeit durch Energie zu ersetzen (eine kwh Energie leistet soviel wie ein Mensch, der 367 Säcke à 50 kg einen Turm von 20 Metern hinaufträgt!). Es gibt in einer wachsenden Wirtschaft keine Vollbeschäftigung in dem Sinne, daß dadurch eine Grenze für die physische Ausdehnung der Produktion gegeben wäre. Stehen keine Arbeitsreserven mehr zur Verfügung, so kommt es nur darauf an, genügend Investitionen im Energie- und Rohstoffsektor zu tätigen und diese durch entsprechende Rationalisierungs- bzw. Produktinnovations-Investitionen zu ergänzen. Das ist der Tatbestand, der sich hinter der sogenannten Produktivitätssteigerung verbirgt, welche meist als exogene Größe angenommen wird, in Wirklichkeit aber nicht nur Voraussetzung, sondern auch Folge des Investitionsprozesses ist. Auf diese Weise braucht es auch bei geringer Elastizität des Arbeitsangebots nicht zu einer übermäßigen Inflation zu kommen.

Fassen wir zusammen: Die erste und die zweite Voraussetzung des Wachstums bedingen sich gegenseitig. Geld- und Kreditschöpfung setzen Wachstum, d. h. Netto-Investitionen, voraus, und durch Wachstum, d. h. durch Netto-Investitionen wird es möglich, die Geldmenge zu vermehren, *ohne* daß – trotz Vollbeschäftigung der Arbeit – die Preise proportional zur Geldmenge steigen.

Damit sind auch die Voraussetzungen geschaffen, daß sich das Wachstum, das der Aufrechterhaltung des Kapitalwerts der Investitionen dient, im Durchschnitt immer durchsetzen kann.

Dem Wachstum der Investitionen geht ein Wachstum des realen BSP parallel.

Immerhin sind gewisse zeitweise Hemmnisse bzw. Risiken des Wachstums zu beachten. Die Ausweitung der Produktion über vermehrten Energieeinsatz ist im Gegensatz zur Ausweitung der Produktion durch einfache Mehrbeschäftigung von Arbeit immer mit einer schleichenden Inflation verbunden, weil die für den erhöhten Energieeinsatz benötigten Investitionen erst mit einem gewissen Time-lag ›ausreifen‹. In dem Ausmaß, wie zur Finanzierung dieser Investitionen eine Geld- und Kreditschöpfung nötig ist, entstehen bei der Herstellung der Investitionsgüter bzw. beim Kauf derselben zusätzliche Einkommen, die sofort zur Nachfrage werden, während der dadurch ausgelöste Investitions- und Produktionsvorgang Zeit braucht, bis er zu einem höheren Angebot führt. Daraus resultiert trotz Angebotsausweitung eine gewisse Tendenz zur Preissteigerung. Das Ausmaß derselben hängt allerdings davon ab, wie stark und wie schnell sich die Rationalisierungs-Investitionen – Substitution von Arbeit durch Energie – durchsetzen. Falls diesbezüglich eine rasche Gangart eingeschlagen wird, wird die Inflation gebremst, weil der Lohndruck abnimmt. Dafür kann es aber zu Arbeitslosigkeit kommen. Eine Produktionsausweitung, die bewirkt wird durch Kombination von Investitionen zur Energieproduktion einerseits und Rationalisierungs-Investitionen andererseits, ist daher in bezug auf Inflation oder Arbeitslosigkeit labiler als eine Produktionsausweitung, die einfach aus dem vermehrten Einsatz von Arbeit resultieren würde. Immerhin kann im Prinzip durch eine vorsichtige Geldpolitik diese Gefährdung in Grenzen gehalten werden.

Zwei Gefährdungen nehmen allerdings kumulativ und überproportional zu den Netto-Investitionen und zum Volkseinkommen zu: eine Gefährdung durch die nicht aufzuhaltende Geldmengenexpansion und eine Gefährdung durch ständig rascheren Verzehr dessen, was wir von der Natur bzw. der ›Vorwelt‹ geerbt haben.

Das Geldmengenwachstum wird mehr und mehr bestimmt durch das Wachstum nicht nur der Investitionen, sondern auch der Kapitalwerte auf den Finanzmärkten. Das Geldmengenwachstum muß nicht nur ausreichen, um die steigenden Investitionen und das daraus resultierende Wachstum des Bruttosozialprodukts zu finanzieren, sondern auch, um die immer größeren Umsätze auf den Finanzmärkten zu bewältigen. Soll das in diesen Märkten befindliche Geld dort gehalten werden, muß mit immer weiteren Kapitalgewinnen auf den Finanzmärkten gerechnet werden können, denn sonst würde entweder das Geld von den Finanzmärkten auf die Warenmärkte gedrängt und dort zu einer galoppierenden Inflation führen, oder es müßte durch eine weltweite Währungsreform sofort dezimiert werden. Beides hätte gravierende Folgen. Aus Furcht vor einer solchen Konsequenz sind die Notenbanken geneigt, das übermäßige Wachstum der Geldmenge weiter zu stützen, was aber zu einer immer labileren Geld- und Währungssituation führt. Diese Labilität wird um so größer, je mehr sich die Finanzmärkte von den Warenmärkten ablösen, und so ein überdimensionierter Überbau von Finanzwerten über den Realwerten entsteht. Ein solcher Überbau kann leicht durch die eine oder andere Störung zum Einsturz gebracht werden.

Die langfristig entscheidende Problematik ist aber die durch den Wachstumsprozeß ausgelöste Umweltbelastung. Damit kommen wir wieder auf die ökologisch-ökonomischen Zusammenhänge zurück. Auch hier gilt das Prinzip der Überproportionalität. Der Ressourcen- und Umweltverbrauch nimmt stärker zu als die Konsumgüterproduktion bzw. der Lebensstandard, weil nicht nur bei der Herstellung der Konsumgüter, sondern auch bei der Herstellung der Produktionsgüter und deren Erneuerung, also im Nettoinvestitions- und Ersatzinvestitionsprozeß, Energie und Rohstoffe verbraucht werden und Abfälle und Emissionen entstehen.

Der zunehmende Ressourcenverbrauch könnte zwar eine Selbstkorrektur auslösen, wenn die Ressourcenbesitzer sich der Endlichkeit der ihnen gehörenden Ressourcenvorräte bewußt werden und keine Möglichkeit in Aussicht steht, neue Ressourcenlager zu finden oder auf Substitute auszuweichen. Steigende Ressourcenpreise und eine Verlangsamung des Wachstumsprozesses wären die Folge.[14] Die durch die geographische Expansion der Ressourcengewinnung ermöglichte und die wissenschaftliche Forschung ausgelöste Erweiterung der Ressourcenbasis schließt aber diese Selbstkorrektur und die damit verbundenen Krisenerscheinungen, wie sie die Weltwirtschaft vorübergehend im Zusammenhang mit der Ölkrise während der 70er Jahre erlebt hat (vorläufig) aus. Die Wachstumstendenz setzt sich durch.

Die ökologischen Probleme werden daher immer akuter, ohne daß sie unmittelbar zu ökonomischen Problemen werden. Das heißt: die Ökonomie wird nicht von innen, sondern von außen mit ihnen konfrontiert, indem sie unter Umständen Verhaltensänderungen der politischen Instanzen oder der Unternehmen bzw. der Haushalte auslösen. Ein immer größerer Teil des Bruttosozialproduktwachstums und damit auch des Bruttosozialproduktes selbst muß dazu verwendet werden, die Ressourcen- und Umweltgrundlage wiederherzustellen, die durch das Wachstum selbst gefährdet wurde. Die Wirtschaft hat so nicht mehr nur die Aufgabe, die Reproduktion der Arbeit und des Kapitals durch Bereitstellung der dafür nötigen Konsumgüter und Investitionsgüter zu gewährleisten, sondern soll bzw. sollte auch die Reproduktion der Natur unter dem Titel der Abfallbeseitigung, des Recyclings, der Rekultivierung und des Umweltschutzes sichern.

In diesem Zusammenhang stellt sich allerdings die Frage, ob nicht durch das Wachstum der Wirtschaft auch mehr Mittel bereitgestellt werden, aus denen der höhere Aufwand für zusätzliche Umweltschutzmaßnahmen bestritten werden kann. Dies ist sicher der Fall. Trotzdem muß es schließlich zu einem Konflikt zwischen wirtschaftlichem Wachstum und Umweltschutz kommen, weil und solange mit dem wirtschaftlichen Wachstum auch ein höherer Ressourcenverbrauch verbunden ist. Mit steigendem Ressourcenverbrauch kommt es gemäß dem Gesetz der Erhaltung von Masse und Energie auch zu mehr Emissionen und Abfällen. In diesem Fall müßten, um einen bestimmten (minimalen) Umweltstandard zu sichern, die Emissionsgrenzwerte und Abfallvorschriften dauernd verschärft werden. Das bedeutet: durch wirtschaftliches Wachstum erhöhen sich zwar die Mittel, um Umweltschutz zu betreiben, gleichzeitig werden aber auch die Anforderungen an den Umweltschutz und damit auch der Aufwand, der für den Umweltschutz getrieben werden muß, immer größer, *nur um den gleichen Umweltstandard aufrechtzuerhalten*! Dabei gilt: wegen des Gesetzes des abnehmenden Grenzertrags, das wegen der beschränkten Absorptionsfähigkeit der Umweltmedien Wasser, Luft und Boden für Emissionen und Abfälle auch für Umweltschutzaufwendungen zutrifft, erhöhen sich diese notwendigen Aufwendungen sogar überproportional. Wir kommen damit zum Resultat: Die Anforderungen an den Umweltschutz steigen bei wirtschaftlichem Wachstum stärker als die Mittel, die sich aus dem Wachstum ergeben. Die Wachstumsstrategie des Umweltschutzes muß daher zu einem Leerlauf führen, indem schließlich das Wachstum des BSP nur noch dazu verwendet werden müßte, die Folgen dieses Wachstums wieder zu korrigieren.[15]

Da ein solcher ›Leerlauf‹ nicht zumutbar ist, wird man lieber den Aufwand für den Umweltschutz nicht im erforderlichen Ausmaß steigen lassen, d. h. der Umweltstandard wird bei weiterem wirtschaftlichen Wachstum abnehmen. So können wir bald vor der Notwendigkeit stehen, im Interesse der Umwelterhaltung das Wachstum bremsen zu müssen. Wie sich aus der Kapitalwertproblematik ergibt, ist dies allerdings kaum möglich, ohne daß diese Bremsung in eine Schrumpfung mündet: Sofern die Bremsung des Wachstums zu einer Minderung der Gewinne führt, entstehen Kapitalverluste, die das gesamte finanzielle Gefüge der Wirtschaft gefährden. Wir sind mit einem

Wachstumszwang konfrontiert. Falls es soweit kommt, stehen wir tatsächlich vor dem Dilemma: Wachstum der Wirtschaft und Schrumpfung der Natur *oder* Bewahrung der Natur und Schrumpfung der Wirtschaft.

Dieses Dilemma kann in einem gewissen Ausmaß gemildert werden, wenn das Zinsniveau sinkt. Dies ergibt sich ohne weiteres aus den Barwert- bzw. Kapitalwertformeln. Wenn gleichzeitig Gewinnrate und Zinssatz sinken, bleibt der Bar- bzw. Kapitalwert der gleiche. Aber der Zinssatz – es geht hier um den Zinssatz für langfristige Kredite – hat eine Untergrenze. Er ist, seitdem es die Geldwirtschaft gibt, in allen Jahrhunderten nie unter ca. 2,5 % gefallen.[16] Aus diesem Grund kann eine Schrumpfung der Gewinnrate nicht durch einen fallenden Zinssatz fortlaufend kompensiert werden. Das Dilemma kann daher auf diese Weise nicht grundsätzlich aus der Welt geschafft werden, selbst wenn eine langfristige Senkung des Zinssatzes überhaupt in Frage kommt.

Einen Ausweg aus diesem Dilemma gibt es nur in dem Maß, wie das in den Kapitalwerten vorweggenommene zukünftige Wachstum unabhängig vom Naturverbrauch realisiert werden kann. Bis zu einem gewissen Grad kann dies gelingen durch den Einbezug der Natur in das Preissystem und die dadurch bewirkte technologische Umorientierung. Dieser Weg läßt sich als qualitatives Wachstum bezeichnen. Wenn die Rahmenbedingungen in dieser Weise verändert werden, sind nur dort Verluste zu verzeichnen – sei es bei den Unternehmen, sei es bei den Anlegern –, wo die ökologischen Anforderungen nicht rechtzeitig berücksichtigt wurden, während überall dort Gewinne entstehen, wo mit der Qualität der Produkte die Preise erhöht und durch Verringerung des Energie- und Rohstoffverbrauchs die Kosten gesenkt werden.[17]

In dem Ausmaß, wie dieser Übergang zu einem qualitativen Wachstum nicht ausreicht, um den Naturverbrauch auf das erforderliche Niveau zu senken, muß jedoch das Geld- und Finanzsystem auf die ihm innewohnende Dynamik grundsätzlich überprüft werden. Diese Überprüfung drängt sich wegen der zunehmenden Labilität des Finanzsystems früher oder später ohnehin auf. Es wird dann darauf ankommen, beide Zielsetzungen – die Stabilisierung des Finanzsystems und die Naturerhaltung – zur Geltung zu bringen. Dazu müßten aus der Analyse der geldwirtschaftlichen Dynamik, die zum Wachstumszwang führt, weitreichendere Konsequenzen, vor allem bezüglich des Gesellschaftsrechts (Aktienrecht), der Funktionsweise der Finanzmärkte und dem Geltungsbereich des Geldes gezogen werden.

II. Historischer Teil:

Was haben uns frühere Ökonomen zum Verhältnis von Geld und Natur zu sagen?

Von der Versorgungswirtschaft zur Erwerbswirtschaft – Von Walras zurück zu Aristoteles

Die ökonomische Wissenschaft hat nicht mit Adam Smith begonnen, wie viele meinen, sondern mit Aristoteles (384–322 v. Chr.).[1] Sie hat nicht eine zweihundertjährige, sondern eine über zweitausendjährige Geschichte.

Aristoteles ist die Unterscheidung zu verdanken zwischen einer Wirtschaft, die sich an den materiellen Bedürfnissen des Menschen im Sinne der Herbeischaffung von Nahrung, Kleidung und Wohnung orientiert – wir bezeichnen sie als Versorgungswirtschaft –, und einer Wirtschaft, in der der Erwerb von Geld im Vordergrund steht und in diesem Erwerb das Wesensmerkmal des Wirtschaftens sieht – wir nennen sie Erwerbswirtschaft.

Diese Unterscheidung ist in der neuen Ökonomie verlorengegangen mit der Folge, daß die unterschiedlichen Gesetzmäßigkeiten in der einen und der anderen Wirtschaftsweise verwischt wurden, so daß die moderne Wirtschaft, die vor allem eine Erwerbswirtschaft ist, so erscheint, als ob sie eine Versorgungswirtschaft wäre. Diese Vereinheitlichung der Theorie hat zur Folge, daß sie die Dynamik, die der Erwerbswirtschaft eigen ist und die Aristoteles so deutlich herausgestellt hat, nicht erfassen kann, so daß die Theorie überall dort als Erklärungsversuch versagt, wo es gerade um diese Dynamik geht.

II

Aristoteles unterscheidet folgende Arten des Wirtschaftens:
- ▶ erstens die »naturgemäße« Erwerbskunde, die als Teil der Hausverwaltungskunde (Oikonomiké) erscheint und die

wir im Sinne der Selbstversorgung und eines Austausches von (bloßen) Überschüssen zwischen den Haushalten mit *Versorgungswirtschaft* bezeichnen;

▶ zweitens die »künstliche« oder »gegen die Natur gerichtete« Erwerbskunst (Chrematistiké, abgeleitet vom Wort chrémata = Waren, oder Kapeliké, abgeleitet vom Wort Kapelós = Händler), die der *Erwerbswirtschaft* im Sinne der kommerziellen oder kapitalistischen Wirtschaft gleichzusetzen ist.

Unter der »naturgemäßen« Erwerbskunst versteht Aristoteles eine Wirtschaft,

deren Aufgabe es ist, einen Vorrat zu sammeln von Gegenständen, die notwendig zum Leben und nützlich für die staatliche und häusliche Gemeinschaft sind.[2]

Sie ist Sache des Hausverwalters (oikonomikós) oder des Staatsmanns (politikós) und beruht auf der Nutzung des Bodens für die Landwirtschaft und die sie ergänzende Gewerbetätigkeit.

Dem steht die »künstliche« Erwerbskunst gegenüber, bei der der Händler (kapelikós) im Zentrum steht, der nach Geldreichtum strebt. Das Geld ist in dieser Art der Wirtschaft nicht nur ein einfaches Tauschmittel, sondern die treibende Kraft, welche die Wirtschaft in Bewegung setzt.

Das Verdienst Aristoteles' ist es, diese beiden Arten des Wirtschaftens nicht nur als Charakteristika verschiedener Wirtschaftsstufen zu sehen, wie es später die historische Schule getan hat, sondern als zwei mögliche Grundformen des Wirtschaftens überhaupt. Er hält fest:

[Nur die] naturgemäße Erwerbskunde (. . .) ist die zur Hausverwaltungskunde (oikonomiké) gehörige, während die künstliche im Handelsgeschäft besteht, indem sie nicht auf den Vermögenserwerb überhaupt gerichtet ist, sondern auf Erwerb durch Vermögensumsatz.[3]

Für die »natürliche Erwerbskunst« gilt:

> In diesen Dingen [die notwendig zum Leben und nützlich für die staatliche und häusliche Gemeinschaft sind] scheint auch der wahre Reichtum zu bestehen. Denn das zum zweckentsprechenden Leben genügende Maß eines solchen Besitzes geht nicht ins Unendliche (. . .), vielmehr ist hier wohl eine Grenze gesetzt, gerade wie bei den Mitteln aller anderen Künste. Denn in keiner anderen Kunst gibt es Werkzeuge, denen die Unendlichkeit zukäme weder an Menge noch an Größe. Der [wahre] Reichtum aber ist eben nichts anderes als die Menge von Mitteln und Werkzeugen für die Haus- und Staatsverwaltung.[4]

Demgegenüber gilt für die »künstliche Erwerbskunst« das Wort des Solon:

> Reichtum hat keine Grenze, die greifbar dem Menschen gesetzt ist.[5]

Der entscheidende Unterschied zwischen der Versorgungswirtschaft und der Erwerbswirtschaft ist die Begrenztheit der Bedürfnisse in der einen, die Unbegrenztheit der Bedürfnisse in der anderen.

Aristoteles macht auch deutlich, daß die Ursache für die mehr oder weniger zufällige Entstehung der »künstlichen« Erwerbskunst der Übergang vom Tausch als bloße Ergänzung der Selbstversorgung zu einem systematischen Tausch bzw. Handel als notwendiger Bestandteil einer arbeitsteiligen Wirtschaft liegt, wobei Voraussetzung und Folge dieses Übergangs gerade die »Verzwecklichung« des Geldes ist. Er stellt fest:

> Der anfängliche Tauschhandel hatte einen durchaus natürlichen Ursprung, indem die Menschen von einem Gegenstand mehr und von einem anderen weniger haben, als sie bedürfen. (. . .) Ein solcher Tauschhandel nun ist weder wider die Natur, noch bildet er bereits eine Klasse der Kunst des Gelderwerbs, denn er entstand nur, um die Mängel auszufüllen, die der natürlichen Autarkie des Lebens im Wege stehen; aber aus diesem entsprang jene Kunst [des Gelderwerbs] in sehr begreiflicher Weise. Denn da die gegenseitige Unterstützung durch Einfuhr des Mangelnden und Ausfuhr des Überflüssigen sich immer weiter örtlich

ausdehnte, verfiel man notwendigerweise auf die Einführung des Geld-
gebrauchs. (. . .) Und als nun so aus dem unentbehrlichen Bedürfnis des
Tausches einmal das Geld hervorgegangen war, da bildete sich eine andere Art der Erwerbskunst, das Handelsgeschäft (kapeliké), anfänglich
wahrscheinlich in sehr einfacher Art, bereits bald aber durch die Erfahrung in künstlicher Weise darauf gerichtet, wie und mit welchen Mitteln
man beim Umsatz möglichst viel Gewinn machen könne.[6]

In dieser Darlegung steckt noch mehr als auf den ersten
Blick erscheint. Sie zeigt nämlich auf, daß die natürliche
Erwerbskunst für die Versorgungswirtschaft ganz anders or-
ganisiert ist als die künstliche Erwerbskunst bzw. die Erwerbswirtschaft.[7] In der Versorgungswirtschaft gibt es nur
Haushalte, die gleichzeitig Produktions- und Konsumeinhei-
ten sind. Diese produzieren im Prinzip alle Güter, die sie brauchen, aber, je nach den Umständen, von einem Gut mehr als
sie brauchen – hier entsteht ein Überschuß –, vom anderen weniger als sie brauchen – hier entsteht ein Mangel. Ein Austausch ergibt sich dann, und nur dann, wenn ein Haushalt von
einem Gut einen Überfluß hat, während es gerade bei einem
anderen mangelt, und wenn bei einem anderen Haushalt oder
bei mehreren anderen Haushalten die Situation spiegelbildlich
dazu ist.
Demgegenüber tritt in der Erwerbswirtschaft ein ganz neues
Wirtschaftssubjekt auf, das selber nichts für sich produziert
und nichts von sich konsumiert: die Unternehmung. Diese ist in
ihrer Wirtschaftätigkeit weder an eine ursprüngliche Produk-
tionsausstattung, z. B. Boden, gebunden, noch an eigene Bedürfnisse. Vielmehr kann sie in dem Ausmaß expandieren, wie
sie über Geld verfügt, um Produktionsleistungen zu kaufen,
und wieder Geld einnimmt, indem sie Waren verkauft. Die einzige Orientierungsgröße ist daher das Geld. Die Unternehmung braucht allerdings nicht nur mit Waren zu handeln – was
bei Aristoteles im Vordergrund steht, weswegen er vom Handelsgeschäft spricht –, sondern kann sie auch bearbeiten, so
daß aus der Handels- schließlich eine Produktionsunterneh-

mung wird. Der Haushalt wird entsprechend auf die Konsum-
aufgabe zurückgedrängt.

Der Tausch hat hier nichts mehr zu tun mit dem Ausgleich von
Überfluß und Mangel, sondern ist schlechthin die Voraussetzung für die Existenz der Unternehmung, deren Waren nicht
gelegentlich, sondern immer und zu hundert Prozent verkauft
werden; die Unternehmung behält von den Waren, die sie handelt bzw. produziert im Prinzip nichts für sich selbst zurück.
Damit ist aber auch gesagt, daß der Markt der Versorgungswirtschaft oder Oikonomiké, auf dem sich Überschuß und Mangel ausgleichen, auf dem also nur geringe, weitgehend durch
den Zufall bestimmte Teilmengen der Güter erscheinen, ein
völlig anderer ist als der Markt der Erwerbswirtschaft oder
Chrematistiké, auf dem die Güter zu Waren werden, d. h. die
gesamte Produktion zu Angebot und der gesamte Konsum zur
Nachfrage wird. Nur in einer solchen Wirtschaft decken sich
Produktion mit Geldeinnahmen und Konsum mit Geldausgaben, nur in einer solchen Wirtschaft kann rationales wirtschaftliches Handeln heißen: Ausrichtung des Wirtschafts-
plans auf den Erwerb von Geld durch Gewinnerzielung. Diese
Wirtschaft gehorcht – darauf kommt es Aristoteles an – ganz
anderen Gesetzen als denen, die für den ›guten Hausverwalter‹ oder den ›guten Staatsverwalter‹ maßgebend sind.

III

In der modernen Nationalökonomie, wie sie sich seit dem
18. Jahrhundert herausgebildet hat, ist die Unterscheidung
zwischen den zwei Arten des Wirtschaftens, die Aristoteles so
deutlich herausgestellt hat, mehr und mehr verlorengegangen.
Man könnte nun vermuten, daß dies deswegen der Fall ist, weil
die künstliche Erwerbskunst im Sinne der Erwerbswirtschaft
immer mehr dominierte, und es daher uninteressant wurde,
sich weiterhin mit der natürlichen Erwerbskunst im Sinne der
Versorgungswirtschaft zu befassen. Zweifellos trifft dies bis zu

einem gewissen Grad zu. Aber: in großen Teilen der Welt war auch damals noch (und ist zum Teil heute noch) die Versorgungswirtschaft dominierend. Man konsumierte vor allem, was man selber produziert hat; der Markt hatte nur eine ergänzende Funktion. Selbst in den industrialisierten Ländern Europas und Amerikas war (und ist teilweise noch) ein wichtiger Sektor der Wirtschaft – die Landwirtschaft – durch diese Art Wirtschaft geprägt. Unter diesen Umständen hätte es nahegelegen, die Versorgungswirtschaft im Sinne der Oikonomiké mindestens als Referenzmodell zu verwenden, um die spezifischen Charakteristika der Erwerbswirtschaft, die nach einer langen Unterbrechung im Mittelalter mit der Entdeckung der Neuen Welt wieder die Oberhand gewann, herauszuarbeiten.

Die ökonomische Theorie hat diese Chance der Konfrontation zweier Modelle nicht wahrgenommen. Es geschah vielmehr etwas völlig Unerwartetes. Es kam zu einer verhängnisvollen Verwechslung beider Modelle! Die moderne Erwerbswirtschaft wurde so erklärt, als ob sie eine Versorgungswirtschaft wäre! Das Modell der Oikonomiké wurde der Chrematistiké, die sich in der Realität durchgesetzt hatte, untergeschoben. Dies gilt insbesondere für das Gleichgewichtsmodell von Léon Walras (1834–1910), das die Basis der neoklassischen Theorie darstellt. Der Grund dafür ist zweifellos der, daß es Walras darum ging, die Selbstregulierungsfähigkeit des Marktes aufzuzeigen. Dazu benötigte er das Modell einer Wirtschaft, die bei jeder Störung zum Gleichgewicht tendiert, also dem Prinzip der Homöostase unterworfen ist, und so einen – wenn man so sagen darf – zentripetalen Charakter hat. Dies trifft für die Versorgungswirtschaft aber viel eher zu als für die Erwerbswirtschaft, in der die expansiven Kräfte dominieren und die sich somit zentrifugal verhält.

Wie sehr sich das Walrasianische Modell am Modell der Oikonomiké orientiert, wird deutlich, wenn man sich die Prämissen Walras' vor Augen hält. Wir gehen aus von den »Eléments d'économie politique pure«, wie sie Walras in endgültiger Fassung 1900 in vierter Auflage veröffentlicht hat. Hier entwickelt er unter dem Titel *Vom Markt und der Konkurrenz* zuerst für den Austausch zweier Waren die Voraussetzungen seines Modells:

> Stellen wir uns vor einen Markt, auf dem von der einen Seite Leute kommen, die die Ware A haben und die bereit sind, einen Teil davon abzugeben, um sich die Ware B zu beschaffen, und daß von der anderen Seite Leute kommen, welche die Ware B haben und die bereit sind, einen Teil derselben abzugeben, um sich die Ware A zu beschaffen.[8]

Das heißt: auf dem Markt erscheinen – wie in der Oikonomiké – nur Wirtschaftssubjekte, die beide über Waren verfügen, deren Überschüsse sie tauschen wollen, um sich Waren zu beschaffen, die ihnen mangeln. Entsprechend bilden sich die Preise der Waren als Tauschwerte. Einen Tauschwert kann man auch als relativen Preis der einen Ware im Verhältnis zur anderen bezeichnen. Dieses wird durch die Menge der Waren bestimmt, die zum Tausch kommen, genauer:

> Die Preise oder die Verhältnisse der Tauschwerte sind gleich dem inversen Verhältnis der ausgetauschten Mengen.[9]

Der Kauf der einen Ware ist Verkauf der anderen, und umgekehrt. So gibt es immer einen doppelten Kauf und einen doppelten Verkauf sowie einen doppelten Preis:

> Diese ständige Reziprozität ist der wichtigste Umstand, den man beim Tausch beachten muß.[10]

Dieses Grundmodell ändert sich im Prinzip nicht, wenn Walras vom Tauschmodell zum Produktionsmodell übergeht und damit die Produktionsfaktoren Boden, Arbeit und Kapital einführt. Walras spricht hier zwar vom Unternehmer, der diese Produktionsfaktoren bzw. die Leistungen derselben kauft und sie »in der Landwirtschaft, in der Industrie und im Handel miteinander assoziiert«[11], so daß es auch zwei Märkte gibt: den Markt der Waren und den Markt der Leistungen. Aber der

Unternehmer ist nur ein gedankliches Konstrukt. Er macht bei freiem Marktzugang im Gleichgewicht, auf das das ganze System hin tendiert, keinen Gewinn und erzielt bzw. erleidet im Ungleichgewicht mit gleicher Chance Gewinn oder Verlust, so daß sich beides zu Null ausgleicht. Walras gibt somit selber zu:

Man kann sogar (. . .) von der Tätigkeit des Unternehmers abstrahieren, und einfach in Betracht ziehen, daß sich nicht nur Produkte gegen Produkte austauschen, sondern Produktionsleistungen gegen Produktionsleistungen.[12]

Das heißt: Anstelle des Unternehmers können wir im Walrasianischen Produktions-Modell ebensogut weiterhin mit Haushalten operieren, die selber produzieren und die nicht allein Waren voneinander beziehen, sondern auch Produktionsleistungen. Die einzigen Einkommen sind die der Haushalte, nämlich das Einkommen des Grundeigentümers – die Rente –, das Einkommen des Arbeiters – der Lohn – und das Einkommen des Kapitalisten – der Zins –, wobei alle drei Faktoren, wie Walras ausdrücklich hervorhebt, in einer Person bzw. in einem Haushalt zusammengefaßt werden können. Für Unternehmerleistungen bleibt nach Auffassung Walras' nichts übrig, kein Gewinn, aber auch kein irgendwie gearteter Unternehmerlohn:

Man muß den Irrtum (. . .) einer Anzahl französischer Ökonomen vermeiden [Walras bezieht sich hier vor allem auf Jean-Baptiste Say], welche aus dem Unternehmer einen Arbeiter machen, der speziell mit der Leitung des Unternehmens beauftragt ist.[13]

Dem Unternehmer Walras' kommt also keine eigene Realität zu.[14] Es ist daher bei Walras auch nie vom Unternehmen als einer besonderen Wirtschaftseinheit die Rede. Gegen seine erklärte Absicht, Unternehmer und Kapitalist auseinanderzuhalten, macht er vielmehr im Modell selbst einfach den Kapitalbesitzer zum Unternehmer.[15]

Wie sehr das Walrasianische Modell im Grunde genommen der Haushalt-Wirtschaft der Oikonomiké verhaftet bleibt, wird noch deutlicher, wenn man auf die Produktionsgleichungen zurückgeht, die diesem Modell zugrunde liegen. Entscheidend ist hier, daß die Menge der Produktionsfaktoren bzw. der Produktionsleistungen insgesamt und ursprünglich auch für jeden Haushalt gegeben ist und daß die einzige neue Variationsmöglichkeit (neu gegenüber dem Tauschmodell) im Austausch der Leistungen dieser Produktionsfaktoren besteht.[16] Die – zunehmende – Eingliederung der Produktionsfaktoren bzw. ihrer Leistungen in den Unternehmensbereich und die Ausgliederung derselben aus dem Haushalt, welche die eigentliche Dynamik der modernen Wirtschaft ausmacht, kann daher a priori nicht thematisiert werden.

Walras verdeutlicht den Haushalt-Charakter seines Produktionsmodells noch dadurch, daß er auch vom direkten Nutzen der Leistungen für das Individuum ausgeht:

> Die Produkte haben für jedes Individuum einen Nutzen (...) Aber auch die Leistungen haben für jedes Individuum einen direkten Nutzen. Nicht nur, daß man nach Belieben entweder die Leistungen der Erde, der Arbeitsfähigkeiten und der Kapitalien bzw. einen Teil derselben verpachten oder aber für sich behalten kann, sondern man kann sich auch Rente, Arbeit und Zins beschaffen, nicht [nur] unter dem Titel des Unternehmers, sondern [auch] unter dem Titel des Konsumenten, d. h. nicht als Produktionsleistungen, sondern als Konsumleistungen.[17]

Walras geht daher aus von Individuen (Haushalten), die über eine bestimmte Menge von Leistungen des Bodens, der Arbeitsleistungen und der Kapitalleistungen verfügen, und stellt ihnen den auf eine Zeiteinheit bezogenen Bedarf aller Individuen (Haushalte) an diesen Leistungen einerseits, an Waren andererseits gegenüber. Das Angebot auf dem Markt der Leistungen ist dann – genauso wie das Angebot an Waren – ein Überschußangebot, und die Nachfrage nach Leistungen genauso wie die Nachfrage nach Waren, eine Überschuß-Nachfrage.

Auch hier geht es also im Grunde nur um den Ausgleich von Überfluß und Mangel.

Es liegt auf der Hand, daß in einem solchen Modell das Geld keine selbständige Rolle spielt. Was allein nötig ist, wenn man vom Austausch zweier Güter oder Leistungen zwischen zwei Haushalten zu einem Austausch vieler Güter oder Leistungen zwischen vielen Haushalten übergeht, ist eine Verrechnungseinheit oder – wie Walras sagt – ein »numéraire«. Man kann dann dieses Verrechnungsmittel verbal zu einem Zahlungsmittel hochstilisieren, aber nur zu einem Zahlungsmittel, dessen Vorhandensein an den realen Austauschrelationen nichts ändert und daher als solches im Modell nicht in Erscheinung tritt.[18]

Die Hauptfunktion des Geldes als »numéraire« wird von Walras allerdings noch ergänzt durch die Funktion des Geldes als allgemeines Wertaufbewahrungsmittel, als »encaisse désirée« mit einem »service d'approvisionnement«, d. h. einer nichtspezifischen Vorratsleistung. Da auf diese Weise ein zusätzliches Gut zu den übrigen Gütern hinzukommt, verändern sich zwar alle Wertrelationen etwas, aber diese Veränderung wird als unwesentlich abgetan. Die Nachfragegleichungen der übrigen Güter werden zwar, so sagt Walras, auch von der Geldnachfrage beeinflußt, aber »nur sehr indirekt und sehr schwach«.[19] Somit läßt sich gemäß Walras das Geld auch in der Form des Wertaufbewahrungsmittels vernachlässigen, wenn es um die Erklärung des Marktgeschehens geht.

IV

Vergleichen wir noch einmal das Modell der Oikonomiké von Aristoteles mit demjenigen von Walras, so stellen wir fest, daß sie praktisch deckungsgleich sind. Hier wie dort gilt:

▶ es geht beim Marktprozeß (nur) um den Ausgleich von Überfluß und Mangel;

▶ das einzige Wirtschaftssubjekt ist der Haushalt, der gleichzeitig produziert und konsumiert;

▶ maßgebend für den Haushaltsplan ist die vorgegebene Grundausstattung mit Produktionsfaktoren bzw. mit den pro Zeiteinheit zur Verfügung stehenden Leistungen;

▶ das Geld dient (im wesentlichen) nur als Rechnungseinheit, um den Tauschprozeß zu erleichtern, und hat keine selbständige Bedeutung.

Entscheidend ist die aus diesem Modell sich ergebende Konsequenz für die Grundausrichtung der Wirtschaft: Sie ist dem Begrenzungs- bzw. Sättigungsprinzip unterworfen, das Aristoteles für die Oikonomiké diagnostiziert. Dieses Prinzip kommt im Gesetz vom fallenden Grenznutzen zum Ausdruck, wonach eine zusätzliche Einheit jeden Gutes eine immer geringere Befriedigung gewährt, bis die zusätzliche Befriedigung Null ist. Grundlegend dafür ist das Bedürfnis nach Nahrungsaufnahme, das in dem Ausmaß abnimmt, als man Nahrungsgüter verzehrt. Walras spricht in diesem Zusammenhang von der »Intensität des letzten befriedigten Bedürfnisses« (intensité du dernier besoin satisfait), bzw. der »Seltenheit« (rareté). Heute sprechen wir von Grenznutzen, ein Ausdruck, der erst später (von Friedrich von Wieser) geprägt wurde.

Der Grenznutzen bzw. die Seltenheit ist nur positiv, d. h. hat einen Wert größer Null nur, wenn die vorhandene bzw. produzierte Menge des betreffenden Gutes beschränkt ist, und zwar geringer ist als die Menge, die ein Individuum vollständig sättigen kann. Bei dieser wäre der Grenznutzen Null. Für alle Güter mit positivem Grenznutzen bzw. positiven *Seltenheiten* gilt dann, daß das Einkommen der Produktionsfaktoren auf die verschiedenen Güter so verteilt wird, daß der Grenznutzen einer Einkommenseinheit in allen Verwendungsarten der gleiche ist. Entsprechend werden auch die Leistungen der Produktionsfaktoren eingesetzt.

Diese Überlegung ist, wenn man näher hinschaut, genau die Überlegung, die sich ein guter Hausverwalter oder Staatsverwalter machen muß und macht, wenn er den maximalen Nutzen aus den vorhandenen Produktionsmöglichkeiten herausholen will. Wenn einmal dieses Maximum erreicht ist, gibt es keine Veränderung mehr, sondern nur eine Wiederholung.

Allerdings können gemäß Walras die Produktionsmöglichkeiten in einem gewissen Ausmaß erweitert werden. Dies geschieht einmal durch Sparen und Investieren, d. h. durch Substitution von Gegenwartsgütern durch (mehr) Zukunftsgüter. Auch dafür gibt es aber einen Grenznutzenausgleich, so daß dieser Prozeß zu einem Ziel gelangt, wenn der Grenznutzenausgleich unter Berücksichtigung des Zinses vollzogen ist.

Eine zusätzliche Ausweitung der Produktion ist möglich durch den technischen Fortschritt. Aber erstens ist dieser Fortschritt bei Walras rein exogen, d. h. nur eine Folge wissenschaftlicher Forschungen und in keiner Weise ein Ergebnis wirtschaftlicher Anstrengungen (was zweifelsohne den heutigen Gegebenheiten widerspricht), und zweitens ist die Folge des technischen Fortschritts und der damit möglichen Steigerung der Produktion eine zunehmende absolute Sättigung und daher begrenzt:

> Der Fortschritt kann in nichts anderem bestehen als in der Minderung der Seltenheiten oder der Intensität der letzten befriedigten Bedürfnisse.[20]

Das heißt: die Grenznutzen aller Güter nehmen bei wachsender Güterproduktion ab und nähern sich damit bei konstanter Bevölkerung dem Null-Wert. Die Beibehaltung positiver Grenznutzen ist nur möglich, wenn die Bevölkerung wächst, und nur im Ausmaß des Bevölkerungswachstums. Somit ist die Expansion der Wirtschaft auch auf dem Weg des technischen Fortschritts begrenzt.

Die Ausweitung des Modells einerseits durch Sparen/Investieren und andererseits durch den technischen Fortschritt heben die zentripetalen Kräfte, die bei diesem Modell wirksam sind, daher nicht auf. Sie führen immer zu einem Gleichgewicht hin. Dabei handelt es sich entweder um ein gleichgewichtiges Wachstum (nur) im Ausmaß des Bevölkerungswachstums oder um ein stationäres Gleichgewicht bei stabiler Bevölkerung.

V

Das »Modell Walras« entspricht also durchaus einer (idealisierten) Versorgungswirtschaft, kann aber die heutige Wirklichkeit der Erwerbswirtschaft nicht erklären. Das heißt nicht, daß wir alle Erkenntnisse Walras' über Bord werfen müssen. Nach wie vor ist insbesondere seine Theorie der Interdependenz von Angebot und Nachfrage von großer Bedeutung.[21] Um aber die Expansionskraft der heutigen Wirtschaft zu verstehen, müssen wir auf das Aristotelische Modell der Chrematistiké oder Kapeliké zurückgreifen, das in einer Zeit entstanden ist, als die Erwerbswirtschaft sozusagen am Starten und in dieser Startposition, in statu nascendi, offensichtlich besonders deutlich erkennbar war.

Die moderne Wirtschaft ist gekennzeichnet durch die oben bereits dargelegte Charakteristik der Erwerbswirtschaft:

▶ die Produktion für den Markt ist die dominierende Form des Wirtschaftens;

▶ das Handelsgeschäft, bzw. allgemeiner das Unternehmen ist ein selbständiges Wirtschaftssubjekt, das den Haushalt an die Seite drängt und zum bloßen Komplement seiner Produktionstätigkeit macht;

▶ es gibt nur eine geringe vorgegebene Grundausstattung des Unternehmens mit produktiven Leistungen; diese kann aber beliebig erweitert werden durch Kauf der Leistungen von den Haushalten, aber auch durch zusätzliche Entnahme von Rohstoffen und Produktionsmitteln aus der Natur; einzelne Unternehmen spezialisieren sich auf diese Entnahme;

▶ Existenz und Wachstum des Unternehmens sind abhängig von der Verfügung über Geld, dieses wird daher zum alles dominierenden Wirtschaftsfaktor.

Eine so beschaffene Wirtschaft ist keiner Sättigung unterworfen, sondern gehorcht vielmehr den Antrieben zur ständigen Expansion. Diese setzt – wie Aristoteles hervorhebt – einmal voraus, daß die Bedürfnisse potentiell immer weiter anwachsen können, zum anderen aber muß diese potentielle Möglichkeit auch aktualisiert werden; sie wird es durch das Geldstreben.

Aristoteles machte diese Zusammenhänge in folgender Weise deutlich:

> [Viele glauben] daß man vorhandenes Geld entweder mindestens zu erhalten oder richtiger noch bis ins Endlose zu vermehren suche. Die Ursache solcher Denkweise aber liegt darin, daß die meisten Menschen sich nur um das Leben und nicht um das vollkommene Leben sorgen, und da nun die Lust zu leben ins Endlose geht, so trachten sie auch, die Mittel zum Leben bis ins Endlose anzuhäufen. Aber auch jene, die auf den vollkommenen Genuß achten, suchen die Mittel für den körperlichen Genuß, und da mit dem Besitz auch die Möglichkeit, sich solchen zu verschaffen, augenscheinlich sich verbindet, so richtet sich ihr ganzes Dichten und Trachten auf den Vermögenserwerb, und von hier aus ist dann jene andere Art von Erwerbskunst aufgekommen. Denn jeder Sinnesgenuß hängt am Übermaß, und so trachten sie denn nach einer Kunst, die ihnen das Übermaß dieses Genusses verschafft; und können sie das durch die [natürliche] Erwerbskunst nicht erreichen, so jagen sie ihn auf anderem Wege nach und wenden alle Fertigkeiten ihrer natürlichen Bestimmung entgegen zu diesem Zwecke an. Denn die Tapferkeit ist nicht dazu da, Geld zu erzeugen, sondern Mut, und die Kriegs- und Heilkunst hat gleichfalls nicht jene Bestimmung, sondern die erstere die, den Sieg, und die letztere, Gesundheit zu verschaffen. Jene Art von Leuten macht dies alles zu Mitteln des Zwecks, als wäre dies der Zweck und als gelte es hier, daß doch auf seinen Zweck alles bezogen werden müsse.[22]

Der Besitz von Geld ist nicht dem Gesetz vom fallenden Grenznutzen unterworfen. Man kann es ja auch nicht im eigentlichen Sinne des Wortes nutzen, z. B. aufessen; nur diese Nutzung aber, z. B. der Verzehr von Nahrungsmitteln zur Stillung des Hungers, führt zur Befriedigung des Begehrens, zur Sättigung. Geld kann man hingegen (nur) weitergeben, auch für ein x-beliebiges Gut, das man zusätzlich begehrt, bei dem also der Grenznutzen noch sehr hoch ist. Für die Zahl solcher zusätzlichen neuen Güter gibt es aber keine Grenzen, kein Maß. Die

Bedürfnisse können auf diese Weise insgesamt ständig anwachsen. Zum anderen aber – dies wird von Aristoteles besonders hervorgehoben – ist die eigentliche Wirkungsstätte der Erwerbswirtschaft das Unternehmen (das Handelsgeschäft). Dieses konsumiert nicht, es kann daher hier auch keine Sättigung durch Konsum bzw. durch Nutzung und damit auch keinen fallenden Grenznutzen geben. Das einzige Ziel ist der Erwerb von Geld, das ja beliebig aufgehäuft werden kann, weil es nicht verdirbt:

> [Das Geld ist daher] beim Handel das Element und die Grenze [d. h. das Ziel]. Auch unbegrenzt aber ist der Reichtum, der durch diese Art von Erwerbskunst erzeugt wird.[23]

Das Streben nach Gewinn durch die neuen Wirtschaftssubjekte der Erwerbswirtschaft, der Unternehmen, und als Korrelat dazu die Ausrichtung der Haushalte auf das Geldeinkommen ist nicht dem Prinzip des Grenznutzenausgleichs unterworfen, sondern dem Prinzip der Gewinn- und Einkommensmaximierung im Sinne einer steten Steigerung von Periode zu Periode, das mit den Worten charakterisiert werden kann: »Der Appetit kommt mit dem Essen.« Im Zentrum steht das Geld als eine Größe, die sich von den natürlichen Begrenzungen, insbesondere der Begrenzung der Lebensdauer der Produkte löst: es verrottet nicht und verrostet nicht.

Wer die Antriebskräfte der modernen Wirtschaft verstehen will, kann sich daher nicht mit der Erklärung des wirtschaftlichen Handelns als Streben nach einem Grenznutzenausgleich zufriedengeben (auch wenn dieses Streben in einer Einperiodenbetrachtung seine Gültigkeit für den Haushalt behält). Er muß vielmehr das Geld und das Geldstreben als richtungweisende Größe miteinbeziehen. Er muß somit von Walras wieder zu den Ursprüngen der Nationalökonomie, zu Aristoteles, zurückfinden, um von dort aus neue Wege zum Verständnis der heutigen Situation zu suchen.

»Geld regiert die Welt« –
Geld und Wirtschaft
im Verständnis des Merkantilismus

Zu den Theorien von John Locke (1632–1704)
und John Law (1671–1729)

»Pecunia in toto regina
imperat mundo.«
Römisches Sprichwort

I

Das Bild, das sich der heutige Nationalökonom vom Merkantilismus macht, ist weitgehend geprägt von der kritischen Einstellung Adam Smiths' und der klassischen Schule der Nationalökonomie gegenüber den merkantilistischen Theorien einerseits, der Wiederaufwertung dieser Theorien durch J. M. Keynes andererseits.

Adam Smith spricht in seinem *Wealth of Nations* von »jenen groben und törichten Vorurteilen, (...) die letztlich vom Merkantilismus herrühren«, wobei er die merkantilistische Behauptung anvisiert, daß das Geld »den Reichtum einer jeden Nation ausmache«.[1] Dieser Behauptung geht eine eingehende Auseinandersetzung mit dem Handelssystem des Merkantilismus voraus, der darauf ausgerichtet ist, mit Hilfe einer positiven Zahlungsbilanz den Gold- und Silbervorrat des Landes zu vermehren. Dieses System wird von Adam Smith abgelehnt. Dabei gibt er allerdings interessanterweise zu, daß die Menge des Geldes bzw. des Goldes und des Silbers nicht ganz unwichtig sei für den Fortschritt eines Landes:

> Es wäre geradezu lächerlich, wollte man allen Ernstes zu beweisen versuchen, Reichtum bestehe überhaupt nicht in Geld oder in Gold und

Silber, sondern allein darin, was sich mit Geld kaufen läßt, und es sei nur beim Kaufen nützlich und wertvoll. Ohne Zweifel ist Geld stets ein Teil des volkswirtschaftlichen Kapitals, doch macht es lediglich einen kleinen Teil und zudem stets einen Teil aus, der den geringsten Ertrag bringt.[2]

Die Nachfolger von Adam Smith haben diesen merkantilistischen Rest seiner Theorie gänzlich beseitigt; das Geld gilt in der heutigen Theorie nur noch als Anweisung auf den »Reichtum der Nation«, nicht mehr jedoch als ein – größerer oder geringerer – Bestandteil desselben.

Lange Zeit beherrschte auch die negative Einstellung von Adam Smith zur merkantilistischen Zinstheorie, welche einen Einfluß der Geldmenge auf den Zinssatz behauptet, das Feld. Diese Auffassung ist die Grundlage der neoklassischen und monetaristischen Zinstheorie. Die merkantilistische Auffassung fand aber einen neuen Befürworter in J. M. Keynes, auch wenn er sie in ganz bestimmter Weise modifiziert hat:

Die Merkantilisten erkannten das Bestehen des Problems, nämlich des Einflusses des Geldes auf den Zinssatz, ohne allerdings ihre Analyse bis zum Punkt der Lösung vorantreiben zu können. Die klassische Schule aber ignorierte das Problem, indem sie in ihre Voraussetzungen Bedingungen einführte, die sein Nichtbestehen einschlossen; mit der Folge, daß sie eine Spaltung zwischen den Folgerungen der wirtschaftlichen Theorie und jenen des gesunden Menschenverstandes schufen.

Und Keynes fügt ironisch hinzu:

Die außerordentliche Leistung der klassischen Theorie war, die Anschauungen des ›natürlichen Menschen‹ zu überwältigen und gleichzeitig falsch zu sein (. . .) Man muß an die Analogie zwischen der Macht der klassischen Schule der wirtschaftlichen Theorie und jener gewisser Religionen denken, denn es ist eine viel größere Leistung der Macht einer Idee, das Offensichtliche auszutreiben, als in die allgemeinen Anschauungen der Menschen das Verborgene und Fernliegende einzuführen.[3]

Für Keynes geht es in diesem Zusammenhang um das Postulat eines vom Goldwährungsmechanismus unabhängigen, auf das Vollbeschäftigungsziel ausgerichteten niedrigen Zinssatzes.

Die Aussage von Keynes, die Merkantilisten hätten das Problem erkannt, aber nicht gelöst, bezieht sich auf die von Keynes so stark hervorgehobene Bedeutung des Hortens als Motiv für die Geldnachfrage – ein Motiv, das von den Merkantilisten im Zusammenhang mit dem Zinssatz nicht im speziellen hervorgehoben wird.

Wo stehen wir heute? Woran sollen wir uns halten? Angesichts der immer intensiveren Auseinandersetzung über die Rolle der Geldpolitik bei der Verfolgung stabilisierungs- und wachstumspolitischer Ziele sollte es interessant sein zu erfahren, was uns der Merkantilismus zum Geld und zum Verhältnis zwischen Geld und Wirtschaft zu sagen hat. Dazu müssen wir allerdings sowohl die klassische als auch die keynesianische Brille ablegen. Auch in dieser Hinsicht gilt die Aufforderung: Zurück zu den Quellen!

II

Die Merkantilisten werden in den dogmenhistorischen Lehrbüchern meist als Vorläufer verstanden, die den Physiokraten und Klassikern als den eigentlichen Begründern der ökonomischen Wissenschaft allenfalls den Weg geebnet haben, selber aber sozusagen vor der Pforte der Wissenschaft stehengeblieben sind. Auch wenn diese Auffassung in dem Sinne richtig ist, daß die Merkantilisten eher zu Einzelproblemen Stellung genommen und nicht ein umfassendes Modell der Wirtschaft entwickelt haben, so ist sie doch insofern unrichtig, als sie den Eindruck erweckt haben, ökonomische Theorie sei überhaupt erst nach dem Merkantilismus entstanden. Die ökonomische Theorie wurde vielmehr schon lange vor den Merkantilisten von den griechischen Philosophen begründet, insbesondere von Aristoteles, der seinerseits wiederum auf den Vorsokratikern und Platon aufbaut. Die merkantilistischen Theorien stehen sogar in gewissem Sinne am Ende einer langen Entwicklung ökonomischen Denkens. Sie sind nicht zu verstehen, wenn man sie nicht aus der Auseinandersetzung mit der aristotelischen Lehre begreift, wie sie insbesondere von der Scholastik tradiert wurde. Bei dieser Auseinandersetzung geht es einerseits um die Ablehnung der ethischen Postulate, die bis dahin eine zentrale Rolle in der Ökonomie gespielt haben, anderseits aber auch um die Weiterführung der aristotelischen Analyse der Wirtschaft. In der ersten Hinsicht leitet der Merkantilismus eine Neuentwicklung der Ökonomie ein, in der zweiten Hinsicht steht er jedoch durchaus in der 2000jährigen Tradition des ökonomischen Denkens. Diese Tradition ist erst in der Klassik unterbrochen worden. Wenn wir auf den Merkantilismus zurückgreifen, nehmen wir daher automatisch den Faden wieder auf, dem die Entwicklung der gesamten vorklassischen Ökonomie gefolgt ist.

Das zentrale Problem, um das das gesamte ökonomische Denken vom Altertum bis zum Merkantilismus kreist, ist die Rolle des Geldes im Wirtschaftsprozeß. Ist das Geld nur ein Mittel zur Erleichterung des Tauschverkehrs und dient es damit nur – in indirekter Weise – der Bedürfnisbefriedigung, oder wird die Anhäufung von Geld und damit der Gewinn zu einem künstlichen Bedürfnis, das zu den natürlichen, physischen und psychischen Bedürfnissen des Menschen hinzutritt und einen selbsttätigen Prozeß in Gang setzt? So lautet die Frage.

Die aus der scholastischen Ökonomie bekannten Postulate des gerechten Preises, des Zinsverbots und der Begrenzung des Eigentumsrechts sowie der Kampf gegen die Münzverschlechterung werden nur verständlich aus dem Bestreben, die negativen Folgen der Handels- und Erwerbswirtschaft im Sinne von Aristoteles einzudämmen. Sie wären in einer Hausverwaltungswirtschaft nicht nötig.

Die Merkantilisten lehnen diese aristotelisch-scholastischen Postulate ab, da sie die der »künstlichen Wirtschaft« innewoh-

nende Dynamik befürworten. Das gilt insbesondere für John
Locke, der zweifellos als der scharfsinnigste Denker des Merkantilismus anzusprechen ist. Von ihm schreibt Eli F. Heckscher in seiner großen Monographie über den *Merkantilismus*:

> Kein merkantilistischer Schriftsteller ist unter dem Gesichtspunkt des
> Zusammenhangs zwischen Geld und Kapital so interessant wie John
> Locke. Was ihm diese in gewisser Weise einzigartige Stellung gibt, ist der
> Umstand, daß ihn sein philosophisches Training in den Stand setzte,
> zuweilen eine Klarheit im Gedankengang zu erreichen, die bei den ande-
> ren merkantilistischen Schriftstellern kein Gegenstück hat. Da seine
> Grundanschauung gleichzeitig bis in jede Einzelheit merkantilistisch
> war, bekommt man daher von dieser Anschauung bei Locke ein deut-
> licheres Bild als bei irgendeinem anderen Schriftsteller, wenigstens auf
> den Gebieten, die er behandelte.[4]

Die grundlegende Theorie Lockes findet sich allerdings in einem
Werk, das von Heckscher nicht zitiert wird, nämlich in seiner
Second Treatise on Government. Locke geht in dieser Untersuchung offensichtlich von aristotelischen Gedankengängen aus,
wenn er auch Aristoteles nicht erwähnt.
Im Zentrum seiner Überlegungen steht der grundlegende Satz,
daß »das Verlangen, mehr zu haben, als der Mensch benötigt,
den inneren Wert der Dinge, der allein von ihrem Nutzen für
das menschliche Leben abhängt, geändert hatte« und daß
dies damit zusammenhing, daß »die Menschen überein kamen, ein kleines Stück gelben Metalls, das sich weder abnützt
noch verdirbt (!)«, solle »den gleichen Wert haben wie ein großes Stück Fleisch oder ein ganzer Haufen Getreide«.[5] Die Betonung liegt auf der Feststellung, daß das Geld weder »abgenutzt
wird noch verdirbt«, d. h. aus dem Werden und Vergehen der
Natur herausgelöst und daher beliebig anhäufbar und vermehrbar ist.
Die Argumentation von Locke ist von besonderer Raffinesse,
geht er doch von den scholastischen Postulaten aus, um sie von
innen her erst recht auszuhöhlen. Das Anliegen Lockes ist die

Begründung eines Eigentumsrechts, das auf Vermehrung und Kapitalisierung ausgerichtet ist. Dabei bezieht er sich vor allem auf das Bodeneigentum. Da der Boden selbst insgesamt nicht vermehrbar ist, ist die Vermehrung des Besitzes nur möglich durch Konzentration des Eigentums in immer weniger Händen auf Kosten der Nichteigentümer. Locke rechtfertigt diese Eigentumskonzentration, die dem aristotelisch-scholastischen Gerechtigkeitspostulat diametral zuwiderläuft, dadurch, daß die Früchte des Feldes vom Bodenbesitzer verkauft und somit in Geld verwandelt werden können, so daß die Feldfrüchte, die der Besitzer eines großen Landstückes nicht selber verzehren kann, nicht verderben, während er selber ein unverderbliches Gut – das Geld – anhäuft.

Das Geld, von dem hier die Rede ist, ist offensichtlich nicht das Geld, das dem bloßen gegenseitigen Austausch von Überschüssen dient (im Sinne der Oikonomiké), sondern das Geld, mit dem man auch Boden und andere Produktionsmittel kaufen kann (im Sinne der Kapeliké) und das somit den Boden bzw. die anderen Produktionsmittel in einen Geldwert (Kapital) verwandelt, aus dem ein Geldertrag (Gewinn) erzielt wird.

Der Geldwert des Bodens bzw. anderer Produktionsmittel ist dann der kapitalisierte Geldertrag. Das Vordringen der Geldwirtschaft führt zu einer Umwertung des Eigentums im Sinne der Kapitalisierung desselben und damit zu einer Änderung der Wertgesetze, die ja letztlich auf der Eigentumsordnung aufbauen. Die Folge ist eine Konzentration von Eigentum an nicht vermehrbaren Ressourcen wie dem Boden. Sie begründet aber auch – wenn man die Ansichten Lockes auf die wirtschaftliche Entwicklung nach der industriellen Revolution richtig überträgt – die Inbesitznahme von immer mehr Rohstoffen und Energie, deren Verbrauch jährlich erhöht werden kann, solange die Vorräte nicht erschöpft sind. Zur Konzentration tritt dann eine allgemeine Vermehrung des Besitzes hinzu. Das Geld beeinflußt somit sowohl die Verteilung wie das Wachstum des Sozialprodukts. Dabei ist entscheidend, daß dieser Konzentrationstendenz bzw. dieser Tendenz zur Vermehrung des Besitzes als solcher keine Grenzen gesetzt sind.

Um die Bedeutung dieser Thesen Lockes zu verstehen, muß man sich vor Augen halten, daß sie zwar in Form von Postulaten vorgetragen werden, in Wirklichkeit aber eine Erklärung des Zustandes sind, in dem sich die englische Wirtschaft zum Teil bereits zur Zeit Lockes befand. Er zeigt die Ursachen auf, die zu diesem Zustand geführt haben. In dem Sinne handelt es sich um eine echte ökonomische Theorie. Diese Theorie steht in eindeutigem Gegensatz zu allem, was die Klassiker und ihre Nachfolger über die Wirtschaft und ihre Entwicklung aussagen. Die Gegensätzlichkeiten dieser Lehren werden am deutlichsten, wenn wir der Lockeschen Theorie diejenige von John Stuart Mill gegenüberstellen, die sich in folgenden Sätzen zusammenfassen läßt:

Es ist (. . .) von selbst ersichtlich, daß das bloße Einführen einer besonderen Art, Güter gegeneinander auszutauschen, dadurch daß zuerst ein Gut gegen Geld und dann das Geld gegen etwas anderes ausgetauscht wird, keinen Unterschied in dem Wesen der Vorgänge ausmacht... Kurz, es kann, wenn man der Sache auf den Grund geht, in der Wirtschaft der Gesellschaft nichts Bedeutungsloseres geben als Geld; außer insofern es ein Mittel zur Ersparnis von Zeit und Arbeit ist. Es stellt sich als ein Mechanismus dar, dasjenige in Ruhe und Bequemlichkeit zu tun, was auch ohne es gleichfalls, wenn auch weniger ruhig und bequem, getan würde; und wie viele andere Mechanismen übt auch dieser seinen besonderen selbständigen Einfluß nur in Fällen der Unordnung aus. Die Einführung des Geldes greift keineswegs in den Verlauf irgendeines der (. . .) Wertgesetze störend ein.[6]

Hinter dieser Auffassung steht der bekannte Satz von David Hume in seinem Aufsatz *Vom Gelde*:

Geld ist nicht im eigentlichen Sinne Gegenstand des Handels und Verkehrs, sondern bloß das Werkzeug, über dessen Gebrauch die Menschen übereingekommen sind, um den Austausch der einen Ware gegen die andere zu erleichtern. Es ist nur ein Rad im Handelsgetriebe, es ist das Öl, welches die Bewegung geschmeidiger und leichter macht.[7]

Die Merkantilisten, allen voran John Locke, waren demgegenüber der Auffassung, daß es nichts Bedeutungsvolleres gebe in der Wirtschaft als gerade das Geld und daß es daher keineswegs nur das Öl darstellt, welches das Getriebe geschmeidig macht, sondern der Motor sei, der es antreibt.

Auch wenn Locke und Hume unter philosophischen Aspekten gemeinsam der Schule des Empiriokritizismus zugeordnet werden, *so ist in ökonomischer Hinsicht der entscheidende Bruch in der ganzen Entwicklung des ökonomischen Denkens seit Aristoteles gerade in der Differenz zwischen den Thesen Lockes und denen Humes zu sehen.* Locke hebt die Kapitalisierungsfunktion des Geldes im Sinne der Kapeliké hervor, Hume, auf dem Adam Smith und damit die ganze klassische Nationalökonomie aufbaut, reduziert die Funktion des Geldes auf die Rechen- und Zahlungsfunktion und deutet damit die Wirtschaft, auch in ihrem fortgeschrittenen Zustand, als bloße Entwicklung im Rahmen der Oikonomiké; der Unterschied zwischen beiden Arten der Wirtschaft wird aufgehoben.

III

Wenn das Geld als solches für die Struktur und die Entwicklungstendenz der Wirtschaft eine so große Bedeutung hat, daß es ihren Charakter völlig verändert, so liegt es nahe zu vermuten, daß auch die Menge des Geldes bzw. seine Vermehrung oder Verminderung einen eminenten Einfluß auf die Wirtschaft ausübt. Diese Meinung findet sich denn auch in allen merkantilistischen Schriften. Dabei wird den Markantilisten oft unterstellt, sie behaupteten, das Geld sei selber Reichtum und die Vermehrung des Geldes sei daher schon ipso facto Vermehrung des Reichtums. So einfach liegen die Dinge jedoch nicht. Was die Merkantilisten fasziniert, ist das Geld, das dem Erwerb von mehr Geld, also der Erzielung einer Rente oder eines Gewinns dient. Geld ist Reichtum oder trägt zum Reichtum bei, indem es kapitalisiert, d. h. auf Zins ausgeliehen wird, oder indem es

den Handel so fördert, daß die Produkte zu mehr als kostendeckenden Preisen abgesetzt werden können und auf diese
Weise der Kapitalisierung des Bodens oder anderer Produktionsfaktoren im Rahmen von Landwirtschaft und Industrie
oder der Kapitalisierung der Waren im Rahmen des Handels
dient. In diesem Sinne ist auch die Theorie von John Locke zu
interpretieren. Heckscher behauptet sogar:

> Locke ging aus von der Identität von Kapital und Geld; diese Auffassung
> durchzieht sein Buch von der ersten bis zur letzten Seite.[8]

Das Buch Lockes, auf das Bezug genommen wird, ist die Abhandlung über *The Consequences of the Lowering of Interest
and Raising the Value of Money*[9], das Lockes Geld- und Zinstheorie im engeren Sinn enthält.
Eine solche Identifizierung von Geld und Kapital steht in deut-
lichem Gegensatz zur klassischen Geldtheorie, in der die Quantitätstheorie das Übergewicht hat und das Geld nur insoweit
eine Rolle spielt, als mit großer Geldmenge ein hohes Preisniveau verbunden ist, während kein (dauernder) Konnex zwischen monetären und realen Faktoren besteht. Wenn auch die
Merkantilisten und insbesondere Locke nicht bestreiten, daß
das gleiche Handelsvolumen mit mehr oder weniger Geld bei
unterschiedlichen Preisen umgesetzt werden kann – in diesem
Sinne ist Locke eindeutig Quantitätstheoretiker –, so ist nach
ihm die Änderung der Geldmenge unter dynamischen Gesichtspunkten doch auch von Bedeutung für die Verteilung und
die Vermehrung des Reichtums.
Die Identifizierung von Geld und Kapital steht auch im Gegensatz zur klassischen Zinstheorie, in der das Kapital nur durch
reales Sparen gebildet wird und der Zins daher ebenfalls nur
ein reales Phänomen ist. Locke hat zwar die Bedeutung des
Sparens entweder im Sinne des Verzichts auf Luxus und Verschwendung oder als Ergebnis einer zunehmenden Vermögens-
konzentration (die Reichen haben eine größere Sparneigung!)
keineswegs verkannt, aber es handelt sich um ein Sparen von

Geld. Die ausleihbaren Fonds können somit außer durch gespartes Geld durch eine Erhöhung der Geldmenge vergrößert werden, so daß der Zins durch die gesamte Geldmenge mitbestimmt wird. In diesem Sinne ist die merkantilistische Zinstheorie monetär.

Geld- und Zinstheorie bilden auf diese Weise im Merkantilismus eine Einheit. Dies wird besonders deutlich in der folgenden Feststellung von John Locke, die wir als die zentrale Stelle seiner Theorie betrachten können:

> Im Geld liegt ein doppelter Wert – zuerst so, daß es imstande ist, durch seinen Zins ein jährliches Einkommen abzuwerfen; und darin hat es dieselbe Natur wie der Boden, dessen Einkommen Grundrente (Rent) heißt, und das andere heißt Zins (Use) (. . .) zweitens hat Geld einen Wert insofern, als es imstande ist, durch Tausch (. . .) uns des Leibes Notdurft und Bequemlichkeit zu verschaffen, und damit hat es den Charakter einer Ware.[11]

E. Heckscher bemerkt dazu:

> Hier wurde also ausdrücklich gesagt: Geld ist teils – mit moderner Terminologie – ein Produktionsfaktor, parallel dem Boden und wie dieser imstande, einen jährlichen Ertrag abzuwerfen, teils ein allgemeines Tauschmittel.[12]

Entsprechend hat eine Vermehrung des Geldes einen Effekt sowohl auf den Zinssatz als auch auf die Preise. Diese Wirkungen sind einander gerade entgegengesetzt. Eine Erhöhung der Geldmenge bewirkt eine Senkung des Zinssatzes und eine Anhebung der Preise. Locke untermauert diese Feststellung mit einem Vergleich der Situation in Holland und in England:

> Eine größere Geldmenge in Holland im Vergleich zu England macht sich bemerkbar durch einen niedrigeren Zinsfuß in Holland und einen höheren Zinsfuß in England; ebenso durch hohe Preise von Nahrung und Arbeit in Holland und niedrige in England.[13]

Für Locke ist Geld im wesentlichen noch Gold und Silber. Entsprechend gibt es, »wenn man nicht den Stein der Weisen zur

Hilfe nehmen will«[14], nur zwei Möglichkeiten, das Geld eines
Landes zu vermehren:

> Entweder indem man es aus den Minen des eigenen Landes herausholt,
> oder indem man es vom Ausland erhält (...), durch Gewalt, durch Kre-
> ditaufnahme oder durch Handel.[15]

Für England kommt nach der Auffassung Lockes praktisch nur
der Handel in Frage. Die Wirkung einer Erhöhung der Geldmenge ist daher im wesentlichen immer auch im Zusammenhang mit dem Außenhandel zu sehen.
Wir betrachten zuerst die Geldmenge im Zusammenhang mit
der Tauschfunktion des Geldes:

> Handel ist notwendig für die Hervorbringung von Reichtum (Riches),
> und Geld ist notwendig für die Betreibung des Handels.[16]

Kann es aber dabei nicht jede Geldmenge tun, indem einfach
die Preise höher oder tiefer sind, je nach der Geldmenge, die
im Lande zirkuliert? Die Antworten Lockes auf diese Frage
sind unterschiedlich und scheinen zum Teil widersprüchlich.
Sie können daher nur durch Interpretation in einen Zusammenhang gebracht werden. Dabei ist vor allem zwischen Bin-
nenhandel und Außenhandel zu unterscheiden.
Grundsätzlich geht Locke davon aus, daß eine gewisse »Proportion von Geldmenge und Handel« bestehen muß:

> Jedermann muß mindestens so viel Geld haben oder so schnell zusam-
> mensammeln können, daß er seine Gläubiger rechtzeitig bezahlen
> kann. Denn niemand kann kaufen, was er braucht, wenn er kein Geld
> hat oder einen Kredit bekommt, aufgrund des Versprechens, in kurzer
> Zeit zu zahlen. Somit ist es eine notwendige Bedingung des Handels, daß
> genügend Geld vorhanden ist, um den Kredit des Bodenbesitzers, des Ar-
> beiters und des Händlers zu stützen. Und darum muß genügend Geld für
> die Bezahlung von Waren und Arbeit bereitstehen, oder zumindest in
> kurzer Zeit bereitgestellt werden können.[17]

Dabei wird selbstverständlich jedes Geldstück immer wieder
neu in Umlauf gesetzt werden, aber dieser Umlauf benötigt

Zeit. Geld ist ein Zwischengut, das man sozusagen als Pfand (pledge) annimmt, um es später für diejenigen Güter weiterzugeben, die man eigentlich haben möchte. Der Geldumlauf ist somit determiniert durch die Zeit, die es braucht, bis man das Geld, das man eingenommen hat, wieder weitergibt. Diese Zeit ist unterschiedlich bei den verschiedenen Kategorien von Produzenten bzw. Einkommensempfängern. Locke gibt eine interessante Analyse der Umlaufgeschwindigkeit, die er nicht nur theoretisch erfaßt, sondern auch versucht, empirisch zu bestimmen. Bei den Arbeitern steht die Umlaufgeschwindigkeit im Zusammenhang mit den wöchentlichen Lohnzahlungen, bei den Grundbesitzern im Zusammenhang mit den halbjährlichen Pachtzahlungen, bei den Händlern im Zusammenhang mit der Zeit, die normalerweise zwischen Kauf und Verkauf der Waren verstreicht. Dazu sind die Möglichkeiten des Kredits, des Ersatzes von Geld durch Naturalzahlungen, das System der Teilzahlungen etc. mitzuberücksichtigen. Locke kommt aufgrund detaillierter Überlegungen zum Schluß, daß (zu seiner Zeit) approximativ folgende Geldmenge nötig ist, um den Handel eines Landes aufrechtzuerhalten.

> Ein Fünftel der Löhne, ein Viertel der Grundrenten und ein Zwanzigstel des jährlichen Umsatzes der Händler.[18]

Diese Überlegungen setzen selbstverständlich voraus, daß die Preise nicht beliebig nach unten gedrückt werden können, wenn weniger Geld vorhanden wäre. Dies verhindert die zeitliche Struktur des Preisbildungsprozesses. Warum? Man muß Locke in folgender Weise interpretieren: Die Produkte werden auf den Markt gebracht, nachdem sie hergestellt worden sind. Die Kosten werden also *vor* den Preisen bestimmt. Diese müssen somit mindestens kostendeckend sein, wenn Konkurse vermieden werden sollen. Locke spricht in diesem Zusammenhang vom »wahren Marktpreis (true market price)« und meint den kostendeckenden Preis.[19] Sind somit Umlaufgeschwindigkeit und Preisniveau gegeben, muß die Geldmenge in einem bestimmten Verhältnis zum Handelsvolumen stehen, wenn keine Krise entstehen soll.

Theoretisch wird durch diese Feststellung allerdings nicht ausgeschlossen, daß im Sinne der komparativen Statik das gleiche Handelsvolumen ebensogut mit einer großen Geldmenge und hohen Preisen wie mit einer kleinen Geldmenge und niedrigen Preisen umgesetzt werden kann. Oder anders ausgedrückt: Eine große Geldmenge ist ceteris paribus mit hohen Preisen, eine kleine Menge ceteris paribus mit tiefen Preisen gepaart. Ceteris paribus heißt hier: wenn das Handelsvolumen gegeben ist. Es geht hier also um einen rein mechanistischen Vergleich, indem das, was eigentlich zu erklären wäre, nämlich eine allfällige Wirkung der Geldmengenveränderung auf das Handelsvolumen, durch die ceteris paribus-Annahme selber ausgeschlossen wird.

Diese ceteris paribus-Überlegung ist allerdings nach Locke nur für die Binnenwirtschaft in einem isolierten Land sinnvoll, weil man dann dem Stoff des Geldes, von welchem dessen Geltung im Ausland abhängt, keine besondere Beachtung schenken muß. In diesem Fall kann Geld aus jedem beliebigen dauerhaften Material bestehen, dessen Menge konstant gehalten werden kann und keine weitere Verwendung findet, also auch nicht verbraucht wird. Ein solches Geld wäre vor allem ein stabiler Maßstab für den Wert der anderen Waren.

In einem Land, in dem sie einen solchen Maßstab haben, muß irgendeine Quantität des Geldes (wenn es nur soviel ist, daß jedermann etwas Geld haben kann) genügen, um jedes Handelsvolumen zu bewältigen, sei es nun mehr oder weniger – da dann genügend Maßstabeinheiten (counters) vorhanden wären, mit denen man rechnen kann, und der Wert der Pfandeinheiten (pledges) genügend wäre, wenn sie sich nur konstant mit der Menge der Waren vermehren.[20]

Diese Hypothese trifft aber gerade, so sagt Locke, in der Realität nicht zu. Kein Land kann isoliert von anderen leben. Daher muß jedes Land darauf achten, daß es über ein Geld verfügt, das auch im Ausland anerkannt wird. In bezug auf den Außenhandel gilt darum in einem noch absoluteren Sinn, daß »ein bestimmtes Verhältnis zwischen der Geldmenge und dem Handel« bestehen muß.[21] Man könnte hier geradezu von einer Qualitätstheorie des Geldes bei Locke sprechen. Er sagt:

Nehmen wir an, daß wir in England nur halb soviel Geld haben wie sieben Jahre vorher und eine ebenso große reale Warenproduktion, ebenso viele Hände, die daran arbeiten, und ebenso viele Kaufleute, die es verteilen; daß aber der Rest der Welt soviel Geld hat wie vorher; dann ist es sicher, daß entweder die Hälfte unserer Renten nicht bezahlt wird, die Hälfte unserer Waren unverkäuflich liegenbleibt, die Hälfte unserer Arbeiter unterbeschäftigt bleibt und so die Hälfte des Handels verlorengeht; oder allenfalls, daß jedermann für seine Waren und seine Arbeit nur die Hälfte des Geldes erhält, das sie vorher erhalten haben, und nur halb soviel wie unsere Nachbarn zur gleichen Zeit für ihre Arbeit und ihre reale Produktion bekommen. Ein solcher Armutszustand hat, obwohl es keine Knappheit einheimischer Güter bewirkt, drei negative Konsequenzen:
1. Es führt dazu, daß wir unsere heimischen Waren zu billig verkaufen.
2. Es führt dazu, daß wir die ausländischen Güter zu teuer kaufen ...
3. Es kann dazu führen, daß unsere Leute – Handwerker, Matrosen und Soldaten –, die in der Lage sind, dorthin zu gehen, wo sie bessere Löhne erhalten, abwandern.[22]

Gold und Silber haben überall den gleichen inneren Wert – dieser ist nichts anderes als die Menge von Gold und Silber selbst –, aber sie haben nicht überall die gleiche Kaufkraft. Außerdem ist zur Bestimmung des Wechselkurses die Handelsbilanz in Betracht zu ziehen.

Diese beiden [Kaufkraft und Handelsbilanz] regulieren überall den Wechselkurs, und in beiderlei Hinsicht hängen sie vom gleichen Faktum ab, nämlich von der größeren Menge des Geldes im Inland im Vergleich zum Ausland. Nur gilt diese Differenz: Wo die positive Handelsbilanz den Wechselkurs über den Paritätskurs hinauftreibt, da haben die privaten Händler eine Fülle Geldes, das sie von einem Land ins andere bringen möchten. Wo aber der Reichtum des Landes den Wechselkurs über die Parität hinauftreibt, da ist eine Fülle Geldes im ganzen Land.[23]

Die Kapitalverkehrsbilanz wird von Locke ebenfalls diskutiert, aber als von geringerer Bedeutung erachtet.

Gemäß dieser Auffassung wird ein Land um so reicher, je besser es ihm gelingt, über eine positive Handelsbilanz die Geldmenge bzw. den Gold- und Silbervorrat zu vermehren, obwohl oder gerade weil dadurch das inländische Preisniveau steigt:

> Reichtümer (riches) bestehen nicht darin, daß man mehr Gold und Silber hat, sondern daß man mehr davon hat im Verhältnis zur übrigen Welt bzw. zu unseren Nachbarn, wodurch wir in den Stand gesetzt werden, uns eine größere Fülle der angenehmen Dinge des Lebens zu verschaffen als die Nachbarländer, welche, da sie einen geringeren Anteil am Gold- und Silbervorrat der Welt haben, über geringere Mittel des Überflusses und der Macht (means of plenty and power) verfügen, und so ärmer sind.[24]

Der Ursprung einer positiven Handelsbilanz ist der Verzicht auf unnötige Luxusausgaben. Locke plädiert sehr eindrucksvoll für ein sparsames Haushalten und gegen »Verschwendungssucht (ill husbandry)«. Im übrigen tritt er auch – allerdings nur en passant – für Importabgaben ein.

Sosehr die Theorie des Geldwerts bezüglich des Binnenhandels mindestens im Sinne der komperativen Statik quantitätstheoretische Züge hat und somit bereits in der Nähe klassischer Auffassungen steht, ja zweifellos diese über David Hume wesentlich beeinflußt hat, so kraß sind die Unterschiede zwischen beiden Theorien, wenn man den Außenhandel einbezieht. Die Theorie von Locke steht in diametralem Gegensatz zur klassischen Theorie der internationalen Tauschwerte, die der Geldmenge, wenn überhaupt, nur eine vorübergehende Rolle bei der Regulierung des Außenhandels zuerkennt. Nur auf die realen Größen soll es gemäß der klassischen Auffassung ankommen. John Stuart Mill macht dies mit folgender Feststellung sehr deutlich:

> Da aller Handel in Wirklichkeit ein Tauschgeschäft ist und Geld bloß ein Mittel, die Dinge gegeneinander auszutauschen, wollen wir der Einfachheit halber mit der Annahme beginnen, daß der internationale Handel

auch der Form nach das ist, was er seinem Wesen nach immer ist, nämlich ein Austausch einer Ware gegen eine andere. Bei unseren bisherigen Erörterungen haben wir gefunden, daß alle Gesetze des Handels im wesentlichen dieselben sind, gleichgültig ob Geld verwandt wird oder nicht; denn Geld bestimmt niemals, sondern gehorcht immer diesen allgemeinen Gesetzen.[25]

Auch diese Auffassung geht auf David Hume zurück, dessen Lehre wiederum als der eigentliche Gegenpol zu derjenigen von John Locke erscheint. Hume sagt in seinem Aufsatz *Von der Handelsbilanz*:

Gesetzt, vier Fünftel von allem Gelde in Großbritannien würden in einer Nacht verschwinden, und die Nation käme, was die Menge ihrer Barschaft anbetrifft, auf denselben Stand zurück, auf welchem sie sich während der Regierung der Heinrich und Eduard befand: Was würde die Folge davon sein? Müßte nicht der Preis aller Arbeit und aller Waren verhältnismäßig sinken, und alles so billig zu kaufen sein, wie es zu jenen Zeiten zu kaufen war? Welche Nation könnte dann auf irgendeinem fremden Markte mit uns konkurrieren oder sich einfallen lassen, zu demselben Preis Schiffahrt zu betreiben oder Waren zu verkaufen, der für uns noch hinreichenden Profit abwerfen würde? In wie kurzer Zeit müßte dies also den Geldvorrat wieder zurückführen, den wir verloren hätten, und uns auf dasselbe Niveau mit allen benachbarten Nationen erheben? Sobald wir dort angelangt wären, würden wir auf der Stelle den Vorteil der Wohlfeilheit von Arbeit und Waren verlieren, und der weitere Zufluß des Geldes würde durch die Sättigung und Überfüllung bei uns gehemmt werden.[26]

Diese Lehre Humes ist bis zum heutigen Tag mehr oder weniger anerkannt geblieben. Ist also die These von John Locke einfach einer der Irrtümer des Merkantilismus? Diese Frage beunruhigt H. W. Spiegel in seinem großen Gesamtwerk der Dogmengeschichte *The Growth of Economic Thought* – das sich ausführlicher als andere mit dem Merkantilismus beschäftigt – so sehr, daß er geradezu von einem »Paradox« spricht. Wie kann es dazu kommen, so fragt er, daß Locke, eine der wenigen herausragenden Figuren (towering figures) in der geistigen Entwicklung der Menschheit, nicht gesehen hat, daß kein Land in der Lage ist, grenzenlos Geldschätze (treasure) zu akkumulieren.[27]

Er findet eine vernünftige Erklärung höchstens in der Feststellung Lockes, daß in der gesamten Welt die Geldmenge täglich anwächst, da die Minen insgesamt mehr Geld produzieren als verlorengeht oder verbraucht wird[28], oder darin, daß Locke zwar an einer Stelle davon spricht, ein Land müsse stets versuchen, mehr Gold und Silber zu erhalten als seine Nachbarn, er an anderer Stelle aber vor allem davor warnt, man dürfe nicht weniger haben als seine Nachbarn. Wenn nun – so interpretiert Spiegel die Auffassung Lockes – die gesamte Geldmenge der Welt zunimmt, so müsse durch eine günstige Handelsbilanz vor allem erreicht werden, daß ein Teil dieses Geldzuwachses auch ins eigene Land fließe und sich das Preisniveau mehr oder weniger im Gleichschritt mit dem Ausland erhöhe:

Es ist so möglich, daß in den Argumenten Lockes zwei Gründe eingeschlossen sind, die dafür sprechen, daß der automatische Ausgleich der Geldmengen nicht spielt. Gemäß dem ersten Grund wäre anzunehmen, daß mit der Erhöhung der Geldmenge eine Erhöhung des Handelsvolumens einhergeht, eine Kombination, die eine signifikante Änderung des Preisniveaus unnötig macht. Gemäß dem zweiten Grund mögen Geldmenge und Preisniveau zusammen steigen, aber beide nicht stärker als die Geldmenge und das Preisniveau im Ausland, und so verhindern, daß sich die Handelsströme verändern.[29]

Die Thesen Lockes lassen sich immerhin auch in anderer Weise rechtfertigen. Man muß allerdings spezifische Annahmen über die Preiselastizitäten zugrunde legen. Das Postulat einer positiven Handelsbilanz gewinnt an Plausibilität, wenn man von folgenden Voraussetzungen ausgeht:
1. Inland und Ausland sind beides große Währungsgebiete. Das hat zur Konsequenz, daß die Preise aller Güter, auch der Außenhandelsgüter, im wesentlichen durch die im Inland zirkulierende Geldmenge bestimmt werden.

2. Inland und Ausland tauschen keine Massengüter aus, die überall hergestellt werden, sondern spezifische Luxusgüter, nach denen die Nachfrage relativ unelastisch ist; Locke nimmt bei Luxusgütern sogar an, daß sie oft – wie wir heute sagen würden – einer perversen Nachfrage gegenüberstehen, indem die Nachfrage mit höherem Preis nicht nur nicht abnimmt, sondern sogar zunimmt.

Unter diesen Umständen verbessert sich die Handelsbilanz gerade dann, wenn das Preisniveau im Inland stärker steigt als im Ausland (der Exportwert in heimischer Währung nimmt stärker zu als der Importwert). Der Wechselkurs verbessert sich dann im Rahmen der (damals noch recht weit auseinanderliegenden) Gold- oder Silber-Punkte. Darüber hinaus fließt Gold und Silber ins Inland, was eine weitere Erhöhung des inländischen Preisniveaus und damit eine weitere Kaufkraftsteigerung gegenüber dem Ausland bewirkt.

Die spezifische Argumentation Lockes wirkt überraschend, wenn man – wie wir dies heute gerne tun – Keynes als Fortführer des Merkantilismus betrachtet und daher von dessen Position auf den Merkantilismus zurückschließt. Man würde dann erwarten, daß – wie es bei anderen Merkantilisten tatsächlich der Fall ist – auch Locke für eine Verbesserung der Handelsbilanz mittels niedriger Preise plädiert, und den Vorteil einer positiven Handelsbilanz und eines entsprechenden Geldzuflusses in dem damit verbundenen Beschäftigungseffekt sieht. Diese Sicht steht jedoch bei Locke nicht im Vordergrund, da seine Wirtschaftsdynamik mehr eine Dynamik der Verteilung der Reichtümer ist (der eine gewinnt auf Kosten des andern!) als eine Dynamik der allgemeinen Reichtumsvermehrung. Wenn aber die Vermehrung des Geldes sich nicht oder nur am Rande auf die Beschäftigung und damit die Erhöhung des Sozialprodukts auswirkt, müßte der Vorteil geringerer Preise sehr rasch verschwinden, wenn die Geldmenge mit einer positiven Handelsbilanz ansteigt, denn dann bliebe ja nichts anderes übrig, als daß der Geldzufluß eine Preissteigerung zur Folge hat. Die

Preissteigerung darf aber aus merkantilistischer Sicht den Effekt der positiven Handelsbilanz und den Geldzufluß nicht ins Gegenteil verkehren. Dies wird verhindert, wenn man die spezifischen Annahmen über die Preisbildung und die Nachfrageelastizitäten zugrunde legt, die wir als der Theorie von Locke zugehörig erkannt haben.

Offensichtlich geht es Locke vor allem um eine Verbesserung der *terms of trade* und damit um eine für das eigene Land günstigere internationale Verteilung der Reichtümer, ein Postulat, das heute etwa von den Entwicklungsländern im Zusammenhang mit der Vorstellung einer neuen Weltwirtschaftsordnung mit höheren Preisen für Rohstoffe usw. aufgestellt wird. Es muß aber hinzugefügt werden, daß die grundsätzliche Position der Merkantilisten die gleiche ist, ob sie nun – wie Locke – den Wert einer Geldmengenerhöhung in einer Verbesserung der *terms of trade* oder, wie andere, in einer Erhöhung der Beschäftigung sehen. Entscheidend ist, daß in jedem Fall – im Unterschied zur klassischen Position – die Geldmenge eine entscheidende Rolle spielt.

Im Hintergrund der merkantilistischen Überlegungen steht immer wieder die Bewertung des Geldes für die Förderung des Handels. »Das ganze Land hat mehr Geld, das den Handel vorantreibt«[30], heißt es bei Locke. Es geht also nicht nur um den *terms of trade*-Effekt oder allenfalls den Beschäftigungseffekt einer Geldmengensteigerung, sondern um die Kapitalisierung der Wirtschaft im Sinne der Erwerbs- und Handelswirtschaft bzw. der Kapeliké (Aristoteles), in der die Nachfrage »nach immer mehr Geld« die dominierende Rolle spielt. Nur so läßt sich auch die eigenartige Behauptung Lockes erklären, daß der Geldwert bzw. das Preisniveau nicht in gleicher Weise reguliert werde wie der Preis der anderen Waren:

> Diese Waren haben manchmal eine größere, manchmal eine geringere Nachfrage: denn niemand gibt mehr Geld für sie aus, als er sich einen Nutzen davon verspricht, und dieser Nutzen ist beschränkt. Doch jedermann ist bereit, Geld zu bekommen ohne Grenzen (!) und zu behalten,

denn es hat eine universelle Kaufkraft (because it answers all things): Deshalb ist die Nachfrage nach Geld immer genügend, oder mehr als genügend. Wenn dem so ist, so reguliert und determiniert die Quantität (das Angebot) allein seinen Wert, im Gegensatz zu den anderen Waren, deren Wert durch Quantität (Angebot) und Nachfrage bestimmt wird.[31]

Das heißt mit anderen Worten, die Nachfrage nach Geld ist *unter dynamischen Gesichtspunkten* sehr elastisch und paßt sich so dem Angebot an, ohne daß der Geldwert sinkt bzw. die Preise steigen.

Bei diesen Überlegungen ist immer auch im Auge zu behalten, daß die Geldmenge nach merkantilistischer Auffassung nicht nur einen Einfluß auf die Preise, sondern gleichzeitig auch auf den Zinsfuß ausübt. Damit gelangen wir zur Zinstheorie Lokkes. Um sie richtig zu verstehen, müssen wir uns vor Augen halten, daß Locke in seiner oben zitierten Schrift gegen die Forderung polemisiert, durch gesetzliche Vorschrift eines Maximalzinses – 4 % statt der damals üblichen 6 % – den Zins künstlich zu senken. Dadurch würde, so sagt er, das Geld nur aus dem Land getrieben, wodurch der Kredit verknappt und damit der Handel mehr geschädigt würde, als ihm der niedrige Zinssatz nützt.[32] Es komme vielmehr auf den »natürlichen« Zinsfuß an. Dieser aber werde durch Angebot und Nachfrage bestimmt.

An erster Stelle steht allerdings die Frage, wie sich überhaupt die Existenz des Zinses rechtfertigen läßt. Locke verteidigt den Zins gegen »die Meinung einiger mit zu vielen Skrupeln behafteter Leute (some over-scrupulous men)«,[33] womit er die Anhänger des scholastischen Zinsverbots meint.

Wie kommt es dazu, fragt Locke, daß Geld, das ja zunächst einfach eine Ware unter anderen ist, die gleiche Natur erhält wie Boden, indem es ein jährliches Einkommen abwirft, das wir Zins (use oder interest) nennen? Boden produziert ja etwas, das einen Nutzen hat und profitabel ist, aber Geld ist »unfruchtbar (a barren thing)« und »transferiert nur den Profit, welches der Lohn für die Mühen eines Mannes war, in die Taschen eines andern«.[34] Locke gibt eine sehr einfache Antwort:

Die Ursache des Zinses ist die ungleichmäßige Verteilung des Geldes.[35]

Diese Ungleichmäßigkeit hat den gleichen Effekt auf den Boden wie auf das Geld.

Wenn ich mehr Geld habe als ich in der Lage und willens bin, im Handel zu investieren, kann ich das Geld ausleihen; und wenn ein anderer weniger Geld hat, als er für den Handel brauchen kann, ist er willens, es zu borgen. Aber warum und aus welcher Überlegung heraus zahlt er Zins? Aus dem gleichen Grund, aus welchem der Pächter eine Rente zahlt für den Boden. (...) Mein Geld ist in der Lage, im Handel dem Kreditnehmer, wenn er sich entsprechend einsetzt, einen Ertrag von mehr als 6% zu erbringen, ebenso wie der Boden mit Hilfe der Arbeit des Pächters einen Erntewert erzeugen kann, der größer ist als die Rente.[36]

Zins ist also, das wird hier ganz deutlich, ebenso wie die Rente nichts anderes als die Teilhabe am Gewinn des Händlers bzw. des Pächters. Dieser Gewinn erklärt sich aber – wir kommen immer wieder darauf zurück – aus dem Grundcharakter der Erwerbs- und Handelswirtschaft, die Locke seinen Überlegungen zugrunde legt. Das heißt: Der Zins ist ebenso wie der Gewinn eine monetäre Größe. Er setzt die Kapitalisierung der Waren im Handel wie die Kapitalisierung des Bodens in der Landwirtschaft voraus, d. h. die Warenlager wie der Boden erscheinen primär unter dem Aspekt ihres Geld- bzw. Kapitalwerts und nur sekundär unter demjenigen ihres Gebrauchswertes oder ihrer natürlichen Produktivkraft.
Es liegt auf der Hand, daß unter diesen Umständen die Geldmenge eine große Rolle für die Bestimmung des natürlichen Zinsfußes spielen muß. Nach Auffassung Lockes besteht folgender doppelter Einfluß der Geldmenge auf den Zins: Einmal kommt es auf das Verhältnis zwischen Geldmenge und Umfang des Kredits an, zum anderen auf das Verhältnis von Geldmenge

zum Handelsvolumen; dabei ist unter Geld nach wie vor Gold und Silber zu verstehen.

Beim Verhältnis von Kreditvolumen und Geldmenge geht es, im heutigen Sprachgebrauch, um die Rolle des Geldes als Liquidität, über die der Darlehensgeber (die Banken) verfügen muß. Wenn alle Schulden gleichzeitig gekündigt würden oder alle Kreditnehmer gleichzeitig Geld (Gold oder Silber) brauchten, dann würde, so sagt Locke, der Zinssatz stark steigen. Dies wird allerdings, so meint er, selten der Fall sein. Grundsätzlich gilt aber doch, daß der Zinssatz um so weniger steigt, je größer die Geldmenge und damit die Liquidität ist, die hinter den Krediten steht. In diesem Zusammenhang geht es also um den Einfluß des Angebots von Geld bzw. von Kredit auf den Zins. Das Verhältnis von Geldmenge zum Handelsvolumen ist für Locke aber von größerer Bedeutung.

> Das, was ständig zu einer Erhöhung des Zinssatzes führt, ist, wenn die Geldmenge klein ist im Verhältnis zum Handelsvolumen. Denn im Handel verlangt jedermann nach mehr Geld als er selber besitzt, und diese Disproportion ist ständig fühlbar.[37]

Hier wird die Nachfrage nach Geld bzw. Kredit im Sinne der ausleihbaren Fonds angesprochen, die nötig sind, um den Handel zu betreiben. Je größer diese Nachfrage ist, um so höher steigt der Zinsfuß.

Aus dieser Gegenüberstellung müssen wir schließen, daß Locke in diesem Zusammenhang keine proportionale Entwicklung von Geldmenge und Preisen annimmt. Denn wenn dies der Fall wäre, würde ja die Nachfrage nach Geld für den Handel (Preis mal reales Handelsvolumen) im gleichen Ausmaß zunehmen wie das Angebot, und die Wirkung auf den Zinssatz wäre Null. Vielmehr wird offensichtlich vorausgesetzt, daß das Angebot an Geld oder an Krediten zuerst stärker steigt als der Handel und der Handel erst dank der höheren Kredite ausgedehnt werden kann.

Diese monetäre Zinstheorie wurde von der klassischen Ökonomie auf das heftigste bekämpft. Adam Smith sagt, die Merkantilisten – er nennt dabei ausdrücklich Locke – schienen sich gedacht zu haben, daß der Zufluß von Gold und Silber nach der Entdeckung des spanischen Westindiens die wahre Ursache des niedrigeren Zinsfußes in den meisten Ländern Europas gewesen sei (der Zinsfuß ist in dieser Zeit von 10% auf 6% in England und auf 5, 4 und 3% in anderen Ländern gesunken):

> Sie behaupten, beide Metalle seien nun weniger wert, so daß auch ihre Nutzung notwendigerweise an Wert einbüße und damit auch zwangsläufig der Preis, den man dafür bezahlen könne.[38]

Diese Überlegung ist jedoch falsch, stellt Adam Smith fest. Denn

> wenn hundert Pfund Sterling (. . .) jetzt keinen höheren Wert haben als ehemals fünfzig Pfund, so können zehn Pfund jetzt nicht mehr Wert haben als fünf Pfund ehemals. Welche Ursachen auch immer den Wert des Kapitals erniedrigen, es müssen notwendig eben dieselben auch den Zins erniedrigt haben, und zwar ganz in dem nämlichen Verhältnis. Das Verhältnis zwischen dem Werte des Kapitals und dem Zinssatz müßte das nämliche bleiben, wenn auch der Zinsfuß sich niemals änderte.[39]

Die Argumentation von Adam Smith ist richtig, insofern die Merkantilisten die Senkung des Zinsfußes mit der von Adam Smith zitierten Behauptung begründeten (auch Locke kann an einzelnen Stellen so gedeutet werden). Anderseits ist damit jedoch die grundsätzliche Position der Merkantilisten nicht erschüttert, denn ihnen geht es im wesentlichen – wie aus den oben zitierten Ausführungen Lockes deutlich hervorgeht – um die Erhöhung des Angebots an Krediten auf der Basis eines Geldzuflusses im Verhältnis zur stets wachsenden Nachfrage nach Krediten. Bezüglich dieser Grundsatzfrage verweist Adam Smith einfach auf Hume, der damit zum drittenmal als der eigentliche Gegenspieler des Merkantilismus erscheint. Adam Smith schreibt:

Diese Ansicht [über den Einfluß des Geldzustroms auf den Zinsfuß], auf
den ersten Blick ganz einleuchtend, hat Hume so gründlich widerlegt,
daß man wohl kein Wort mehr darüber zu verlieren braucht.[40]

Wenn wir nun Humes Aufsatz *Vom Zinsfuß* zu Rate ziehen, so
stellen wir fest, daß er die Höhe des Zinsfußes zum Teil mit den
gleichen Faktoren begründet wie Locke – nur mit dem Unterschied, daß er die Geldmenge aus dem Katalog dieser Faktoren
streicht:

Hohe Zinsen entspringen aus drei Umständen, aus starker Nachfrage
nach Darlehen, geringen Mitteln, diese Nachfrage zu befriedigen, und
großen, aus dem Handel entspringenden Gewinnen. Diese Umstände
sind ein deutlicher Beweis von dem geringeren Fortschritt des Handels
und der Industrie, nicht von der Seltenheit des Goldes und Silbers.[41]

Maßgebend für die Höhe des Zinssatzes ist insbesondere die
Ungleichheit des Eigentums: Die Bodenbesitzer mit einem
festen Einkommen hätten die Neigung zur Verschwendung, so
daß in einem Lande, in dem die Bodenbesitzer eine dominierende Rolle spielen, die Sparsamkeit gering, die Zahl der Bor-
ger groß und daher der Zinssatz hoch sei. Die großen oder geringen Mittel zur Deckung der Nachfrage hängen aber nach
Hume einfach davon ab, ob das Geld in wenigen Händen vereinigt sei, so daß große Kapitalien gebildet werden können, was
eine Senkung der Zinsen bewirke.[42] In diesem Zusammenhang
kommt Hume auf den dritten Faktor zu sprechen, der den Zinssatz beeinflußt:

Der Handel allein bringt beträchtliche Summen zusammen, und diese
Wirkung verdankt er schon dem Gewerbefleiß, den er hervorruft, und
der Sparsamkeit, die er einflößt, ohne daß dabei auf die etwaige Geldmenge, welche in dem betreffenden Staat umlaufen mag, irgend etwas
ankäme.[43]

Hume polemisiert im besonderen gegen den »allgemeinen
Irrtum im Betreff der Ursachen des niedrigen Zinsfußes«,

nämlich gegen die Auffassung, daß ein plötzlicher Erwerb von Geld oder Edelmetallen infolge einer Eroberung zu einer Senkung des Zinssatzes geführt hat. Zwar gibt er zu, daß der Zinssatz in Spanien unmittelbar nach der Entdeckung von Amerika fast um die Hälfte fiel und er seit jener Zeit in den Ländern Europas stets im allmählichen Sinken begriffen gewesen ist. In Rom sei der Zinsfuß nach der Eroberung von Ägypten von 6 auf 4% gefallen. Aber nicht die erhöhte Geldmenge sei daran schuld, sondern daß bei Eroberungen das erworbene Geld immer zuerst in wenige Hände falle und damit die Zahl der Darleher sich erhöhe, die

> entweder durch Ankauf von Grund und Boden oder durch Zinsen sichere Revenuen suchen.[44]

Wenn sich aber das Geld danach allmählich wieder verteile und sich die Erhöhung der Preise fühlbar mache, dann werde der hohe Zinssatz wieder zurückgehen. So sei zur Zeit des Tiberius der Zinssatz wieder auf 6% gestiegen.

> Und wenn der Zinsfuß in Spanien nicht zu seiner alten Höhe stieg, so kann dies keinem andern Umstande zugeschrieben werden, als dem Andauern derselben Ursache, welche ihn zum Sinken brachte, nämlich der großen Schätze, die fortwährend in Amerika gesammelt wurden und von Zeit zu Zeit nach Spanien herüberkamen und die Nachfrage der Borger befriedigten. Durch diese zufälligen und gleichsam auswärtigen Ursachen gibt es in Spanien mehr Geld zu verleihen, das heißt: es ist mehr zu großen Summen vereinigt, als es sonst in einem Lande wäre, das so wenig Handel und Gewerbe besitzt.[45]

Diese Argumentation Humes ist kaum einleuchtend. Es ist nicht einzusehen, warum nicht – wie es Locke behauptet – das Verhältnis von Geldmenge und Geldkonzentration von Bedeutung sein soll, d. h. sowohl die Tatsache, daß sich Geld an bestimmten Stellen, z. B. bei den Banken sammelt, als auch das Ausmaß der vorhandenen Liquidität. Das heißt: es geht auch um die Menge des Geldes und damit des Geldangebots. Überall entscheidet die Höhe des Angebots und nicht nur die Dringlichkeit desselben über den Preis.

Wir kommen immer wieder zum Schluß, daß es um die Grundsatzfrage geht, ob das Geld, wie es Hume behauptet, in der Hauptsache nur einen »eingebildeten Wert« hat, oder ob das Geld, wie es Locke darstellt, eine selbständige Rolle im Wirtschaftsprozeß spielt. Wenn das Geld an sich keine Bedeutung hat, darf sie selbstverständlich auch die Geldmenge nicht haben; wenn aber das Geld an sich schon die Struktur der Wirtschaft und des Wirtschaftsprozesses verändert, dann wird sicher das Ausmaß dieser Veränderung durch die Geldmenge mitbestimmt werden.

IV

Während John Locke den merkantilistischen Ansichten über Geld und Wirtschaft im wesentlichen die theoretische Basis gegeben hat, so haben diese Ansichten doch erst in der Form ihre große Bedeutung erhalten, mit der sie John Law in seinen vielen Memoranden der Öffentlichkeit unterbreitet hat.

Wir beschränken uns auf die Behandlung derjenigen Aspekte, die für unsere Anliegen von besonderer Bedeutung sind. Dabei beziehen wir uns vor allem auf sein Hauptwerk *Money and Trade,* das 1705 bei Gelegenheit der Umgestaltung der Bank von Schottland entstanden ist[46], und sein *Mémoire sur les Banques* vom Juli 1715, in dem er sein »System«, das nachher in Frankreich praktiziert wird, begründet.[47]

Die Lockesche Lehre, auf die sich Law immer wieder bezieht, wird von Law in zweierlei Richtung fortentwickelt, nämlich

▶ im Hinblick auf die ökonomische Begründung des Papiergelds und

▶ im Hinblick auf die Begründung der produktiven Kraft des Geldes bzw. des Kredites.

Beide Problemstellungen hängen insoweit zusammen, als eine Vermehrung des Reichtums durch die produktive Kraft des Geldes in dem Ausmaß, wie es sich Law vorstellt, nur möglich ist, wenn die Geldmenge weit über den allfälligen Zufluß von Gold und Silber und unter Umständen auch ohne einen solchen Zufluß ausgedehnt werden kann. Umgekehrt ist eine Ausdehnung der Geldmenge nur dann sinnvoll, wenn sie auch reale Auswirkungen auf die Wirtschaft hat und nicht einfach in Preiserhöhungen verpufft.

Wie kann man aus wenig Geld in Form von Gold und Silber mehr Geld in Form von Banknoten (und allenfalls in Form von Giralgeld) machen? Das ist die entscheidende Frage. Durch seine Antwort darauf weist sich Law zweifellos als bedeutender Ökonom aus, der sich damit weit über das Niveau der vielen Projektemacher der damaligen Zeit (der Law selbstverständlich auch ist) erhebt. Er ist keineswegs der Meinung, daß einfach der Stempel der Regierung genügt, um aus einem wertlosen Papier einen wertvollen Geldschein zu machen. Vielmehr geht er von der Funktion des Geldes als Zahlungsmittel aus und begründet die Substitution der Edelmetalle – bei ihm steht das Silber im Vordergrund – durch das Papiergeld aus dieser Zahlungsfunktion heraus.[48]

Ausgangspunkt seiner Überlegungen ist die »Massengewohnheit der Annahme« von Silber als dem marktgängigsten Gut und die sich daraus ergebende Entwicklung dieses Konsumguts zum Geld – ein Gedanke, den im besonderen die österreichische Schule später vertreten hat. Carl Menger nennt daher auch Law den »Begründer der richtigen Theorie vom Ursprung des Geldes«.[49] Im einzelnen argumentiert Law in folgender Weise: Als Ware besaß Silber einen Wert nach Maßgabe seines Nutzens für nichtmonetäre Zwecke.

> Silber hatte als Metall einen Wert im Tauschprozeß im Verhältnis zu anderen Gütern, gemäß dem Gebrauch, den man von diesem Metall machte.[50]

Diesen Wert hatte Silber zuerst auch als Geld behalten.

> Der zusätzliche Nutzen, den das Silber dank seiner Funktion als stellvertretendes Gut als Zahlungsmittel bekam, mußte aber notwendigerweise

seinen Wert erhöhen, denn es half über die Nachteile und Schwierigkeiten des Tauschhandels hinweg. Wenn sich auf diese Weise die Nachfrage nach Silber erhöhte, erhielt es einen zusätzlichen Wert entsprechend der höheren Nachfrage, die aus seiner Verwendung als Geld folgte.[51]

(Diese These wurde allerdings auch schon von anderen Merkantilisten vertreten, so insbesondere von Montanari und North, die jedoch von Law – im Gegensatz etwa zu Locke – nicht erwähnt werden.)[52]

Dabei ist hervorzuheben, daß nach Law der Zusatzwert ebensowenig imaginär ist wie dessen ursprünglicher Gebrauchswert:

> Dieser Zusatzwert, den Silber wegen seiner Eigenschaft als geeignetes Geldmittel erhalten hat, hat seinen Ursprung in den gleichen Qualitäten, die es für den unmittelbaren Gebrauch als Metall geeignet gemacht haben.[53]

Trotzdem ergibt sich aus der Tatsache, *daß nun der Tauschwert des Silbers über dem Gebrauchswert liegt,* die Möglichkeit, den wertvollen Stoff – das Silber – sozusagen unter dem Tauschwert hervorzuholen und ihm einen anderen, billigeren Stoff – z. B. Papier – zu unterschieben. Voraussetzung ist allerdings, daß das Vertrauen in die Weitergebbarkeit des Geldes, das sich beim Silber aus seinem Stoffwert ergibt, in anderer Weise aufrechterhalten werden kann, und außerdem die Eignung des betreffenden Geldes als Zahlungsmittel – die leichte Übertragbarkeit – wenn möglich noch gesteigert wird. Sind diese Voraussetzungen gegeben, dann hat der Emittent des billigen Geldes einen doppelten Vorteil: Die Produktionskosten sinken und die Nachfrage steigt. (Vgl. Exkurs S. 156 f.)

Wie kann nun dieser Prozeß der Substitution so vor sich gehen, daß das Vertrauen in das Substitut erhalten bleibt und das System nicht zusammenbricht? Law hat sich verschiedene Antworten zu dieser Frage einfallen lassen, aber die Grundidee ist immer die gleiche, nämlich: durch das In-Verkehr-Setzen von Banknoten auf dem Weg des Bankkredits. Zu diesem Zweck muß neben den üblichen Depositenbanken, die nur soviel Darlehen geben wie Gelder bei ihnen einbezahlt werden, Emissionsbanken gegründet werden, die ihren Kredit mindestens zum Teil in Form von Papiergeld geben, das nicht voll gedeckt ist. In seinem Plan von 1705 hebt er hervor, daß vorläufig die Einlösbarkeit der Banknoten in Silber aufrechterhalten bleiben kann,

> weil die Bequemlichkeit der Banknoten im Handel so groß ist, daß die Händler lieber diesbezüglich ein Risiko eingehen, als mit Münzen zu zahlen.[54]

Exkurs

Wenn wir das Instrumentarium der Angebots- und Nachfragekurven zu Hilfe nehmen, so können wir die Vorstellungen von Law folgenderweise interpretieren: Ausgangspunkt ist das reale Austauschverhältnis zwischen Silber und den übrigen Waren (die wir uns in einem Warenkorb zusammengefaßt denken) in einer Naturalwirtschaft. Durch die Monetarisierung des Silbers, d. h. die zunehmende Bereitschaft, Silber als stellvertretendes Gut, das man nicht selber braucht, sondern im nächsten Tauschakt weitergibt, zu verwenden, verstärkt sich die Nachfrage nach Silber (Verschiebung der Nachfragekurve nach rechts). Dadurch wird eine erhöhte Silberproduktion provoziert (Erhöhung des Angebots entlang der Angebotskurve).

Danach werden durch die Substitution von Silber durch Papiergeld die Produktionskosten des Geldes – auch unter Berücksichtigung der Bereitstellung von Mitteln, die zur Aufrechterhaltung des Vertrauens in das Papiergeld dienen – gesenkt (Verschiebung der Angebotskurve nach rechts); gleichzeitig wird die Übertragbarkeit des Geldes verbessert und damit die Nachfrage nach Geld verstärkt (nochmalige Verschiebung der Nachfragekurve nach rechts). Auf diese Weise werden immer mehr Waren in den Geldkreislauf einbezogen. Das reale Handelsvolumen steigt mit der Geldmenge an.

Dieser Prozeß kann in zwei Stufen dargestellt werden (siehe Abb. 10 und Abb. 11).

Durch die Monetarisierung des Silbers erhöht sich der Preis des Silbers

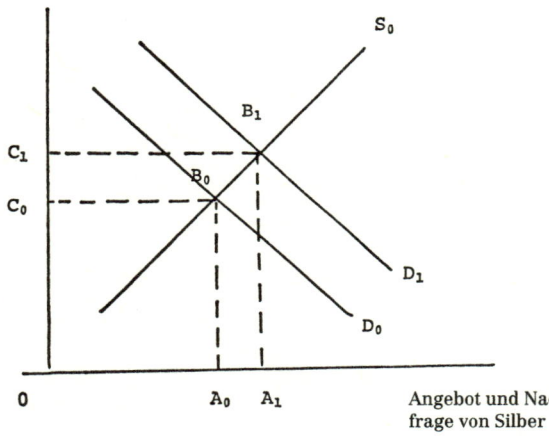

S_0 = Angebot von Silber

D_0 = Nachfrage von Silber als Gebrauchsgut (Konsumgut)

D_1 = Nachfrage nach Silber als Gebrauchsgut (Konsumgut) *und* als Tauschmittel (Geld)

Abb. 10: Einführung der Geldwirtschaft: Monetarisierung des Silbers

von OC_0 auf OC_1. Die Menge des Silbers steigt von OA_0 auf OA_1, und die Menge der Waren, die gegen Silber ausgetauscht werden (das reale Handelsvolumen) von $OA_0B_0C_0$ auf $OA_1B_1C_1$.

Es ist anzunehmen, daß sich die Angebotskurve stärker verschiebt als die Nachfragekurve (deutliche Senkung der Produktionskosten). In diesem Fall gilt: Der Geldwert sinkt von OC_1 auf OC_2, das Geldangebot erhöht sich von OA_1 auf OA_2, und die Gesamtmenge der Waren, die gegen Geld ausgetauscht werden (das reale Handelsvolumen), erhöht sich von $AO_1B_1C_1$ auf $OA_2B_2C_2$ (die Geldmenge steigt stärker als der Geldwert sinkt!).

157

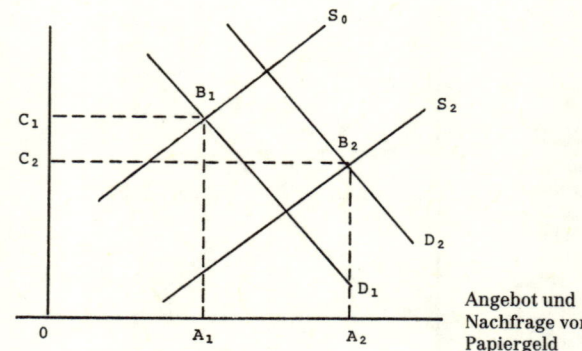

S_0 = Angebot von Silber

S_2 = Angebot von Papiergeld: die Angebotskurve verschiebt sich nach rechts in dem Ausmaß, wie die Produktionskosten sinken und die Geldmenge sich ausdehnen kann, *ohne daß die Annahmebereitschaft des Notengeldes verloren geht*

D_1 = Nachfrage nach Silber als Gebrauchsgut (Konsumgut) *und* als Tauschmittel (Geld)

D_2 = Nachfrage nach Papiergeld: die Nachfragekurve verschiebt sich nach rechts in dem Ausmaß, wie die einfachere Übertragbarkeit des Papiergeldes den Zahlungsverkehr und damit den Geldumlauf erleichtert.

Abb. 11: Ausweitung der Geldwirtschaft: Substitution und Ergänzung von Silber durch Papiergeld

*

Außerdem möchte Law das Papiergeld auf Grund und Boden fundieren. Konkret besteht sein Plan darin, die nominale Werteinheit der Noten rechnerisch an die reale Werteinheit des Bodens anzulehnen, wobei er für die letztere einen Ausdruck im herrschenden Preis des Silbergeldes findet. Darüber hinaus sollen die Banknoten gesetzliche Zahlungskraft erhalten. Für die Notenausgabe bleiben gewisse institutionelle Beschränkungen bestehen. Mit der Erhöhung der Kredite ist nach Auffassung von Law auch eine Senkung des Zinssatzes verbunden.

Der Bodengeldplan wurde nicht verwirklicht. Der entscheidende Gedanke des 1717 in Frankreich zur Durchführung gelangten Bankprojekts – der 1717 gegründeten Banque Générale, die 1719 in die Banque Royale umgewandelt wurde – war ein anderer: Statt des Bodens sollten Aktien die Sicherheit der Noten gewährleisten. Gleichzeitig übernahm die Emissionsbank den größten Teil der Staatsschuld. Den Hintergrund dieses Projektes bildete das sogenannte Lawsche System, in dem sich Emissionsbank, Handelskompagnien und Staat gegenseitig stützten. Die Aktien der Handelskompagnien bildeten das Grundvermögen der Emissionsbank und dienten somit neben Gold und Silber und der Staatsschuld der Deckung der Banknoten. Die Aktien ließen sich um so besser verkaufen, als sie mit Noten der Emissionsbank bezahlt werden konnten. Law gründete bzw. übernahm zu diesem Zweck im Rahmen seines Systems die Compagnie d'Occident (Mississippigesellschaft) und die Compagnie des Indes.

Die Sicherung der Noten der Banque Générale bzw. der Banque Royale wurde somit faktisch gewährleistet durch die Gewinne dieser beiden Handelskompagnien und dem sich daraus ergebenden Kurswert ihrer Aktien. Diese Sicherheit galt als so groß, daß Law sogar einen Teil der Noten – die Livres (im Gegensatz zu den billets d'espèces) – als uneinlösbare Noten ausgab und so die zusätzliche Sicherung durch Gold und Silber fallenlassen konnte.

Die eigentliche Substitution der Edelmetalle durch das Papiergeld hängt also zusammen mit der Kapitalisierung des Geldes: An die Stelle des Edelmetalls, das durch Stoffwert und den damit verbundenen Gebrauchswert gestützt wird, tritt das Papiergeld, das vom Aktienkapital der Handelskompagnien bzw. von den darauf bezahlten Dividenden getragen wird.

Das Funktionieren dieses Systems setzt natürlich voraus, daß die Erhöhung der Geldmenge nicht einfach nur zu einer Erhöhung der Preise führt, sondern tatsächlich in das Räderwerk der Wirtschaft eingreift. Es kommt also darauf an, daß die Erhöhung der Geldmenge zu einer Erhöhung des Handelsvolumens bzw. des realen Sozialprodukts führt. Welches ist die Stellung Laws zu dieser Frage? Auf den ersten Blick ist sie ebenso widersprüchlich, wie es die Antwort Lockes war.

Auch bei Law ist der Ausgangspunkt die Quantitätstheorie. Sie besagt aber in ihrer einfachsten Form nur, daß das Gesetz von Angebot und Nachfrage auch auf das Geld zutrifft und daß daher Geldangebot und Geldnachfrage einen Einfluß auf den Geldwert haben. Dabei geht Law

> von der Auffassung aus, die sich schon bei Davanzati formuliert vorfindet und die in der Folge für viele geldtheoretische Autoren des 17. und 18. Jahrhunderts typisch ist, von jener Auffassung nämlich, die die gesamte Geldmenge der Gesamtheit der Güter gleichsetzt, so daß ein einzelnes Geldstück einen der Geldmenge entsprechenden Bruchteil der Gütermenge darstellt.[55]

Diese Überlegung hat wie bei Locke einen eher mechanistischen Charakter im Sinne der komparativen Statik. Immerhin wird sie von Law auch benützt zur Erklärung der großen Preissteigerungen infolge des Zuflusses der Silbergeldmengen aus der Neuen Welt. Diese Erklärung endet mit der Feststellung:

> Silber wird weiter im Wert fallen, wenn seine Menge ansteigt, die Nachfrage nach Silber sich aber nicht im gleichen Verhältnis erhöht.[56]

So selbstverständlich diese Feststellung erscheint, so gewinnt sie doch an Relief, wenn man die Erklärung liest, die ihr Law hinzufügt:

> Denn die Erhöhung der Silbermenge hängt nicht ab von der Nachfrage.[57]

Für Papiergeld gilt dies nach der Auffassung Laws nicht:

> Gemäß den vorgeschlagenen Methoden ist die Menge [des Papiergeldes] immer gleich seiner Nachfrage. Sie wird daher die gleiche Menge Güter in 50 Jahren kaufen wie heute.[58]

Der Grund dafür ist der, daß das Papiergeld über den Kredit in Umlauf kommt, und mit dem Kredit auch die Produktion und der Handel erhöht werden – eine Vorstellung, die in abgewandelter Form später von der Banking-School aufgegriffen wurde. Mit dieser Auffassung bricht Law eindeutig aus der Quantitätstheorie aus, auch wenn er sie rein formal beibehält. Entscheidend ist hier die Betonung des kausalen Zusammenhangs zwischen Geldmenge und Reichtum. Das Handelsvolumen steigt nicht parallel zum höheren Geldvolumen, sondern wegen des höheren Geldvolumens. Law begründet damit den Satz, der den Kernpunkt seiner ganzen Lehre darstellt:

Ein Zuwachs der Geldmenge erhöht den Wert des Landes (An Addition to the Money adds to the Value of the Country).[59]

Dabei umschreibt er den Begriff Wert (Value) mit Nationalreichtum (National Wealth).

Im Gegensatz zu Locke steht nun aber für Law nicht die internationale Umverteilung im Vordergrund, derzufolge das eine Land so viel gewinnt wie das andere verliert (obwohl sich Law ähnlich wie Locke von einer Steigerung der Geldmenge im eigenen Land und demzufolge höheren Preisen eine positive Auswirkung auf die Zahlungsbilanz verspricht), sondern die Steigerung des Gesamtwohlstandes im einzelnen Land und in der Welt. Dabei geht es nicht nur um den Beschäftigungseffekt im engeren Sinn, obwohl ihn Law stark betont, sondern um die Förderung der Produktionskräfte überhaupt, um die Eröffnung neuer Handelswege, die Kolonisierung der Neuen Welt und die Erschließung neuer Rohstoffquellen, also um das wirtschaftliche Wachstum schlechthin. Jede Geld- und Kreditexpansion ist daher für ihn, volkswirtschaftlich gesehen, ein Gewinn, da damit schlummernde Produktionskräfte aus dem Schlaf geweckt werden und zu arbeiten beginnen. Law benützt auch den Vergleich von Geld und Blut: So wie das Blut im Körper zirkuliert, um den einzelnen Körperteilen Nahrung zu-

zuführen, so muß das Geld überall im Staat zirkulieren, um die Wirtschaft zu beleben und in Gang zu halten. Die Emissionsbank aber ist, im Bereich der Wirtschaft, das Herz des Staates.[60] Mit diesem Bild führte Law den Begriff der *Zirkulation* in die Nationalökonomie ein.

Dieser Auffassung Laws von der weitgehenden Identität von Geld und Kredit bzw. Kapital ist wiederum die Ansicht der Klassik, die sich später in der Currency-Schule niedergeschlagen hat, gegenüberzustellen, nach der die Schaffung von Banknoten und die Gewährung von Krediten zwei völlig verschiedene Funktionen einer Bank sind. Dies kommt besonders deutlich bei Ricardo zum Ausdruck, dessen Vorschläge für eine staatliche Emissionsbank bekanntlich später zur Peelschen Bankreform von 1844 geführt haben, dergemäß die Bank von England in zwei Departments – das Currency Department und das Banking Department – aufgeteilt wurde. Das Edelmetall, nach dessen Menge sich die Papiergeldausgabe richten soll, hat für Ricardo die Bedeutung eines Wertmaßstabes.

> Der einzige Nutzen eines Wertmaßstabs ist es, die Menge des Geldes und mittels der Menge den Wert zu regulieren.[61]

Man kann sich wohl keinen schärferen Gegensatz als den zwischen den Ansichten Ricardos und denjenigen Laws vorstellen! Die Einführung des »Systems« im Jahr 1717 führte tatsächlich zu einer starken Belebung der Wirtschaft. Die Gründung von New Orleans in Amerika, der Stadt Lorient in Frankreich, die Kolonisierung des Mississippi-Gebiets, die Intensivierung des Schiffahrtsverkehrs und eine allgemeine Zunahme der Beschäftigung waren die unmittelbaren Folgen. Law selber stellte fest:

> Es gab keine Bankrotte mehr in Frankreich, Industrie und Handel waren wiederhergestellt; die Manufakturen erhöhten ihre Produktion um das Zwei- bis Fünffache. Die Böden, die seit langer Zeit brach gelegen waren, wurden wieder unter den Pflug genommen, alle Hände arbeiteten; man nahm sogar die Armen aus den Asylen heraus, um sie zu beschäftigen.[62]

Das »System« brach zusammen, als das Spekulationsfieber die

Aktienkurse der Compagnie des Indes so hinaufgetrieben hatte, daß eine Dividende von 40% auf den Nominalwert der Aktie bei stark gestiegenem Kurswert nur noch einem Gewinn von 2⅔% entsprach. Dieses Ergebnis erweckte Mißtrauen, und man begann, die Aktien und Banknoten zu verkaufen, um sie in Sachwerten wie Grundstücke, Edelsteine, Waren usw. anzulegen. Offensichtlich war das Geld, das die Bank geschaffen hatte, in größerer Proportion zum Kauf von Aktien verwendet worden als zum Kauf von Produkten, aus denen die Handelskompagnien ihre Gewinne zogen! Die Gewinne konnten daher der Steigerung der Aktienkurse nicht folgen. Man könnte vielleicht von einem ›Overshooting‹ der Aktienkurse sprechen. Dazu kamen äußere Ursachen wie insbesondere die Problematik einer zu hohen Staatsschuld, die auf der Bank lastete, unglückliche Versuche zur Rettung der Bank, die die Situation verschlimmerten statt verbesserten (Law war eine Zeitlang von der Leitung der Bank suspendiert), sowie schließlich der Ausbruch der Pest in Südfrankreich, die das Publikum zu umfassenden Silber- und Goldentziehungen veranlaßte. Zweifellos aber hatte Law vor allem nicht bedacht, daß nicht jeder Kredit für produktive Zwecke verwendet wird und die Aufblähung der Geldmenge – der Notenumlauf betrug auf dem Höhepunkt 2845 Millionen Livres, wovon nur 49 Millionen in Gold und Silber gedeckt waren – sehr bald zu Preissteigerungen führen mußte. Der Getreidepreis erhöhte sich denn auch von 100 im Jahr 1717 auf 189 Punkte im Jahr 1720, dem Ende des Systems. Knapp viereinhalb Jahre nach seiner Gründung mußte das Experiment aufgegeben werden.

V

Um die Bedeutung der merkantilistischen Ansichten über das Geld richtig zu würdigen, müssen wir uns vor Augen halten, daß in der Folge in der Theorie die Klassik über den Merkantilismus, in der Praxis aber der Merkantilismus über die Klassik gesiegt hat. Das Scheitern des Lawschen Experiments war zweifellos eine der Hauptursachen, warum die merkantilistische Lehre diskreditiert war und die klassisch genannte Lehre von der Wirtschaft entstand, in der das Geld nicht mehr regiert, sondern höchstens noch die Rolle einer Dienerin spielt. Dabei darf man aber nicht vergessen, daß zwar mit dem Ende des Lawschen Experiments die merkantilistische Entwicklung des Geldwesens in Frankreich vorläufig ihren Abschluß fand, daß sie aber in England ungebrochen aufrechterhalten blieb. Die Bank von England, die 1694, also 20 Jahre vor dem Lawschen Experiment, gegründet worden war, überstand die Spekulationsstürme, die auch über sie hinwegfegten, und entwickelte sich zur Bank der Banken, in gewissem Sinne zu einer Weltbank, und damit zum Grundpfeiler der gesamten Geld- und Währungsordnung der heutigen Welt. Diese Ordnung ist, auch wenn immer wieder versucht wurde, sie den klassischen Grundlagen anzupassen, in Wirklichkeit durch und durch merkantilistisch. Der einzige wesentliche Unterschied zum Lawschen Experiment besteht darin, daß das, was Law in zwei bis drei Jahren zustande bringen wollte, schließlich zwei- bis dreihundert Jahre zu seiner vollen Ausbildung gebraucht hat.

Die Bank von England ist eine eindeutig merkantilistische Gründung. Wenn Law sagt:

> Der Gebrauch der Banken hat sich als die beste Methode erwiesen zur Erweiterung der Geldmenge,[63]

so erinnert diese Feststellung an den berühmten Satz von William Petty, der in seiner 1682 erschienenen Schrift *Quantulumcunque Concerning Money* auf die Frage »Welches Heilmittel gibt es, wenn wir zu wenig Geld haben?« antwortet:

> Wir müssen eine Bank errichten, die, recht geschätzt, den Effekt unseres gemünzten Geldes fast verdoppeln wird: Und wir haben in England Material für eine Bank, welche eine genügende Geldmenge (Stock) bereitstellen wird, um den ganzen Welthandel (the Trade of the whole Commercial World) zu finanzieren.[64]

164

Diese Auffassung war die Grundlage für die nach den Plänen von William Patterson errichtete Bank von England, deren typisch merkantilistische Züge in der Gewährung eines Privilegs zur Gründung einer Gesellschaft mit beschränkter Haftung der Anteilszeichner, also einer Kapitalgesellschaft, und in der Ausstattung dieser Gesellschaft mit einem zuerst beschränkten, dann fast ausschließlichen Notenmonopol bestanden. Dieses Notenmonopol überstand alle liberalen, antimerkantilistischen und antimonopolistischen Bestrebungen; es mußte schließlich auch von der klassischen Schule geduldet werden. Der Monopolcharakter wurde sogar noch durch die Ausstattung der Noten der Bank von England mit gesetzlicher Zahlungskraft im Jahre 1833 gesteigert. Es gelang zwar in der Mitte des 19. Jahrhunderts, mit Hilfe der Peelschen Bankakte, die Notenausgabe gemäß den quantitätstheoretischen Vorstellungen der Klassiker bzw. der Currency School zu begrenzen, indem über eine beschränkte fiduziäre Notengeldmenge hinaus eine vollständige Golddeckung der Noten verlangt wurde, aber die fiduziäre Notenausgabe wurde immer wieder erhöht und ist heute praktisch identisch mit der gesamten Notengeldmenge.

Charles Rist hat in seiner *Geschichte der Geld- und Kredittheorien* versucht, einen Unterschied zwischen den Noten der Bank von England und denjenigen der Banque Royale von Law in dem Sinne zu konstruieren, daß jene einlösbar und daher in Wirklichkeit nur Kredit seien, während diese von vornherein als nicht einlösbar geplant waren und deswegen Geld – eben Papiergeld – darstellten.[65] Seit der Aufhebung der Einlösbarkeit der Banknoten im Jahre 1931 ist diese Unterscheidung jedoch hinfällig geworden!

Eine gewisse Differenz zwischen dem »System« von Law und dem heutigen Bankensystem ist allerdings festzustellen. Während Law die Emissionsbank gleichzeitig mit der Finanzierung des Staates und der Finanzierung des Handels in Form der Übernahme von Aktien oder auch in Form von Krediten betraute (die Depositenbanken spielten in seinem System nur eine sekundäre Rolle), haben wir heute ein zweistufiges Bankensystem und damit eine gewisse Arbeitsteilung zwischen Zentralbank und Geschäftsbanken. Während die Zentralbank die Noten in Umlauf bringt und indirekt durch Ankauf von Staatstiteln am Markt einen großen Teil der Staatsschuld finanziert, stellen die Geschäftsbanken Geld in Form von Sichteinlagen (Giralgeld) zur Verfügung und finanzieren mittels Krediten (inkl. Obligationen) und der Übernahme von Aktien vor allem Handel und Industrie. Dieser Unterschied ist allerdings nicht allzu wesentlich. Es ist anzunehmen, daß die Bilanz der Banque Royale der konsolidierten Bilanz unseres heutigen Bankensysems sehr ähnlich sah. Auf der Aktivseite erscheinen in beiden Fällen neben Gold und Silber Staatskredite, Handelskredite und Aktien, nur auf der Passivseite werden die (nicht einlösbaren) Banknoten heute ergänzt durch Sichteinlagen (Giralgeld).

Das englische System wurde von der ganzen Welt kopiert. Noch besteht allerdings keine Welt-Zentralbank, und solange dies nicht der Fall ist, müssen die Wechselkurse der nationalen Währungen untereinander flexibel sein oder die Banknoten bzw. die Guthaben bei den Zentralbanken für den Verkehr zwischen den Zentralbanken in gewissem Sinne einlösbar bleiben. Es braucht also weiterhin eine gewisse Deckung des Zentralbankengeldes in Gold. Immer mehr wird aber das Gold durch künstlich geschaffene Reservemedien internationaler Organisationen wie des Internationalen Währungsfonds oder des Europäischen Währungssysems ersetzt. Damit ist das Lawsche System, nämlich die Substitution von Stoffgeld (Gold) durch Papiergeld (oder Giralgeld), das der beliebigen Ausdehnung fähig ist, auch im Weltmaßstab weitgehend verwirklicht – allerdings auf der Basis nicht des französischen, sondern des englischen Experiments. (Diese Feststellung schließt nicht aus, daß bei fehlender internationaler Verständigung das Gold plötzlich wieder eine entscheidende Bedeutung erhalten wird; diese

Möglichkeit besteht grundsätzlich, solange kein Weltstaat existiert.)

Heute wird der Gegensatz zwischen merkantilistischen und klassischen Auffassungen gerne mit dem Gegensatz zwischen Keynesianismus und Monetarismus identifiziert. Charles P. Kindleberger hat in seinem Aufsatz *Keynesianism vs. Monetarism in eighteenth- and nineteenth-century in France*[66] einen interessanten Beitrag dazu geleistet. Gemäß den Keynesianern hat die stete Ausdehnung der Geldmenge wesentlich zur Tiefhaltung des Zinsfußes im jahrhundertelangen Trend beigetragen und die Ausdehnung des Welthandels und das wirtschaftliche Wachstum mit Vollbeschäftigung provoziert. Gemäß den Monetaristen war die Erhöhung der Geldmenge nur insoweit von Nutzen, als sie im Gleichschritt mit der Erhöhung der Produktion erfolgte und so eine Störung der Geldversorgung vermieden wurde; wenn sie darüber hinausging, bewirkte sie nichts anderes als Inflation.

Heute hat der auf den klassischen Anschauungen aufbauende Monetarismus angesichts der tatsächlich zunehmenden inflationären Tendenzen zu einem Großangriff auf die keynesianische bzw. merkantilistische Geldpolitik angesetzt. Wird er Erfolg haben? Es ist anzunehmen, daß dies nur dann möglich ist, wenn man die wirklichen Motive der Geldvermehrung versteht, wie sie die Merkantilisten, allen voran John Locke, so deutlich dargestellt haben.

In der Geldvermehrung scheint immer so etwas wie Zauberei zu liegen. Als der Prinz von Orléans, der Regent Frankreichs nach dem Tode Ludwigs XIV. und Erbe seiner riesigen Staatsschuld, Law nach Paris holte, um ihm diese Schuld abtragen zu helfen (ohne daß der Regent sich wesentlich einschränken oder sparen mußte), entließ er im gleichen Augenblick die Alchimisten, die er bis dahin an seinem Hof beschäftigt hatte. Die Schaffung von Papiergeld schien ihm offensichtlich eine erfolgversprechendere Methode der Geldvermehrung zu sein als die Schaffung von Gold mit Hilfe des ›Steins der Weisen‹. Aber um die künstliche Geldvermehrung ging es so oder so. Ist also nicht das Experiment von Law – so fragen wir uns in Abwandlung eines Wortes von Clausewitz – einfach »eine Fortsetzung der Alchimie mit anderen Mitteln«? Und wenn auch das neoalchimistische Experiment Laws scheiterte, ist das entsprechende Experiment in England nicht gelungen und hat es nicht von dort aus immer weitere Kreise gezogen? Könnte es uns dann nicht so gehen wie dem Zauberlehrling in Goethes Ballade, der wußte, wie man die alchimistische Vermehrungs-Maschinerie in Gang setzt, aber das Wort nicht kannte, das sie wieder zum Stillstand bringt?

Der Unwert der Natur –
Zur Ausklammerung der Natur
aus der Produktionsfunktion
in der ökonomischen Theorie

Produktion aus dem Nichts – die Produktionsfaktoren

Seit der industriellen Revolution hat sich die Wirtschaft zu einem alles beherrschenden System entwickelt, das die natürliche Umwelt mehr und mehr belastet und zurückdrängt. Der Tatsache des zunehmenden Ressourcenverbrauchs und der Verschmutzung des Bodens, des Wassers und der Luft wurde aber in der ökonomischen Theorie kaum Beachtung geschenkt. Im Zentrum der modernen makroökonomischen Theorie steht eine Produktionsfunktion, welche das Sozialprodukt nur von Produktionsfaktoren abhängig macht, die als ausschließliche Leistungen des Menschen angesprochen werden können. Diese Produktionsfunktion wurde zur tragenden Grundlage der heutigen Wirtschaftspolitik, die auf die Generallinie des wirtschaftlichen ›Wachstums‹ ausgerichtet ist und alle übrigen Ziele nur anerkennt, wenn sie sich in diese Generallinie einordnen lassen. Wirtschaftliches Wachstum wurde dabei identifiziert mit einer konstanten, möglichst hohen Wachstumsrate des Sozialprodukts. Dieses exponentielle Wachstum scheint grundsätzlich keiner Beschränkung unterworfen zu sein.

Die orthodoxe Produktionsfunktion der ökonomischen Theorie wurde nach dem Zweiten Weltkrieg in zwei Stufen entwickelt. In einer ersten Stufe wurde das Sozialprodukt (P) allein als Resultat von nur zwei Produktionsfaktoren aufgefaßt, nämlich als Resultat der Arbeit (A) und des Kapitals (K). Die entsprechende makroökonomische Produktionsfunktion lautete somit:

$$P = f (A, K)$$

Arbeit wird bei gegebenem Arbeitspotential (Bevölkerung) als Leistung des Fleißes, Kapital als Resultat des Sparens und damit als eine Leistung des Konsumverzichts angesehen. Diese Produktionsfunktion ist also bereits Ausdruck einer weitgehenden Leistungsorientierung und beinhaltet als solche die Vorstellung, das Ausmaß der Produktion und seine immer weitergehende Steigerung sei in das Belieben des Menschen bzw. seiner Leistungsfähigkeit gestellt. »Arbeite und spare, dann wirst du Erfolg haben«, fordert sie den Menschen auf, »dann darfst du aber auch stolz sein auf deine Leistung, weder Gott noch die Natur hat dir dabei geholfen.« Die Tatsache, daß der Mensch nicht aus Nichts, sondern nur aus Etwas produzieren kann, das er der Natur bzw. der Umwelt und damit einem Produktionspotential entnimmt, das er nicht selber schaffen kann, und daß er auch im Produktionsprozeß immer mit der Natur zusammenarbeiten muß, wurde schon in dieser Formulierung vernachlässigt. Nur die Tatsache, daß das Arbeitspotential vom Bevölkerungswachstum und damit auch von nicht dem menschlichen Leistungswillen unterstellten Faktoren – u. a. vom Vorhandensein eines genügenden Nahrungsspielraums – abhängt, verband diese Produktionsfunktion noch mit der Natur und verbot die Annahme eines unbeschränkten Wachstums der Wirtschaft. Die einfache Produktionsfunktion mit nur zwei Produktionsfaktoren ist nämlich an das Ertragsgesetz gebunden, das auch als das Gesetz vom abnehmenden Grenzertrag bekannt ist. Dieses Gesetz besagt, daß der vermehrte Einsatz nur eines Produktionsfaktors bei Konstanz des anderen von einer gewissen Menge an zuerst zu einer unterproportionalen und schließlich überhaupt zu keiner weiteren Ertragssteigerung führt. Da die Bevölkerung und damit das Arbeitskräftepotential gegeben und auch dem Fleiß eine Grenze gesetzt ist, müßte es schließlich aufgrund dieser einfachen Produktionsfunktion doch zu einer Beschränkung des Sozialproduktwachstums kommen, selbst wenn der Kapitaleinsatz durch Sparen beliebig erhöht werden könnte.

Dieser Vorstellung eines beschränkten Wachstumspotentials stand nun aber die empirische Tatsache entgegen, daß sich der wirtschaftliche Wachstumsprozeß lange Zeit fast ohne jede Begrenzung fortsetzen konnte. Aus diesem Grund wurde in einer zweiten Stufe der Entwicklung der makroökonomischen Produktionsfunktion ein weiterer Produktionsfaktor eingeführt, der in der Lage sein soll, die beschränkende Wirkung des Ertragsgesetzes jederzeit aufzuheben. Es handelt sich um das Wissen und Können oder den technischen Fortschritt (F). Er wurde für denjenigen Zuwachs des Sozialprodukts zuständig erklärt, der angesichts der Geltung des Ertragsgesetzes weder der Erhöhung des Arbeitskräftepotentials noch der Erhöhung des Kapitalbestands zugeschrieben werden kann. Die erweiterte makroökonomische Produktionsfunktion – wir bezeichnen sie als die orthodoxe Produktionsfunktion – lautet demgemäß

$$P = f(A, K, F)$$

Diese Produktionsfunktion ist nun tatsächlich gefeit gegen jede natürliche Beschränkung des Wirtschaftswachstums. Für den technischen Fortschritt gilt ja – so scheint es – das Gesetz vom abnehmenden Grenzertrag nicht. »Je mehr man weiß, um so mehr wird man wissen«, sagt man. Das wirtschaftliche Wachstum stößt somit gemäß der erweiterten Theorie in immer neue Freiräume vor. Zum Slogan »arbeite und spare!« tritt einfach noch die Aufforderung »lerne und forsche!«. Damit ist der Weg für die Vorstellung eines unbeschränkten, allein von der Leistung des Menschen abhängigen, gegen alle Umwelteinflüsse abgesicherten Wachstums der Wirtschaft geebnet. Die Selbstherrlichkeit des homo oeconomicus scheint keine Grenze zu kennen.

Eine Umstellung der Wirtschaftspolitik und der Wirtschaft auf die sorgfältige Pflege der Natur, aus der sie ihre Ressourcen bezieht und in die sie ihre Abfälle ablädt, und auf Anerkennung der Grenzen ihrer Leistungsfähigkeit setzt daher voraus, daß in der Produktionsfunktion der ökonomischen Theorie die Natur als selbständiger Faktor anerkannt wird, sowohl auf der Input- wie auf der Outputseite. Dies kann aber nur gelingen, wenn man in der Entwicklung der ökonomischen Theorie den Überlegungen nachspürt, die zu einer Ausblendung der Natur aus dem Gesichtskreis der Ökonomen geführt haben. Nur aufgrund einer solchen Untersuchung ist eine Kausaltherapie und damit eine echte Aufnahme bzw. Wiederaufnahme der Natur in die ökonomische Theorie möglich. Die folgenden Ausführungen wollen versuchen, einen Beitrag dazu zu leisten.[1]

Gründe, warum die Natur in der Produktionsfunktion außer acht gelassen wurde

Es stellt sich allerdings zuerst die Frage: Ist die Ausklammerung der Natur aus der Nationalökonomie nicht einfach dadurch zu erklären, daß man die Reichtümer der Natur und insbesondere die geologischen Vorräte der nichterneuerbaren Ressourcen lange Zeit tatsächlich als im Verhältnis zum Verbrauch praktisch unendlich groß betrachten durfte? Das exponentielle Wachstum der Wirtschaft ist ja relativ neu; neu ist somit auch die Tatsache, daß die Ausbeutung der Ressourcen, auf denen das wirtschaftliche Wachstum beruht, in einer relevanten Größenordnung zum Gesamtvorrat der Ressourcen in der Welt steht. Die industrielle Revolution, die Ende des 18. Jahrhunderts einsetzte, baute zwar von Anfang an auf der Ausbeutung und Verwendung nichterneuerbarer Ressourcen, vor allem von Kohle und Eisen auf, aber der Verbrauch hatte nur einen geringen Bruchteil des heutigen Umfangs. Erst die Zeit nach den sogenannten Gründerjahren, also das Ende des 19. und der Anfang des 20. Jahrhunderts, brachten einen solchen Aufschwung der Wirtschaft, daß sich überhaupt die Frage aufdrängte, wie lange die Vorräte der Ressourcen ausreichen würden. Tatsächlich wurde damals auch zum ersten Mal der mögliche Umfang der Kohlenvorräte diskutiert.[2] Wenn diese Problematik dann aber vorerst nicht weiterbehandelt wurde, lag dies einmal an der Tatsache, daß neben Kohle und Eisen neue Ressourcen wie zum Beispiel Erdöl und Aluminium größere Bedeutung erlangten und sich mit diesen neuen Ressourcen die Substitutionsmöglichkeiten beträchtlich erweiterten. Vor allem aber schwächte sich das wirtschaftliche Wachstum selbst durch den Ersten Weltkrieg, die Weltwirtschaftskrise der 30er Jahre und den Zweiten Weltkrieg stark ab. Erst seit Mitte der 50er Jahre setzte sich das wirtschaftliche Wachstum in einem Maß durch, daß die Frage einer quantitativen Grenze für dieses Wachstum wirklich gestellt werden muß.

Als weitere Entschuldigung für die mangelnde Berücksichtigung der Natur in der neuen Produktionsfunktion kann außerdem geltend gemacht werden, daß die ältere Nationalökonomie mit einem entsprechenden Versuch keinen Erfolg hatte. Zwar bestand zu Beginn der industriellen Revolution, wie wir festgestellt haben, keine unmittelbare Notwendigkeit, die nichterneuerbaren Ressourcen mit ihrem begrenzten Gesamtvorkommen in der Theorie zu würdigen. Dafür war aber die Berücksichtigung der erneuerbaren Ressourcen, das heißt des Bodens als pars pro toto für Erde, Nährstoffe, Wasser, Luft, Sonne, welche die Grundlage der Landwirtschaft bilden, von um so größerer Bedeutung. Die Industrialisierung hatte ja schon zu Anfang eine starke Bevölkerungsvermehrung zur Folge gehabt, und es stellte sich damals schon die Frage, ob die landwirtschaftliche Produktion genügend erhöht werden könnte, um die immer größer werdende Bevölkerung zu ernähren.

Der Begründer der klassischen Nationalökonomie, Adam Smith (1723–1790), dessen berühmtes Buch *The Wealth of Nations* im Jahre 1776, also gerade zu Beginn der industriellen Revolution, erschien, war sich dieses Problems zwar noch nicht bewußt. Aber der nächste große klassische Nationalökonom, Sir Robert Malthus (1766–1834), formulierte bald darauf

sein berühmtes Bevölkerungsgesetz, wonach die Nahrungs-
produktion immer der Bevölkerungsvermehrung hinterher-
hinke. Dieses Gesetz stützte sich auf die Vorstellung, daß ein
vermehrter Arbeits- und Kapitalaufwand auf einer bestimmten Bodenfläche von einem gewissen Moment an zu immer
geringeren Produktionssteigerungen führe. Darauf baute der
dritte große Klassiker der Nationalökonomie, David Ricardo
(1772–1823), das Gesetz vom abnehmenden Bodenertrag auf,
wobei er ergänzend darauf hinwies, daß für die Befriedigung
der steigenden Nachfrage nach Nahrungsmitteln immer
schlechtere Böden unter den Pflug genommen werden müßten. Im Unterschied zu den nichterneuerbaren Ressourcen
kann der Boden als erneuerbare Ressource jedes Jahr von
neuem genutzt werden, denn es findet ein Recycling-Prozeß
statt, den die Natur besorgt und der nichts kostet; aber das
Ausmaß der jährlichen Nutzung ist beschränkt. Der Umfang
des landwirtschaftlich nutzbaren Bodens bildet daher eine
Grenze für die Ausdehnung der Nahrungsmittelproduktion. In
zweifacher Weise war dadurch gemäß klassischer Theorie eine
Wachstumsgrenze gegeben: erstens hinsichtlich des Bevölkerungswachstums, das an die Grenze des Nahrungsmittelspielraums stieß – das war die Idee von Malthus – und zweitens hinsichtlich des wirtschaftlichen Wachstums, das durch den Trend
zu sinkenden Profitraten abgebremst würde – das war die Idee
von Ricardo. Die Begründung für diese zweite Schranke ergab
sich aus der Auffassung, daß das Sozialprodukt unter Lohnbe-
ziehern, Kapitalbesitzern und Bodeneigentümern aufgeteilt
werde und bei konstantem Reallohn, der dem Exisenzmini-
mum entspreche, um so weniger für die Kapitalbesitzer übrig
bleibe, je mehr die Bodeneigentümer erhielten; die Steigerung
des Anteils der Bodeneigentümer am Sozialprodukt in Form
der Bodenrente ergebe sich aber aus der oben geschilderten
Tendenz zur Bevölkerungsvermehrung und der daraus resul-
tierenden Notwendigkeit, immer schlechtere Böden zu bewirt-
schaften; damit die Kosten dieser Grenzböden gedeckt werden,

174

müßten die Preise der landwirtschaftlichen Produkte steigen, was eine Zunahme der Bodenrente auf den besseren Böden bewirke. Schließlich müsse die Erhöhung der Bodenrente dazu führen, daß sich ein zusätzlicher Kapitaleinsatz nicht mehr lohne. Dann komme das wirtschaftliche Wachstum zum Stillstand.

In der Folge erwies sich diese Theorie als nicht stichhaltig. Weder das Bevölkerungs- noch das Wirtschaftswachstum wurde in der geschilderten Weise gebremst. Wohl verlangsamte sich das Bevölkerungswachstum in Europa und den USA, aber nicht wegen einer drohenden Hungersnot, sondern im Gegenteil wegen der mit zunehmendem Wohlstand einhergehenden freiwilligen Reduktion der Kinderzahl; und in den übrigen Erdteilen nahm das Bevölkerungswachstum trotz Unterernährung und sogar gelegentlicher Hungersnöte weiter zu. Vor allem aber war keine Rede von einer Tendenz zur abnehmenden Profitrate. Das wirtschaftliche Wachstum nahm nicht nur seinen Fortgang, sondern beschleunigte seine Gangart, sobald die äußeren Voraussetzungen dazu, nämlich insbesondere eine stabile internationale Ordnung, gegeben waren. Die Möglichkeiten der Gewinnerzielung vergrößerten sich dabei ständig.

Angesichts dieser Fehlprognose ist es an sich verständlich, daß die Nationalökonomie keine natürlichen Schranken der wirtschaftlichen Entwicklung mehr anerkennen wollte. Vielmehr wurde jeder, der doch auf solche Möglichkeiten hinwies, als Neo-Malthusianer gebrandmarkt. Der Boden wurde sogar, wie wir gesehen haben, aus der Produktionsfunktion ausgeklammert und das Gesetz vom abnehmenden Bodenertrag zum rein formalen Gesetz vom abnehmenden Grenzertrag degradiert, das scheinbar durch den technischen Fortschritt in beliebigem Ausmaß außer Kraft gesetzt werden kann.

Die erwähnten Begründungen für die Ausklammerung der Natur aus der Produktionsfunktion sind jedoch nicht wirklich stichhaltig. Die Tatsachen, daß der Rohstoffmangel noch nicht aktuell war und sich die Grenzen des Nahrungsmittelspielraums als wesentlich elastischer erwiesen, als man ursprünglich vermutet hatte, sind höchstens eine Erklärung dafür, daß die Natur nicht, nicht mehr oder noch nicht als Wachstumsgrenze gesehen wurde und wird, nicht aber dafür, daß die Mitwirkung der Natur am Produktionsprozeß überhaupt negiert wird. Es geht ja primär gar nicht um das Bewußtsein der Schranken, die die Natur dem Menschen für seine wirtschaftliche Tätigkeit setzt, sondern um die Anerkennung des Reichtums, den sie ihm bietet. Es geht darum, sich bewußt zu machen, daß der Mensch als Produzent im besten Fall nichts anderes tun kann, als den ökologischen Kreislauf der Natur zu intensivieren und im übrigen einfach aus dem Ressourcen-Vorrat der Welt so viel an sich zu nehmen und wirtschaftlich zu verwerten, als er mit seinem Fleiß und seinem technischen Wissen und Können herausholen kann.

Warum ist dieses Bewußtsein vom Reichtum der Natur und dessen Beitrag an die Wirtschaft nicht in die ökonomische Theorie eingedrungen oder allenfalls wieder daraus entschwunden? Eine gültige Antwort auf diese Frage erhalten wir am ehesten, wenn wir auf die vorklassischen Schulen der Ökonomie, also des 17. und 18. Jahrhunderts, die unter dem Namen der Physiokratie und des Merkantilismus bekannt sind, zurückgehen und von dort aus die Entwicklung der klassischen Theorie untersuchen, auf welche die ökonomische Wissenschaft bis zum heutigen Tag aufbaut. Die klassische Nationalökonomie anerkannte zwar, wie bereits erwähnt, noch natürliche Grenzen des Wachstums. Aber sie sah nicht mehr den Reichtum, den die Natur spendet – und darum war es ein leichtes, die Natur überhaupt aus dem Kreis der Produktionsfaktoren zu entfernen, als diese Grenzen sich als weiter erwiesen als ursprünglich vermutet.

Das wichtigste Ergebnis unserer Untersuchung sei vorweggenommen. In der Stufenfolge der ökonomischen Theorien wurde aus der Kooperation von Arbeit und Boden eine Kooperation von Arbeit und Kapital, dessen Bedeutung durch den technischen Fortschritt noch verstärkt wurde. Der Boden und die übrigen natürlichen Ressourcen wurden dabei in das Kapital einbezogen und den Gesetzen des Kapitals unterstellt. Diese Gesetze des Kapitals ergeben sich aus dessen Geldcharakter: die Produktion von Geld im Sinn der Geldschöpfung (Notengeld, Buchgeld) ist weitgehend von den Bedingungen der Natur unabhängig. Durch die Unterordnung des Bodens und der übrigen Ressourcen unter das Kapital wurden diese Produktionsfaktoren somit ›entnaturalisiert‹, d. h. so behandelt, als könne der Mensch ebenso Ressourcen ›schöpfen‹ wie Geld schöpfen. Das entscheidende Problem bildete dabei aber die Tatsache, daß dieser Geldcharakter des Kapitals nicht bewußt gemacht, sondern unter dem Begriff des ›Realkapitals‹ versteckt wurde; es entstand damit ein Zwittergebilde – halb Geld, halb Natur –, das je nach Belieben unter monetärem und unter stofflichem Gesichtspunkt betrachtet werden kann. Dadurch wurde es unmöglich, Geld und Natur – die Gesetze des Geld-Kapitals und die Gesetze der Natur – miteinander zu konfrontieren und sich der Problematik dieser Konfrontation bewußt zu werden. Eine Wiedereinordnung der Natur als selbständiger Produktionsfaktor in die Produktionsfunktion ist daher nur möglich, wenn auch die Rolle des Geldes als selbständiger Faktor im Produktionsprozeß erkannt wird. Das Wiederbewußtmachen der Rolle, welche das Geld im Produktionsprozeß spielt, ist daher die Voraussetzung der Wiederbewußtmachung der Rolle, die der Natur zukommt.

Natur in der Physiokratie und im Merkantilismus
Die Blindheit der Nationalökonomie gegenüber der Mitwirkung der Natur am Produktionsprozeß ist um so bemerkenswerter, als die erste nationalökonomische Lehre, die Anspruch auf eine umfassende theoretische Analyse des Wirtschaftsprozesses erheben konnte, gerade auf der Erkenntnis von der Mitwirkung der Natur am Produktionsprozeß aufbaute. Es

handelt sich um die Lehre von der Physiokratie, also um die Lehre von der »natürlichen Ordnung«, die im 18. Jahrhundert von François Quesnay (1694–1774), dem Leibarzt von Ludwig XVI., gegründet und von A. R. J. Turgot (1727–1781), einem der letzten Finanzminister des ›ancien régime‹, vollendet wurde.

Eine der Hauptaufgaben jeder nationalökonomischen Lehre war es seit jeher gewesen zu erklären, welcher Anteil dem Boden als pars pro toto der Natur und welcher Anteil der Arbeit zukomme. Die Physiokraten rückten den Boden in den Vordergrund und mit ihm die Fruchtbarkeit der Natur. Sie gingen dabei so weit, nur diejenige Arbeit als produktiv zu erklären, die mit dem Boden verbunden ist, also die landwirtschaftliche Arbeit, während sie die handwerkliche Tätigkeit als steril erachteten, weil sie die Stoffe nur umformt. Dabei gingen sie von der Feststellung aus, daß der Landwirt im allgemeinen mehr produziert, als er für seinen Unterhalt und damit zur Reproduktion seiner Arbeitskraft benötigt. Derjenige Teil des Ertrags, der neben dem Saatgut für die Existenzsicherung des Landwirts abgezweigt werden muß, ist gemäß dieser Lehre als Kosten zu betrachten. Der Rest des Ertrags ist der Überschuß bzw. der Mehrertrag oder das Nettoprodukt. Diesen Überschuß schenkt die Natur. Er muß daher als dem Boden – oder eben der Natur – zugehörig betrachtet werden und erscheint auch unter dem Namen ›Bodenrente‹.

Der Boden ist die einzige Quelle des Wohlstands,

heißt es bei Quesney. Und er zitiert Sokrates in Xenophons *Oikonomikos*:

Wenn die Landwirtschaft gedeiht, blühen alle anderen Künste mit ihr; vernachlässigt man aber aus was immer für einem Grunde den Ackerbau, so werden gleichzeitig alle anderen Arbeiten zu Lande und zu Wasser zunichte.[3]

Turgot weist in diesem Zusammenhang auf die Bedeutung der Tatsache hin, daß einem originären Produktionsfaktor wie dem Boden ökonomisch eine andere Stellung zukommt als einem sekundären Produktionsfaktor wie der Arbeit, weil originäre Produktionsfaktoren Leistungen erbringen, die nichts kosten. Er umreißt diesen Sachverhalt wie folgt:

Die Lage des Landmanns ist eine ganz andere [als diejenige des Handwerkers]. Unabhängig von jedem anderen Menschen und von jedem Vertrage bezahlt ihm die Erde unmittelbar den Preis seiner Arbeit. Die Natur handelt nicht mit ihm, um ihn zu zwingen, sich mit dem absolut Notwendigen zu begnügen. Was sie ihm gibt, steht in keinem Verhältnis zu seinen Bedürfnissen noch zu einer vertragsmäßigen Bewertung des Preises seiner Tagwerke: es ist das natürliche Ergebnis der Fruchtbarkeit des Bodens und mehr der Richtigkeit als der Schwierigkeit der Mittel, die er angewendet hat, um ihn fruchtbar zu machen. Sobald nun die Arbeit des Landwirts mehr als das zur Deckung seiner Bedürfnisse Nötige hervorbringt, kann er mit diesem Überschuß, den ihm die Natur über den Lohn für seine Mühen hinaus als reines Geschenk gewährt, die Arbeit der anderen Glieder der Gesellschaft kaufen. Diese gewinnen, indem sie jene an ihn verkaufen, nur ihren Lebensunterhalt; aber der Landmann erwirbt außer seinem Unterhalt einen unabhängigen und verfügbaren Reichtum, den er nicht gekauft hat und den er verkauft. Er also ist die alleinige Quelle der Reichtümer, die durch ihren Kreislauf alle Arbeiten der Gesellschaft beleben, weil er der einzige ist, dessen Arbeit über den Arbeitslohn hinaus einen Ertrag liefert.[4]

Man hat die physiokratische Lehre oft so gedeutet, daß es ihr nur darum ging, die Abschöpfung des Nettoprodukts des Bodens durch die Grundbesitzer als sogenannte Grundrente zu rechtfertigen. Dies ist jedoch kaum zutreffend. Wohl gingen die Physiokraten von der Tatsache aus, daß es eine Feudalschicht in Frankreich gab, die eine Grundrente bezog; sie stellten sie auch nicht in Frage, aber sie waren – ohne Revolutionäre zu sein – gleichzeitig bestrebt, das Los der Landbevölkerung, die vor der Französischen Revolution in weiten Teilen Frankreichs unter dem Existenzminimum dahinvegetierte, durch verschiedene Reformvorschläge zu verbessern; dazu gehörte insbesondere eine zusätzliche steuerliche Belastung der Grundherrn durch die Einheitssteuer mit einer entsprechenden Entlastung der Bauern. Turgot spricht sogar, wie aus obigem Zitat hervorgeht, den Mehrertrag dem Landwirt selbst zu. Entscheidend aber ist, daß die physiokratische Theorie überhaupt keine logische Grundlage für die Zuteilung des Nettoprodukts an irgend jemand bilden konnte, weil das Nettoprodukt oder der Überschuß ja – wie Turgot hervorhebt – ein Geschenk der Natur ist und Geschenke ihrem Wesen nach nicht als Bezahlung für eine Leistung aufgefaßt werden können. Offensichtlich hängt es einfach von den Eigentumsverhältnissen ab, wie der Bodenertrag aufgeteilt wird – und das schien den Physiokraten Sache der gegebenen historischen Entwicklung und nicht der Ökonomie zu sein. Ökonomisch ging es tatsächlich um nichts anderes als um die Erkenntnis, daß die Wirtschaft davon zehrt, daß man »etwas verkaufen kann, das man nicht gekauft hat«, bzw. daß man etwas konsumieren kann, das man nicht erarbeitet hat, und daß der Lieferant dieses Etwas die Natur ist.

Diese Lehre der Physiokratie ist völlig verlorengegangen. Warum? Um diese Tatsache zu verstehen, müssen wir wissen, daß es eine andere konkurrierende Schule der Nationalökonomie gab, die genau entgegengesetzt argumentierte. Es handelt sich um den Merkantilismus, der sich im 17. Jahrhundert vor allem in England entwickelte. Der Merkantilismus bot zwar keine geschlossene Gesamttheorie, wie sie die Physiokraten präsentierten, dafür aber eine eingehende philosophische Begründung dieser Position. An vorderster Stelle der merkantilistischen Denker steht John Locke (1632–1704), dessen Doktrin einen maßgebenden Einfluß nicht nur auf seine Zeit, sondern auch auf die folgenden Generationen gehabt hat. Bei der Beantwortung der alten Frage, ob der Arbeit oder dem Boden der erste Rang als Produktionsfaktor gebührt, entschied er sich mit den anderen Merkantilisten für die Arbeit. Locke geht im Gegensatz zu den Physiokraten nicht von der Tatsache aus, daß die Arbeit in der Landwirtschaft in jedem Jahr mehr erzeugt, als sie zu ihrem eigenen Unterhalt braucht, sondern davon, daß durch einen Einsatz von Arbeit für die Melioration und die

Kultivierung des Bodens die Ertragskraft des Bodens wesentlich gesteigert werden kann. Er argumentiert folgenderweise:

> Es ist auch nicht so merkwürdig, wie es ohne genaue Überlegung vielleicht scheinen mag, daß das Eigentum aus Arbeit imstande war, einen größeren Wert zu erlangen als der gemeinsame Landbesitz. Denn es ist tatsächlich die Arbeit, die jedem Ding einen unterschiedlichen Wert verleiht. Man beachte nur, welcher Unterschied zwischen einem Acre Land besteht, der mit Tabak oder Zucker bepflanzt, mit Weizen oder Gerste eingesät ist, und einem Acre des gleichen Landes, der als Gemeingut ohne jede Bewirtschaftung liegt, und man wird sehen, daß die Verbesserung durch Arbeit den weitaus größten Teil des Wertes ausmacht. Meiner Ansicht nach ist es eine sehr bescheidene Schätzung, wenn man behauptet, daß die für das menschliche Leben nützlichen Erzeugnisse der Erde zu neun Zehnteln die Auswirkungen der Arbeit sind. Ja, wenn wir die Dinge richtig veranschlagen wollen, so wie sie in unseren Gebrauch kommen, und die einzelnen Kosten berechnen, die auf ihnen liegen, wenn wir weiter wissen wollen, was sie eigentlich der Natur verdanken und was der Arbeit, so werden wir sogar herausfinden, daß man in den meisten Fällen neunundneunzig Hundertstel ganz dem Konto der Arbeit zuschreiben muß.[5]

Das Konzept Lockes beruht auf der Frage nach Steigerungsmöglichkeiten im zeitlichen Ablauf, also z. B. nach dem Zuwachs des Bodenertrags in einem Jahr t, in welchem Arbeit zur Ertragssteigerung eingesetzt wurde, im Verhältnis zu einem Jahr t − 1, in welchem dieser Arbeitseinsatz noch fehlte. Er übersieht dabei, daß diese Ertragssteigerung nur möglich ist, weil die ökologischen Kreisläufe eine gewisse Intensivierung zulassen, die Arbeit aber nichts ausrichten könnte, wenn nicht der Boden in einem gewissen Sinn mit der Arbeit ›kooperieren‹ würde; und daß somit der Ertragszuwachs keineswegs nur der Arbeit zugesprochen werden kann. Offensichtlich war er aber so sehr von der Dynamik des Arbeitseinsatzes und von dessen Erfolg fasziniert, daß er den Mehrertrag nur dem dynamischen Faktor, also der Arbeit, zusprach. Dies steht in völligem Gegensatz zur Auffassung der Physiokraten, die einen statischen Vergleich zwischen dem Ertrag der Arbeit in einem Jahr t und dem

Aufwand für die Subsistenz der Arbeit im gleichen Jahr t anstellten und bei diesem Vergleich ohne weiteres auf die Bedeutung des Bodens als Produktionsfaktor stießen.

Der Unterschied zwischen der physiokratischen und der merkantilistischen Produktionsfunktion ist daher zum Teil erklärbar aus dem Unterschied zwischen der Produktion in einer stationären Wirtschaft, in der das Augenmerk auf der jährlichen Wiederholung des Produktionsvorgangs liegt (statischer Vergleich zwischen Ertrag und Kosten des gleichen Jahres) und einer wachsenden Wirtschaft, die das Augenmerk auf den Produktionszuwachs von einem Jahr zum nächsten richtet (dynamischer Vergleich zwischen Ertrags*zuwachs* und Kosten*zuwachs*).

Geldwirtschaft, Tarnkappe über der Natur

Die Betonung der Arbeit ist als Argument für die Zurückdrängung des Bodens nur eine Teil-Erklärung, denn auch zur Begründung der Ertragszuwächse müßte, wie oben bereits angedeutet, die Mithilfe des Bodens bzw. der ökologischen Kreisläufe berücksichtigt werden. Es braucht also eine weitere Erklärung für diese Zurückdrängung des Bodens und der Natur. Locke sieht sie in der Stellung, welche das Geld in der Wirtschaft einnimmt.

In bezug auf die Hervorhebung der Bedeutung des Geldes ist Locke zweifellos der Merkantilist par excellence.

Locke unterscheidet deutlich zwischen einer Wirtschaft, die entweder kein Geld kennt oder in der das Geld höchstens als Tauschmittel gebraucht wird, und einer Wirtschaft, in der das Geld auch eine Rolle als Kapital spielt. Geld wird dadurch zum Kapital, daß es zum Kauf von Produktionsmitteln eingesetzt wird, aus denen sich ein Profit, das heißt ein Gewinn bzw. Zins, herauswirtschaften läßt.

Anstelle der Kooperation von Arbeit und Natur tritt dann die Kooperation von Arbeit und Kapital.

Locke hob sich damit von der Scholastik ab, indem er zuerst auf die scholastische Argumentation eingeht, um sich dann um so deutlicher von ihr distanzieren zu können.

In einer Wirtschaft, in der das Geld keine selbständige Rolle spielt, sei, so sagt er, trotz der Dominanz der Arbeit auf den produktiven Beitrag des Bodens Rücksicht zu nehmen: dem einzelnen darf aus Gerechtigkeitsgründen nur soviel Boden gehören, wie er für seinen Lebensunterhalt braucht. Wenn er mehr besitzt und daher seine Ernte so groß ist, daß er sie nicht verzehren kann und ein Teil derselben verdirbt, dann enthält er offensichtlich seinen Mitmenschen etwas vor, was er nicht allein hergestellt hat und auf das er daher nur soweit ein Anrecht hat, als es seine eigene Nutzung erfordert. Er begründet dies wie folgt:

Man wird vielleicht dagegen einwenden: Wenn das Sammeln der Eicheln oder anderer Früchte der Erde usw. ein Recht auf sie verleiht, darf ein jeder so viel davon anhäufen, wie er will. Darauf antworte ich: Das verhält sich keineswegs so. Dasselbe Gesetz der Natur, das uns auf diese Weise Eigentum gibt, begrenzt dieses Eigentum auch. Gott gibt uns reichlich allerlei zu genießen, I. Tim. 6, 17, sagt die durch die Erleuchtung bekräftigte Stimme der Vernunft. Aber wie weit hat er es uns gegeben? Es zu genießen.

So viel, wie jemand zu irgendeinem Vorteil seines Lebens gebrauchen kann, bevor es verdirbt, darf er sich durch seine Arbeit zum Eigentum machen. Was darüber hinausgeht, ist mehr als sein Anteil und gehört anderen. Nichts ist von Gott geschaffen worden, damit die Menschen es verderben lassen oder vernichten. Und wenn wir einmal betrachten, welche Fülle natürlicher Vorräte es lange Zeit auf der Welt gegeben hat und wie wenig Verbraucher, und auf einen wie geringen Teil jener Vorräte sich der Fleiß eines einzelnen Menschen nur erstrecken und sie zum Schaden anderer anhäufen konnte, namentlich wenn er sich innerhalb der von seiner Vernunft gesetzten Gesetze dessen hielt, was er zu seinem eigenen Gebrauch verwenden konnte, so konnte es damals nur wenig Gelegenheit zu Zank und Streit über ein so begründetes Eigentum geben.[6]

Derselbe Maßstab galt auch für den Besitz von Land: was jemand bebaute und erntete, aufbewahrte und verbrauchte, bevor es verdarb, war sein besonderes Recht. Was immer er einzäunte, das Vieh, das er füttern, und seine Erzeugnisse, die er verbrauchen konnte, gehörten ebenfalls ihm. Wenn aber das Gras seines eingezäunten Landes am Boden verdarb oder die Früchte seiner Anpflanzung verfaulten, ohne daß sie gesammelt und aufbewahrt wurden, so war dieser Teil der Erde, ungeachtet seiner Abgrenzungen, noch als herrenlos zu betrachten und konnte von einem anderen in Besitz genommen werden.[7]

Die Loslösung von der Natur bzw. von der Rücksicht auf ihren Beitrag zur Produktion und damit von dem dadurch gegebenen Begrenzungs- und Stabilisierungserfordernis erfolgt nach Auffassung Lockes aber in dem Moment, wo das Geld ein bestimmender Faktor der Wirtschaft wird. So spricht er davon, daß

das Verlangen, mehr zu haben, als der Mensch benötigt, den inneren Wert der Dinge, der allein von ihrem Nutzen für das menschliche Leben abhängt, geändert hatte [und daß dies damit zusammenhing, daß] die Menschen übereinkamen, ein kleines Stück gelben Metalls, das sich weder abnutzt noch verdirbt (!) den gleichen Wert haben [solle] wie ein großes Stück Fleisch oder ein ganzer Haufen Getreide.[8]

Die Betonung liegt auf der Tatsache, daß das Geld weder »abgenutzt wird noch verdirbt«, also aus dem Werden und Vergehen der Natur herausgelöst wird:

Der größte Teil der für das Leben des Menschen wirklich nützlichen Dinge, nach denen jene ersten Menschen, denen auf der Welt alles gemeinsam gehörte, schon aus der reinen Notwendigkeit des Überlebens suchen mußten – wie die Amerikaner es heute noch tun – sind im allgemeinen Dinge von kurzer Dauer, die, wenn sie nicht bald verbraucht werden, verderben und von selbst vergehen. Gold, Silber und Diamanten sind dagegen Dinge, denen eher die Laune und Übereinkunft der Menschen ihren Wert gegeben haben als der tatsächliche Gebrauch und die Notwendigkeit des Lebensunterhaltes. Nun hatte auf jene guten Dinge, die die Natur als Gemeingut geschaffen hatte, ein jeder (wie schon gesagt) so weit ein Recht, wie er sie für sich nutzen konnte. Und alles, auf das er mit seiner Arbeit einwirken konnte, war sein Eigentum. Alles, worauf sich sein Fleiß erstrecken konnte, um es aus seinem natürlichen Zustand zu entfernen, gehörte ihm. Wer hundert Scheffel Eicheln oder Äpfel sammelte, gewann dadurch ein Eigentum an ihnen. Sie gehörten ihm, sobald er sie gesammelt hatte. Er mußte nur darauf achten, daß er sie verbrauchte, bevor sie verdarben. Sonst nahm er mehr, als ihm zustand, und beraubte andere. Es war tatsächlich ebenso dumm wie unredlich, mehr anzuhäufen, als er gebrauchen konnte. Gab er einen Teil an irgendeinen anderen weiter, damit er nicht ungenutzt in seinem Besitz umkam, so nutzte er auch diese Dinge. Und wenn er Pflaumen, die in einer Woche verfault wären, gegen Nüsse tauschte, die sich zum Verzehr ein ganzes Jahr lang aufheben ließen, so beging er kein Unrecht. Er vergeudete nicht den gemeinsamen Vorrat. Er vernichtete nichts von dem Anteil der Güter, die anderen gehörten, solange nichts ungenutzt in seinen Händen verdarb. Wenn er wiederum seine Nüsse für ein Stück Metall weggab, dessen Farbe ihm gefiel, oder seine Schafe gegen Muscheln eintauschte, oder seine Wolle gegen einen funkelnden Kiesel oder Diamanten, und diese sein ganzes Leben bei sich aufbewahrte, so griff er damit nicht in die Rechte anderer ein. Er durfte von diesen beständigen Dingen so viel anhäufen, wie er wollte. Denn die Überschreitung der Grenzen seines rechtmäßigen Eigentums lag nicht in der Vergrößerung seines Besitzes, sondern darin, daß irgend etwas ungenutzt verdarb. So kam der Gebrauch des Geldes auf, einer beständigen Sache, welche die Menschen, ohne daß sie verdarb (!), aufheben und nach gegenseitiger Übereinkunft gegen die wirklich nützlichen, aber verderblichen Lebensmittel eintauschen konnten. Und wie die verschiedenen Stufen des Fleißes das unterschiedliche Verhältnis ihres Besitzes bedingte, so gab die Erfindung des Geldes ihnen Gelegenheit, den Besitz zu vergrößern.[9]

Mit der Rechtfertigung des Strebens nach Vermehrung des Besitzes ergibt sich aber auch die ökonomische Rechtfertigung ungleichen Besitzes, wodurch die Trennung von den scholastischen Wertvorstellungen – in der die Idee der Gerechtigkeit einen großen Stellenwert hat – endgültig vollzogen ist.

Da aber Gold und Silber, die im Verhältnis zu Nahrung, Kleidung und Transportmöglichkeiten für das Leben des Menschen von geringem Nutzen sind, ihren Wert nur von der Übereinkunft der Menschen erhalten haben, wofür aber die Arbeit doch zum größten Teil den Maßstab setzt, ist es einleuchtend, daß die Menschen mit einem ungleichen und unproportionierten Bodenbesitz einverstanden gewesen sind. Denn sie haben durch stillschweigende und freiwillige Zustimmung einen Weg gefunden, wie ein Mensch auf redliche Weise mehr Land besitzen darf, als er selbst nutzen kann, wenn er nämlich als Gegenwert für den Überschuß an Produkten Gold und Silber erhält, jene Metalle, die in der Hand des Besitzers weder verderben noch umkommen und die man, ohne jemandem einen Schaden zuzufügen, aufbewahren kann. Diese Verteilung der Dinge zu einem ungleichen Privatbesitz haben die Menschen, außerhalb der Grenzen der Gemeinschaft und ohne Vertrag, nur dadurch ermöglicht, daß sie dem Gold und Silber einen Wert beilegten und stillschweigend in den Gebrauch des Geldes einwilligten.[10]

Locke erkennt richtig, daß mit dem »kleinen Stück gelben Metalls« ein Element in die Wirtschaft hineinkommt, das von der Natur und den natürlichen Bedingungen des Wirtschaftens wegführt. Es ist beliebig haltbar und anhäufbar und veranlaßt daher den Produzenten, den wirtschaftlichen Ertrag nicht mehr in der stofflichen Produktion zu sehen, sondern in der Vermehrung des ursprünglich eingesetzten Geldbetrags, in der Differenz von monetärem Ertrag und monetärem Aufwand, also im Gewinn. Auf diese Weise wird das Geld kapitalisiert, das heißt so angelegt, daß nach einer gewissen Zeit nicht nur die ursprünglich angelegte Geldsumme oder Hauptsumme (Kapital = *capitalis* pars *debiti*) zurückfließt, sondern auch eine Nebensumme in Form des Zinses oder des Gewinns erwirtschaftet wird. Wenn nun der Profit wieder zur Hauptsumme dazugeschlagen wird, kann der Kapitalisierungsprozeß immer weitergehen, da ja die Haltbarkeit und Anhäufbarkeit des Geldes keine Grenzen kennt. Wichtig ist, daß dabei auch der Boden nur noch unter dem Aspekt des Kapitalwerts erscheint, das heißt nur soviel *wert* ist, wie mit seiner Hilfe ein Überschuß des Ertrags über den Aufwand erzielt wird; dieser wird dann aber nicht dem Boden als solchem, sondern dem Kapital zugeschrieben, das im Boden angelegt ist. Der Boden wird auf diese Weise in das Gesetz der Vermehrung, das dem (Geld-)Kapital eigen ist, einbezogen – natürlich nur unter dem Aspekt des Geldes, nicht unter dem Aspekt der Natur. So findet, man muß es geradezu so ausdrücken, ein alchimistischer Transmutationsprozeß

von Natur (N) in Geld (G) statt (N → G), der es dem Menschen –
scheinbar – ermöglicht, die Natur zu beanspruchen und doch
der Endlichkeit der Natur auszuweichen und die Ökonomie
»ins Unendliche« auszuweiten.

Geldschöpfung und Mehrverbrauch von Natur

Die klassische Nationalökonomie hat sich nach einigem Zögern
in der Frage, ob der Arbeit oder dem Boden das Primat zukomme, der merkantilistischen Theorie angeschlossen. Zwar
spricht Adam Smith in *The Wealth of Nations* gelegentlich noch
im Anklang an die Physiokraten vom Sozialprodukt als Arbeits-
und Bodenprodukt, aber der Beitrag des Bodens fällt völlig hinter den Beitrag der Arbeit zurück. In ähnlicher Weise wie bei
Locke führt die Betonung der Arbeit auch bei Adam Smith zur
Auffassung des Kapitals als eines entscheidenden Faktors im
Produktionsprozeß. Was er aber nicht sieht, ist die Bedeutung,
welche die Einführung des Geldes und der Möglichkeit seiner
Anhäufung und Kapitalisierung für das ganze Wirtschaftsge-
schehen und die Ausrichtung derselben auf einen fortlaufen-
den Wachstumsprozeß hat. In dieser Hinsicht macht die klassische Theorie einen großen Schritt hinter Locke zurück – ein
Rückschritt, der bis heute nicht wieder korrigiert worden ist!
Der Zusammenhang von Arbeit und Kapital ergibt sich für
Adam Smith daraus, daß der Ertrag der Arbeit durch Arbeitsteilung und Spezialisierung im Zusammenhang mit einer ständigen Ausdehnung des Markts auf Kosten der Selbstversorgung gesteigert werden kann, das Ausmaß der Arbeitsteilung
bzw. Spezialisierung aber davon abhängt, daß genügend Kapital zur Verfügung steht (dabei klammert er allerdings den Boden *noch* aus dem Kapital aus). Arbeitsteilung ist ja verbunden
mit immer größeren Produktionsumwegen und damit einem
zeitlichen Auseinanderrücken von Aufwand und Ertrag, von
Ausgaben und Einnahmen. Die Arbeiter müssen angestellt und
entlohnt, Maschinen und Boden gekauft oder gepachtet wer-

den, bevor der Produktionsprozeß beendet ist und die produzierten Waren verkauft worden sind. Sie ist also davon abhängig – dies hat Adam Smith sehr genau gesehen und beschrieben –, daß Kapital vorhanden ist, das in die zeitliche Lücke zwischen Ausgaben und Einnahmen einspringt, es also möglich macht, die Produktionsmittel zu bezahlen, bevor sie sich selber durch den Verkauf der Produkte bezahlt gemacht haben.

Adam Smith begreift aber den Kapitalbildungsprozeß nur als einen realen Vorgang. Er schreibt:

> Will man daher mit fortschreitender Arbeitsteilung gleich viele Arbeiter dauernd beschäftigen, muß vorab ein gleicher Vorrat an Lebensmitteln, aber ein größeres Lager an Rohstoffen und Werkzeugen angelegt werden, im Vergleich zum Vorstadium dieser Entwicklung.[11]

Diese Vorräte werden als sogenanntes Realkapital bezeichnet. Es scheint einfach Ergebnis des Sparens zu sein, indem man um so mehr Kapital anhäuft, je weniger man von seinem Einkommen konsumiert und daher auf die Seite legen kann. Die gesparten Vorräte können dann später in der Zeitspanne, in der man produziert und warten muß, bis die Produkte auf dem Markt verkauft worden sind, verbraucht werden. Der Gewinn oder Zins kann jetzt als Entschädigung für den Verzicht, den man beim Sparen leistet, verstanden werden. Diese Entschädigung ist im Prinzip ebenfalls als Realgröße zu verstehen, das heißt als Überschuß der produzierten Güter über den Verbrauch von Gütern im Produktions- und Konsumprozeß, der sich aus den Vorteilen der Arbeitsteilung und der Vermarktung der Wirtschaft ergibt. Bei einer solchen Betrachtungsweise ist das Geld nur Einkleidung realer Größen, also – wie man später gesagt hat –, ein Schleier, den man einfach wegziehen kann, um dahinter die realen Vorgänge zu erblicken. Der Kapitalist ist einfach der Sparer, und die Belohnung des Sparens ist die Produktivitätssteigerung, die der Einsatz des Ersparten als Kapital bewirkt. So wird aus der ursprünglichen Kooperation von Arbeit

188

und Boden eine Kooperation von Arbeiter und Sparer, die mit der Natur nichts mehr zu tun hat.

Dieses Modell entspricht keineswegs der Wirklichkeit. Adam Smith und die späteren Klassiker übersehen, daß der Waren-Produzent in der Regel nicht mit einem Vorrat realer Produktionsmittel startet, sondern mit Geld-Kapital, das er sich zum größten Teil von fremden Geldgebern beschafft, sei es durch Ausgabe von Aktien, sei es durch die Aufnahme von Krediten, und daß er das Geld dazu verwendet, die nötigen Produktionsmittel auf dem Markt zu kaufen. Weder Geld noch Produktionsmittel, zu denen auch die von den Arbeitern konsumierten Nahrungsmittel gehören, müssen also vorher vom Warenproduzenten erspart worden sein. Aber auch die Kreditgeber und die Produzenten der Produktionsmittel müssen nicht unbedingt sparen, um Geld und Produktionsmittel bereitzustellen. Denn Geld-Kapital wird nur zu einem Teil von den Sparern bereitgestellt, zu einem bedeutenden Teil stammt es aus der Neuproduktion von Geld, wobei unter Produktion entweder das Ausgraben von Gold und Silber zu verstehen ist oder die Ausgabe von Noten und Giralgeld im Sinn der Kredit- und Geldschöpfung des Bankensystems. Ebenso fließen immer neu Investitionsgüter und Nahrungsmittel in den Wirtschaftsprozeß ein, die dem noch nicht verbrauchten Vorrat der Natur entnommen werden, sei es durch Produktivitätssteigerung der Landwirtschaft, sei es durch Ausbeutung von Rohstofflagern; auch eine allfällige Vollbeschäftigung von Arbeitskräften bildet keine Grenze für die Ausweitung der Produktion, da ja mit der Energie, die aus dem Vorrat der Natur stammt, ständig Arbeit substituiert und ergänzt werden kann. Es ist daher nur beschränkt nötig, auf Konsum zu verzichten, also ex ante zu sparen, wie Adam Smith suggeriert, um mehr Investitionsgüter und Nahrungsmittel bereitzustellen und so die Arbeitsteilung und den Marktprozeß auszuweiten. Die Entstehung von Kapital ist viel mehr sowohl monetär wie real nur zum Teil ein Ergebnis des Sparakts und weitgehend ein Ergebnis der Geldschöpfung sowie der vermehrten Inanspruchnahme von Natur, insbesondere von Energie, also des Wachstums der Geldmenge und des Wachstums des Ressourcenverbrauchs.

Wieso ist die Bedeutung des Gelds und der Geldschöpfung nicht erkannt worden? Wieso ist das Geld aus der Produktionsfunktion herausgestrichen worden? Der Hauptgrund ist wohl, daß die Vorstellung, die Geld- und Kreditschöpfung könne Ursache des Wohlstands sein, völlig im Widerspruch zur puritanischen Ethik gestanden ist, die Ende des 18. Jahrhunderts die zivilisierte Welt beherrschte und von Benjamin Franklin kurze Zeit nach Adam Smith auf die folgende Formel gebracht wurde:

> Der Weg zum Reichtum liegt hauptsächlich in folgenden zwei Worten: Arbeit und Sparsamkeit.

Und tatsächlich kann man das ganze Werk Adam Smiths als Begründung dieser Worte von Benjamin Franklin auffassen. Der Erwerb von Reichtum auf andere Weise als durch Arbeit und Sparsamkeit wäre Alchimie und Zauberei und damit unmoralisch gewesen. Wer Adam Smith genau liest, wird zwar finden, daß sein Widerstand gegen die Anerkennung des Geldes als Ursache der Entstehung von Reichtum eher ein Postulat ist als eine Feststellung; er läßt daher auch Ausnahmen zu.[12] Aber wie so oft in der Entwicklung der Wissenschaft kann man auch hier beobachten, wie später aus einem Postulat eine Feststellung wird im Sinn von: »Nicht sein kann, was nicht sein darf.« Man erspart sich damit die Mühe der Durchsetzung des Postulats! – Außerdem war aber Adam Smith, als er seine Real-Theorie aufbaute, auch von der physiokratischen Theorie inspiriert, die er bei seinem dreijährigen Aufenthalt in Frankreich kennengelernt hatte. Die Physiokraten hatten für die Erklärung der stationären Wirtschaft mit Recht weitgehend vom Geld im Sinn des Kapitals abstrahiert. Adam Smith übersah, daß dies bei der Erklärung einer wachsenden, auf die Arbeitsteilung ausgerichteten Wirtschaft nicht mehr zulässig ist.

190

Entscheidend für unsere Überlegungen ist, daß mit der Ausklammerung der Geldschöpfung aus der Produktionsfunktion auch die Mehrbeanspruchung und der Mehrverbrauch von Natur, die mit der Geldschöpfung im Zusammenhang stehen, ausgeblendet wurden.

Ricardo geht in der Ausschaltung der Natur noch einen Schritt weiter als Adam Smith, indem er den Boden – und damit die Natur – entweder aus dem Kreis der selbständigen Produktionsfaktoren ausschaltet oder ihn de facto dem Kapital unterordnet. Wie Adam Smith sieht auch Ricardo nicht die Bedeutung des Geldes im Prozeß der Arbeitsteilung und der Vermarktung der Wirtschaft. Kapital ist auch bei ihm Realkapital, in das nun allerdings außer Lebensmittelvorräten, Werkzeugen, Maschinen und Gebäuden, ohne daß er dies zugibt, zum Teil auch der Boden einbezogen wird. Den Rahmen dieser Transformation von Natur in Kapital liefert seine Theorie der Differentialrente.

Ricardo erläutert ausführlich, daß die Konkurrenz die Landwirte dazu zwingt, die Produktpreise auf der Höhe der Kultivierungskosten des Grenzbodens zu halten, das heißt des schlechtesten Bodens, der zur Befriedigung der Nachfrage gerade noch unter den Pflug genommen werden muß. Infolgedessen kann sich auf den Grenzböden keine monetäre Grundrente, also keine Differenz zwischen Preis und Kultivierungskosten ergeben. Eine solche kann nur bei den Böden besserer Qualität entstehen, da der Preis der Produkte nicht davon abhängt, auf welchem Boden sie erzeugt wurden, die Kultivierungskosten auf den besseren Böden aber niedriger sind. Ricardo spricht daher von einer Differentialrente, also einer Rente, die sich ausschließlich aus der Differenz zwischen den Qualitäten verschiedener Böden ergibt.

Wie sehr sich diese Ricardianische von der physiokratischen Rente unterscheidet, wird deutlich, wenn man eine Extremsituation in Betracht zieht, nämlich eine Situation, in der die Nachfrage nach Nahrungsmitteln noch so gering ist, daß nur

Boden erster Qualität unter den Pflug genommen werden muß. In diesem Fall ist der beste Boden gleichzeitig der Grenzboden. Die Ricardianische Differentialrente ist daher Null. Die physiokratische Bodenrente, das heißt der Überschuß des Ertrags über das Subsistenzminimum, das zur Erhaltung der Arbeitskraft notwendig ist, der Nettoertrag, ist aber gerade in dieser Situation am größten! Während die Bodenrente bei den Physiokraten Ausdruck des Reichtums ist, den die Natur spendet, ist sie bei Ricardo Ausdruck der Knappheit und Kargheit. So sagt Ricardo ausdrücklich:

> Man zahlt für die Arbeit der Natur nicht weil sie viel, sondern weil sie wenig leistet. Im Verhältnis, wie sie mit ihren Gaben geizig wird, fordert sie einen höheren Preis für ihr Werk. Wo sie sehr freigebig ist, arbeitet sie immer umsonst.[13]

Die Bodenrente ist somit nicht ein Gegenwert für die Produktionsleistung der Natur, sondern nur der Gegenwert desjenigen Teils der Produktionsleistung, der erstens in Geld umgesetzt werden kann und zweitens nicht vom Kapital beansprucht wird. Und dieser Teil ist tatsächlich um so größer, je geringer die Produktivität des Grenzbodens ist.

Selbstverständlich sieht auch Ricardo, daß aller Boden, auch der gute – und gerade der gute – Boden einen Ertrag liefert, der höher ist als die reinen Arbeitskosten, die als dem Existenzminimum entsprechend angenommen werden, also einen Nettoertrag, ähnlich der physiokratischen Grundrente. Dieser wird aber bei Ricardo nun als Nettoertrag des Kapitals, also als Profit gedeutet. Diese Umdeutung drängte sich zu Ricardos Zeit aus der Tatsache auf, daß die Ausrichtung der Landwirtschaft auf den Markt einen Kapitaleinsatz bedingte, den die Grundbesitzer im allgemeinen nicht leisten konnten oder wollten. Diesen Einsatz erbrachten vielmehr die Kapitalisten, das heißt die Pächter, die sich im England der damaligen Zeit zwischen die Grundeigentümer und die Landarbeiter schoben. Mit Hilfe des Kapitals konnten sie Boden pachten, Landarbeiter anstellen und die Produktion auf den expandierenden Markt ausrichten. Der Kapitaleinsatz setzte aber die entsprechende Belohnung des Kapitals voraus. So erfolgte eine Umdeutung des physiokratischen Nettoertrags des Bodens in einen Nettoertrag des Kapitals. Dem Boden als solchem wurde nur noch die Differentialrente zuerkannt.

Von hier aus ist es nun verständlich, wie es allmählich überhaupt zur Ausschaltung des Bodens aus der Produktionsfunktion kam: Ausdrücklich stellt ja Ricardo fest, daß der Boden keinen bestimmten Anteil am Sozialprodukt ›verdiene‹, daß die Grundrente also nur ein Restbetrag sei, der am Boden besserer Qualität unverdientermaßen haftenbleibe, wenn immer schlechtere Böden herangezogen werden müssen, um den steigenden Bedarf an landwirtschaftlichen Produkten zu decken. Dabei deutet aber schon Ricardo am Rand an, daß der steigende Bedarf auch durch Ertragssteigerung mittels technischem Fortschritt gedeckt werden könne. Wenn dies geschehe, ersetze der technische Fortschritt die Inanspruchnahme schlechterer Böden. Diese Ricardianische Eventualität wurde in der Folge zur eigentlichen Realität der landwirtschaftlichen Entwicklung. Damit spielte die Differentialrente – die sich ja aus dem Nebeneinander von Böden unterschiedlicher Qualität ergibt – eine immer geringere Rolle. Nicht der Übergang zu immer schlechteren Böden, sondern der technische Fortschritt dominierte das Wachstum der Erträge. Statt daß der Grenzertrag pro Arbeitskraft und Hektar Boden fiel, stieg er von Jahr zu Jahr an. Für eine selbständige Position des Bodens blieb daher in der Produktionsfunktion immer weniger Raum übrig, nachdem der Hauptteil des Bodenertrags als Kapitalertrag gedeutet worden war. Die rein formale Reminiszenz an das Gesetz vom sinkenden Grenzertrag, das noch an die selbständige Stellung des Bodens in der Produktionsfunktion erinnert, wurde überkompensiert durch die Einführung des technischen Fortschritts, mit dem dieses Gesetz beliebig außer Kraft gesetzt werden kann. Es war, als hätte man dem Boden und damit überhaupt der Natur eine Tarnkappe angezogen, die sie unsichtbar macht. Das Kapital war, zusammen mit dem technischen Fortschritt, an die Stelle der Natur getreten, denn alle wirtschaftliche Aktivität wurde jetzt nur noch unter dem Aspekt betrachtet, ob sie zu einer Ertragssteigerung beitrage, die vom Kapitaleinsatz abhängig war und damit auch dem Kapital gutgeschrieben werden mußte.

Damit ist die ökonomische Theorie in der Nachfolge von Adam Smith und Ricardo in einer Hinsicht wieder zum gleichen Resultat gekommen wie John Locke: zur Kapitalisierung des Bodens und damit zur Verdrängung der Natur aus dem Kreis der Produktionsfaktoren. Im Unterschied zu Locke aber wurde die wesentliche Ursache dieser Verdrängung nicht erkannt: die zunehmende Ausrichtung der wirtschaftichen Tätigkeit auf den Geld-Ertrag, also auf ein Medium, dessen Vermehrung keine Grenzen gesetzt sind, und das den Menschen, der gebannt auf diese unendliche Vermehrung blickt, blind macht gegenüber dem dadurch verursachten Gebrauch und Verbrauch von Natur.

Wachstum durch Imagination –
J. G. Schlossers Theorie der imaginären Bedürfnisse

I

J. G. Schlosser gehört zweifellos zu den originellsten Köpfen der deutschen Nationalökonomie in der Umbruchzeit um die Wende vom 18. zum 19. Jahrhundert, neben Justus Möser, Johann August Schlettwein, August Ludwig Schlözer, Johann Gottlieb Fichte, Georg Sartorius von Waltershausen, Adam Müller u. a. Er ist dogmengeschichtlich von Bedeutung, indem er Elemente des physiokratischen und des klassischen Denkens in seinen Schriften vereinigt. Er hat aber auch die ökonomische Theorie um einen originalen Beitrag bereichert, der über beide Schulen hinausweist, und der es verdient, erneut zur Diskussion gestellt zu werden. Entscheidend war für ihn die Loslösung von der landwirtschaftlich orientierten Physiokratie, der er zuerst anhing, und die Hinwendung zu einer Ökonomie, die in Vorahnung der industriellen Revolution stärker auf Handel und Gewerbe und das damit zusammenhängende wirtschaftliche Wachstum ausgerichtet war.
Der Jurist Georg Schlosser (1739–1799) war einer der gebildetsten Männer seiner Zeit.

> Der Philologe Heyne zählte ihn [schreibt Manfred Riedel] zu den ›summos viros‹ des Zeitalters, der das klassische Altertum nicht nur genau kenne, sondern in dem die Humanität und Weisheit der Alten wohne.[1]

Schlosser wurde in Frankfurt am Main geboren; sein Vater war Schöffe, ein Großvater Bürgermeister. Er promovierte in Altorf zum Doktor der Rechte. Im Jahr 1762 trat er in den Dienst seiner Vaterstadt Frankfurt. Nach einem Abstecher nach Treptow, wo er drei Jahre lang als Geheimsekretär und Erzieher des Prinzen Friedrich Eugen von Württemberg amtierte, kam er nach Frankfurt zurück. Hier arbeitete er als Advokat mit dem um 10 Jahre jüngeren Kollegen Johann Wolfgang Goethe zusammen. 1773 trat Schlosser – nachdem er die Schwester Goethes, Cornelia, geheiratet hatte – in den Dienst von Carl Friedrich, Markgraf zu Baden, als Oberamtmann der Markgrafschaft Hochberg in Emmendingen. 1787 wurde er Beisitzer am Landeskollegium und Vorsitzender des Hofgerichts in Karlsruhe. 1794 schied er aus dem badischen Dienst aus. In den folgenden Jahren beschäftigte er sich vorwiegend mit Übersetzungen von und Kommentaren zu Werken von Machiavelli, Aristoteles, Plato u. a. 1789 – ein Jahr vor seinem Tod – trat er noch einmal eine Stelle als Syndicus in Frankfurt an.

Die schriftstellerische Tätigkeit Schlossers ist weit gespannt. Sie reicht von der Poesie und der Philosophie bis hin zur Rechtslehre und zur Ökonomie. Da er außerordentlich sprachbegabt war, konnte er sich mit Leichtigkeit auch mit der fremdsprachigen Literatur auseinandersetzen, nicht nur mit der antiken, sondern auch mit der modernen französischen, italienischen und insbesondere der englischen. Sein bekanntestes Werk ist der *Anti-Pope,* das er zuerst auf englisch verfaßte. Er wandte sich darin gegen den aufklärerischen Optimismus von Alexander Pope.

Schlosser kam während der Zeit, da er als Advokat in Frankfurt wirkte, in Kontakt mit den Werken des Physiokraten Isaac Iselin. V. Sivers hebt die positive Einstellung Schlossers zu Iselin in der damaligen Zeit hervor:

Die Wärme und sittliche Begeisterung, mit welcher Iselin in seinen Ephemeriden der Menschheit für die humanen Bestrebungen seiner Zeit auftrat und die politische Ordnung in eine moralische umzuwandeln hoffte, wirkten mächtig auf Schlosser ein. Iselin wurde, wie Schlosser sich später äußerte, in allen Fragen der Moral und Politik sein einziger Ratgeber.[2]

Vor allem als Rezensent der von Merck und Höpfner während zweier Jahre herausgegebenen *Frankfurter gelehrten Anzeigen* setzte sich Schlosser mit ökonomischen Theorien auseinander, wobei von allen Mitarbeitern – darunter auch Goethe – die physiokratischen Schriften günstig beurteilt wurden. V. Sivers schreibt:

> Im Prinzip wird die natürliche Ordnung der Handels- und Gewerbefreiheit immer anerkannt (. . .) Gegen die praktische Durchführbarkeit der natürlichen Ordnung in den kleinstaatlichen deutschen Verhältnissen werden allerdings Zweifel geäußert; Deutschland gilt noch nicht reif für die neue Ordnung, der Übergang aus den positiven Verhältnissen zu den idealen wird gewünscht und gesucht.[3]

In den Jahren 1776/77 schrieb Schlosser auch für Iselins *Ephemeriden der Menschheit,* und als Iselin starb, wurde Schlosser mit der Rede zur Ehrung des Toten beauftragt.

Aufgrund seiner Erfahrungen mit den vom Markgrafen auf Betreiben Schlettweins inszenierten physiokratischen Experimenten, die er als Oberamtmann in Emmendingen machte, rückte Schlosser später aber immer mehr von der Physiokratie ab. Dabei haben wohl auch die Lehren von Justus Möser eine Rolle gespielt. »Justus Möser hat bei ihm Quesney verdrängt«, behauptet E. Gothein.[4] Dies gilt aber wohl eher hinsichtlich der allgemeinen Abneigung Mösers gegen die »akademischen Theorien«, wie sie die Physiokratie darstellt, als hinsichtlich des speziellen Inhalts der ökonomischen Überlegungen, die bei Möser viel stärker die soziale Frage im Auge haben, als dies bei Schlosser der Fall ist.[5]

Die deutliche Abkehr Schlossers von der Physiokratie fand vor allem seinen Niederschlag in seinen *Politischen Fragmenten* (1777) und in seiner volkswirtschaftlichen Hauptschrift *Xenokrates oder über die Abgaben,*

> ein Werk, in dem [so charakterisiert es Bernd Mahl] Goethes Schwager die Fesseln der Physiokratie zerreißt, indem er dem Gedanken von der Allein-Produktivität der agrarischen Produktion abschwört.[6]

Die Schrift hat Schlosser seinem Schwager Goethe gewidmet. In dieser Widmung kommt deutlich zum Ausdruck, daß sich seine Anschauungen seit der Zeit, als sie gemeinsam den physiokratischen Idealen anhingen, gewandelt, d. h. von der Physiokratie entfernt haben. Die Widmung lautet:

Wir leben jetzt weit von einander, lieber Bruder, und die Zeit, in welcher wir zusammen lebten, kommt diesseits des Grabs nie mehr zurück. Laß uns ihr, wenigstens zwischen uns, ein Denkmal setzen. Das kleine Büchlein, welches ich Dir in dieser Hinsicht widme, enthält sehr andere Ideen, als die waren, womit wir uns vormals beschäftigten. Ob die besser waren als jene, weiß ich nicht; aber das weiß ich, daß das die letzte Weisheit für uns ist, immer das zu denken und zu tun, was jedes Zeitalter und jede Szene unseres Lebens will.[7]

II

Die Schrift *Xenokrates* enthält einen Dialog zwischen zwei fiktiven Griechen, Demetrius und Xenokrates, von denen der erste ein reicher Athener, der zweite ein Fremder ist.

Demetrius hat seinen Freund Xenokrates aus der Schuldhaft gelöst, in die er geraten ist, weil er die von Athen auf die Fremden gesetzte Personalsteuer nicht bezahlen konnte. An dieser Abgabe entzündet sich das Gespräch, indem Demetrius die Abgabe als ungerechtfertigt verwirft, während sie Xenokrates – obwohl er ja der Leidtragende ist – verteidigt. Demetrius repräsentiert den Physiokraten, der eine einzige Steuer – die Steuer auf die jährlich wiederkehrenden Erträge der Natur – erheben will, während Xenokrates Schlosser selbst repräsentiert, der eine solche Allein-Steuer ablehnt. Hinter der Frage nach dem richtigen Steuersystem steht die theoretisch interessantere Frage nach der Produktivität der verschiedenen wirtschaftlichen Tätigkeiten, bzw. der Erzielung von Überschüssen, weil aus ihnen allein die Abgaben bezahlt werden können.

Das sokratische Lehrgespräch zwischen Demetrius und Xenokrates wickelt sich in zwei Phasen ab: In der ersten Phase legt Demetrius die physiokratische Lehre dar, wobei er sie in einem entscheidenden Punkt weiterentwickelt, während in der zweiten Phase Xenokrates deutlich macht, worin der Irrtum der Physiokratie beruht. Es gelingt ihm schließlich, seinen Gesprächspartner zu überzeugen, daß eine Steuer auf dem landwirtschaftlichen Ertrag allein zu einer ungerechten und schließlich nicht tragbaren Belastung der Bauern führen würde und daher auch Gewerbe und Handel zum Steueraufkommen beitragen müßten.

Demetrius geht aus von der physiokratischen Einteilung der erwerbstätigen Bevölkerung in die »produktive Klasse«, die jährlich etwas Neues hervorbringt, und die »unproduktive Klasse«, die das Hervorgebrachte nur verarbeitet. Dabei vermeidet es allerdings Schlosser in der Regel, den Begriff »produktiv« und »unproduktiv« zu verwenden. Er spricht vielmehr von den »Hervorbringern« oder »Produzenten« auf der einen Seite, den »Formgebern«, den »Kräften« oder der »Arbeit« auf der anderen Seite. Zu den Formgebern zählt sich auch Xenokrates. Das sind diejenigen, die, wie er sagt,

> weder Feldgüter haben, woraus wir etwas hervorbringen, noch Wälder, deren Holz wir verkaufen können, noch Fischer, die mit ihren Netzen täglich etwas Neues fangen, noch Erzgruben besitzen, woraus wir die Erze, noch Steingruben, woraus wir die Steine gewinnen.[8]

Wie sich aus dieser Aufzählung ergibt, zählt Schlosser auch den Bergbau zur »Hervorbringung«. In der Folge wird aber die »Hervorbringung« mehr oder weniger mit der Landwirtschaft identifiziert. Hier wird mit erneuerbaren Ressourcen etwas produziert,

> das jährlich wiederkommt, jährlich neu hervorgebracht wird.[9]

Es geht nun um die Frage, welcher Teil des Volkseinkommens der Hervorbringung und welcher der Arbeit bzw. der Formgebung zukommt. In dieser Hinsicht weicht der Schlossersche Physiokrat Demetrius von der französischen Physiokratie ab, indem für ihn nicht a priori feststeht, daß nur die Hervorbringer (die produktive Klasse) einen Gewinn erzielen, während der Formgeber (die sterile Klasse) nur seine Kosten reproduziert. Vielmehr kann im Prinzip auch der Formgeber einen Gewinn erzielen. Nur: hinter dem Gewinn des Hervorbringers steht ein echter Überschuß, während der Gewinn des Formgebers, der Dinge herstellt, die bloß zur Befriedigung der Phantasie bestimmt sind, sich aus der Willkür des Marktes ergibt und unter dem Druck der Konkurrenz verschwindet oder sich wenigstens stark vermindert.

Schlosser geht aus vom Beispiel eines Schwertfegers, also eines Formgebers, der für das Material, das er verbraucht, und für seinen eigenen Unterhalt 15 Obolen benötigt – Schlosser wählt als Geldeinheiten, dem Athenischen Schauplatz entsprechend, Obolen – und darüber hinaus 5 Obolen verdient, die seinen Vorteil, d. h. seinen Gewinn darstellen. Voraussetzung für die Erzielung eines solchen Gewinns ist aber,

1. daß Geld genug im Staat sein muß, um Liebhaber zu finden, die ihm außer seinem Aufwand noch 5 Obolen Vorteil geben können;
2. daß Käufer genug vorhanden sind, die ihm sovielmal 15 Obolen für seine Schwerter zahlen, als er braucht, sich zu ernähren, und ihm noch für jedes 5 Obolen mehr geben und
3. daß kein Schwertfeger, wenigstens nicht so viele neben ihm seien, die auch so viel, als ihm die verlangten Schwerter zu machen nötig ist, verkaufen wollen.[10]

Die letzte Voraussetzung wird von Xenokrates noch verdeutlicht:

> Wenn mehrere Schwertfeger vorhanden sind, die sich mit 15 oder 16, 17, 18, 19 Obolen, also ohne Profit, oder mit 1, 2, 3, 4 Obolen Profit begnügen, wo er 5 Obolen verlangte, so müßte er wieder mit seinen Preisen herunterfallen.[11]

Der mögliche Profit des Formgebers ist nach Auffassung Demetrius' nicht gerechtfertigt. Alles kommt also darauf an, daß der Wettbewerb groß genug ist, um den Gewinn des Formgebers zum Verschwinden zu bringen. Das wird aber nach Meinung des Physiokraten Demetrius nur dann der Fall sein, wenn der Zutritt zum Markt nicht durch Abgaben erschwert wird. Dann wird

> der Formgeber genötigt, seinen Formen den wahren natürlichen billigen Wert zu geben.[12]

Denn es werden,

> wenn die Formgeber nichts [keine Abgaben] zahlen, deren unfehlbar sehr viele werden müssen, in jeder Art von Formgebung, Künstler, Handwerker, Fuhrleute usw. Gibt es nun deren viel, so muß jeder, weil sein erstes ist zu leben, und der Vorteil über das Bedürfnis zu leben, nur das zweite, viele Kundschaften suchen. Diese erhält er am besten durch Wohlfeile; also wird jeder sich bestreben, seine Sachen am wohlfeilsten zu geben. Von dem, was wir in die Casse der Materiale und des Lebens Unterhalts gelegt haben, kann er nichts sich abziehen lassen, also muß er an dem, was Vorteil war, heruntergehn. Und schwindet der endlich durch die Menge der Arbeit ganz, so wird alles auf die natürlichen Preise zurück gezogen, und kein Teil kann sich mit Unrecht bereichern.[13]

Schlosser geht damit über die rein naturalwirtschaftliche Feststellung hinaus, daß es allein auf das Mehr-Produkt der Natur ankomme, das heißt auf die Tatsache, daß in der Landwirtschaft in der Regel die Ernte größer ist als das, was der Bauer mit seiner Familie zu seinem Lebensunterhalt und zur Vorsorge für die Produktion im nächsten Jahr benötigt. Er erklärt, wie sich dieses Mehr-*Produkt* in einen monetären Mehr-Wert verwandelt, d. h., warum die Preise der landwirtschaftlichen Produkte so hoch sind, daß sie nicht nur zur Deckung der Kosten ausreichen, sondern auch noch einen Gewinnbestandteil enthalten, also über dem natürlichen Preis bzw. den Kosten liegen. Der Schlossersche Physiokrat Demetrius sagt, daß es auf die unterschiedlichen Wettbewerbsverhältnisse ankommt. Die Preise der landwirtschaftlichen Produkte sind, wie aus dem obigen Zitat hervorgeht, höher als die Preise für die Formen,

▶ erstens, weil dem Menschen »sein erstes ist zu leben«, so

daß die Nachfrage nach den unentbehrlichen Nahrungsmitteln relativ starr, oder – wie wir heute sagen – relativ unelastisch ist, und

▶ zweitens, weil offensichtlich eine ständige Vermehrung des Wettbewerbs bei den Produzenten nicht im gleichen Maß möglich ist wie bei den Formgebern, die nicht auf die Kooperation mit der Natur angewiesen sind.[14]

Die Konkurrenz der Hervorbringer ist – so muß der Text interpretiert werden – offensichtlich dadurch beschränkt, daß sie das Eigentum bzw. die Pacht des Bodens zur Voraussetzung haben, der seiner Natur nach nicht ausdehnungsfähig ist, was eine Intensivierung der Konkurrenz über ein gewisses Maß hinaus verhindert. Wenn dem aber so ist, wenn also der Formgeber nur verdient, um seine Kosten – inklusive seiner Unterhaltskosten – zu decken, während der Hervorbringer für seine Produkte einen Preis erhält, der über seinen Kosten liegt, dann ist es natürlich, so folgert Demetrius, daß alle Abgaben – auch die monetären Abgaben – schließlich vom Hervorbringer getragen werden, während die Formgeber eine ihnen auferlegte Abgabe schließlich immer auf die Hervorbringer überwälzen werden.

Die Überführung der Überschuß-Theorie der französischen Physiokraten im Sinne der Mehr*produkt*-Theorie in eine monetäre Mehr*wert*-Theorie dient Schlosser allerdings nicht zur Bestätigung der physiokratischen Lehre, sondern vielmehr zu ihrer Überwindung. Zuerst überzeugt Schlosser–Xenokrates seinen Gesprächspartner Demetrius davon, daß Athen mit seinem kleinen landwirtschaftlichen Umland rein faktisch gar nicht in der Lage wäre, seine Ausgaben allein durch Besteuerung der Landwirtschaft zu decken, ohne entweder seine Ausgaben radikal zu kürzen oder aber die Landwirtschaft durch zu hohe Steuern zu ruinieren. Offensichtlich sind eben doch nicht alle Steuern, die bisher Athen von den Formgebern, von Gewerbe und Handel, erhoben hat, auf die Hervorbringer, d. h. auf die

Landwirtschaft, überwälzt worden, sondern wurden von den Formgebern selber getragen. Also muß es einen Fonds, eine Kasse geben, aus der Abgaben bezahlt werden, die nicht aus den jährlichen Erträgen der Landwirtschaft stammen. Welches ist aber diese Kasse? Der Physiokrat Demetrius zweifelt noch immer, daß es überhaupt eine solche Kasse, einen solchen Vermögensbestandteil gibt, aus dem die Formgeber die Steuern bezahlen können, obwohl er die praktischen Schwierigkeiten seines Plans der Allein-Steuer nun einsieht. Noch einmal stellt er die grundsätzliche Frage:

> Ich fühle wohl, daß die Anwendung meines Plans von Abgaben unendlich viele Schwierigkeiten haben wird. Aber mit alledem kann ich mich doch nicht darein finden, wie es möglich ist, auf etwas anderes, als auf den jährlichen Produkten, Abgaben anzulegen. Du weißt, Formen sind doch am Ende nichts, als Einschränkungen der Materie. Kann der Staat sich mit Formen bezahlen lassen? Sind Formen Gegenstand von Abgaben?[15]

Darauf antwortet Schlosser–Xenokrates entschieden:

> Warum nicht, wenn der Staat Formen gebraucht?[16]

Was ist mit dieser Antwort gemeint? Schlosser begründet seine Antwort in zwei Schritten.

In einem ersten Schritt mißt Schlosser allgemein der Arbeit einen neuen Stellenwert zu – nicht nur hinsichtlich der Formgebung, sondern auch hinsichtlich der Hervorbringung, also auch hinsichtlich der landwirtschaftlichen Produktion. Xenokrates gibt Demetrius zu bedenken:

> Sowohl die Materie, die hervorgebracht werden soll, muß durch Kräfte des Menschen hervorgebracht werden, als wie die Formen durch eben diese Kräfte der Menschen gegeben werden müssen.[17]

Damit zieht Schlosser mit der ökonomischen Klassik gleich, indem der Produktionskraft des Bodens bzw. der Natur ganz allgemein die Produktionskraft der Arbeit an die Seite gestellt bzw. diese jener sogar übergeordnet wird.

In einem zweiten Schritt – und dies ist der wichtigere – geht es Schlosser darum, festzustellen, daß beim »Formen« Güter entstehen, die neuen Bedürfnissen entsprechen und entsprechend diesen Bedürfnissen verkauft werden können, und daher als solche einen Teil des Volksvermögens oder – wie wir heute sagen würden – des Volkseinkommens darstellen. Man muß nur – so sagt Schlosser – sich vor Augen führen, daß es nicht nur lebensnotwendige Bedürfnisse gibt, die auf die Produkte ausgerichtet sind, an denen die Natur mitwirkt, sondern auch verfeinerte Bedürfnisse, die auf die Formen ausgerichtet sind, an denen die Phantasie oder Imagination mitwirkt.

Mit dieser Feststellung geht Schlosser eindeutig über die Klassik hinaus, denn nicht die Produktionsfaktoren – handle es sich nun um Boden bzw. Natur oder um Arbeit – werden in erster Linie als wertvermehrend angesehen, sondern die neuen Bedürfnisse. Die Bedeutung dieser Bedürfnisse wird nun von Schlosser besonders hervorgehoben. Sie stellen den eigentlichen Kern seiner Theorie dar.

Auf die Frage des Xenokrates:

Wovon werden nun die Kräfte der Menschen überhaupt in Bewegung gesetzt?

antwortet Demetrius:

Ich wüßte nichts anderes, als das Bedürfnis.[18]

Indem Demetrius dies zugibt, hat Xenokrates im Grunde schon über dessen physiokratische Ansichten gesiegt, denn er kann nun aufzeigen, daß die Wertschöpfung abhängig ist vom Ausmaß der Bedürfnisse und nicht nur vom Ausmaß der landwirtschaftlichen Produktion. In einer Nation, die nur die einfachsten Dinge braucht, die die Natur bietet, werden sowohl die Anstrengung von Kräften als auch das Vermögen sehr klein

sein. Anders ist es aber, wo durch »Aufweckung neuer Bedürfnisse«, die die Menschen durch »neue Lehrer und Erfinder
erhalten«, auch »neue Kräfte zur Hervorbringung *und* zum
Formgeben« angespornt werden:

Denke dir ferner [sagt Xenokrates], was die Einbildungskraft nachher,
als sie einmal in Bewegung gesetzt worden ist, und in der planmäßigen
Lebensart, die mit der Erfindung des Ackerbaus eingeführt worden,
freieres Spiel bekam, für neue Bedürfnisse aus Bedürfnissen schaffte.
Wie der Mensch, da er einmal anfing, nicht mehr auf der Erde schlafen
zu wollen, von den Blättern, die er unter sich streute, hin zu den persi-
schen Tapeten, von den Fellen, womit er sich anfing zu bedecken, hin
zur Tyrischen Purpurwolle, von der Baumrinde, woraus er trank, hin zu
den goldenen Bechern hinauf gestiegen ist. Wie er sich nicht mehr begnügt, in Höhlen zu wohnen, sondern den Parischen Marmor zu Joni-
schen Säulen baute, und die nahe Fichte mit der fernen Ceder ver-
tauschte; wie es ihm nicht mehr genügte, die schöne Menschengestalt in
ihrem gewöhnlichen Wuchse und Stellung zu betrachten, sondern wie er
sich Menschengestalten nach seinen Idealen von Ebenmaße und Grazie
ausschnitzte; kurz, denke dir alle die tausend und tausend Bedürfnisse,
die der Wollüstling sich macht, und die selbst der bescheidene Weise,
wenn er nicht von dem Geschmack unseres Freundes Diogenes ist, so-
lang er ihnen nicht den besseren Teil seines Selbst aufopfern soll, sich
nicht versagen mag; und berechne darnach, welch eine erstaunliche
Masse von Menschenkräften nun in der einzigen Stadt Athen täglich in
Bewegung gesetzt werden, um diese Art von Bedürfnissen zu sättigen,
und wie sich die gegen die Masse von Materie verhält, die in eben dieser
Stadt verbraucht wird. Gewiß wirst du finden, daß sie sich nicht wie 1 zu
10, sondern wie 1 zu 100 verhält. Nehme nur eine einzige Statue des
Praxiteles, und berechne, was er für Kunst, Zeit, Fleiß und Kräfte darauf
verwendet hat, und wie sich der Aufwand verhält gegen das Erz, woraus
er die Statue gemacht hat, und gegen den Aufwand seiner Verköstigung
während der Arbeit.[19]

Xenokrates kann nun aufgrund dieser Überlegungen dem
Demetrius erklären, daß, weil aus den Abgaben, die der Staat
erhebt, nicht nur das Hervorgebrachte, sondern die Formen
bezahlt werden, es gar nicht möglich und auch nicht nötig ist,
nur das Hervorgebrachte mit Abgaben zu belegen.

Denn es ist nun [führt Xenokrates fort] klar, daß der Staat alle die Kräfte, die er durch Belohnung in Bewegung setzen muß, nicht mit Produkten allein bezahlen kann, sondern daß er sie um 99mal mehr mit Anweisungen auf Kräfte, die für seine Diener, seine Arbeiter, seine Verkäufer arbeiten, in Bewegung setzen muß. Und wenn es dann richtig ist, daß in einer Stadt wie Athen, die Masse von Produkten, gegen die Masse der wirkenden Kräften; die Masse vom Bedürfnis der Produktion gegen die Masse vom Bedürfnis der Formen sich verhält wie 1 zu 100; oder vielmehr, wenn der Verbrauch, die Konsumation in Athen, gegen ein tausend Teil der Produkten 100 000 Teile der Kräfte erfordert; so folgt, daß der Staat mit Abgaben aus den bloßen Produkten sich nicht begnügen kann.[20]

Nach dem physiokratischen Vorschlag der Allein-Steuer müßte nun derjenige an die Steuer beitragen, »der da essen muß«[21], der also landwirtschaftliche Produkte benötigt, und nicht derjenige, der sein Geld vor allem auch für die Leistungen des Gewerbes und des Handels, also für die Formen und Kräfte ausgibt. Da der Staat aber seine Steuereinnahmen nur zu einem kleinen Teil für das Essen, also für die landwirtschaftlichen Produkte benötigt, und den größten Teil für die Formen, würde so ein Ungleichgewicht entstehen: es würden sozusagen aus dem Fonds der landwirtschaftlichen Produkte Güter an den Staat abgetreten, die von ihm gar nicht in diesem Ausmaß benötigt werden, während ihm gerade diejenigen Güter, nämlich die Formen, vorenthalten werden, die ihm in Wirklichkeit wichtig sind.

Eine weitere entscheidende Frage ist aber nun, wie es überhaupt möglich ist, sich eine Vorstellung zu machen vom Austauschverhältnis zwischen dem Hervorgebrachten und den Formen oder Kräften, wie sie z. B. der oben erwähnten Annahme zugrunde liegt, daß sie im Verhältnis 1 zu 100 benötigt werden. Die Antwort Schlossers ist einfach: das Verhältnis wird bestimmt durch die Geldpreise, die sich auf dem Markt bilden. Das Geld ist eine Anweisung auf Produkte *und* Formen. Der Wert der Anweisungen selbst wird vom Gesetzgeber festgelegt.

Aber:

Der Wert, dem das Gesetz diese Anweisungen gibt, ist nur der Wert dieser Anweisungen gegen Anweisungen gleicher Art,[22]

nicht der Wert gegenüber den Produkten und Formen bzw. Kräften. Dieser hängt vielmehr von den laufenden Preisen ab: Was entscheidet aber über die laufenden Preise? Darüber entscheidet einerseits das Angebot, d. h. der Bürger,

der nicht mehr von seinen Produkten und Kräften zu geben braucht als er will,[23]

und andererseits die Nachfrage, nämlich die

Größe der Bedürfnisse – und der Masse der Zahlungsmittel, sie mögen nun in Produkten oder in Formgebung bestehen.[24]

Durch das Geld werden die Produkte und die Formen (= die Kräfte, bzw. die Arbeit) zueinander in Beziehung gebracht. Letztlich lassen sich aber die Produkte und Formen doch nur dadurch bezahlen, daß man selber Produkte und Formen anbietet. Nur werden dann nicht nur Produkte gegen Produkte, sondern auch Produkte gegen Formen und Formen gegen Formen getauscht. Je größer aber die Bedürfnisse der Einbildungskraft sind, um so mehr werden sich die Menschen anstrengen, um so mehr werden sie Formen und nicht nur Produkte hervorbringen.
Xenokrates stellt in diesem Zusammenhang eine eindeutige Entwicklung zu einer immer stärkeren Bedeutung der Formen fest:

Wenn in einem Staat nicht mehr Bedürfnisse wären, als so viel mit den Produkten befriedigt werden kann; auch nicht mehr Kräfte darin in Bewegung gesetzt werden würden, als so viel dieses auf die Produkte eingeschränkte Bedürfnis erfordert. Das Bedürfnis der Produkte ist in einem solchen Staat der einzige Antrieb zur Anstrengung der Kräfte, wenigstens im allgemeinen angenommen, denn von dem Genius, dem Gott im Menschen, der selbständig arbeitet, reden wir nicht, also halten sich in einem solchen Staat beide die Waage. Wie das Bedürfnis sich nicht mehr mit den bloßen Produkten begnügt, das ist, nicht mehr bloß auf ihre Brauchbarkeit sieht; sondern, auf die Form, Farbe, Schönheit und dergleichen, so muß etwas anders sein, das dieses neue Bedürfnis befriedigt; das ist die Formgebung; und da zur Bezahlung dieser das Produkt nicht mehr hinreicht, so muß auch ein neuer Preis entstehen, der die Formgeber antreibt, die Form zu geben, die das neue Bedürfnis verlangt; und das ist nichts als wieder Formgebung. Und wie im ersten Fall Produkt die Formgebung zahlt, so zahlt im zweiten Formgebung die Formgebung.[25]

Schlosser geht somit davon aus, daß freie Kapazitäten in Form schlummernder Kräfte vorhanden sind, die sich durch die neuen Bedürfnisse wecken lassen – über die Anstrengungen hinaus, die der Mensch aus reiner Freude an der Arbeit selber leistet, die vom »Genius oder Gott im Menschen« inspiriert ist. Damit ist gesagt, daß die Preise der Formen nicht nur dadurch bestimmt sind, wie viele Produkte man dafür herzugeben bereit ist, sondern auch wie viele andere Formen. Die Preise der Formen können also mit der wachsenden Quantität der »Formen« ständig steigen. Das heißt: Sie enthalten nicht nur ein Äquivalent für den »natürlichen Preis«, d. h. für den Unterhalt der Arbeit und der Werkzeuge und für das Mehr-Produkt der Natur, sondern auch ein Äquivalent für die neuen Bedürfnisse, die auf dem Markt getauscht werden. Es gibt ja auch neue Zahlungsmittel: diese sind die Formen, die sich von Jahr zu Jahr vermehren.

Was würde nun passieren, wenn eine Alleinsteuer auf den Produkten erhoben wird, gemäß den Empfehlungen des Demetrius? Werden dann – wie es Demetrius meint – der Formen immer mehr werden, während umgekehrt die Produktion trotz der Belastung kaum abnehmen wird, da man ja nicht auf sie verzichten kann? Schlosser–Xenokrates argumentiert für eine gegenteilige Entwicklung. Einmal ist es in diesem Fall möglich, sagt er, daß sich ein kleiner Staat wie Athen ganz auf die Formgebung konzentriert und dafür im Austausch mit dem Ausland günstigere Produkte importiert, die nicht belastet sind. Dazu wird es dann kommen, wenn

die Größe der Abgaben den Neuwert von Produkten, die in dem Staate sind, so wenig proportioniert, daß die zu einem Preis steigen, den alle Kräfte, die im Staate arbeiten, nicht bezahlen können. [Dann] wird, wo Einfuhr von Produkten möglich, diese [die Produktion] ganz aufhören.[26]

Wenn dies aber nicht möglich ist, dann wird umgekehrt

die Arbeit ganz aufhören, wenn sie auch nicht beladen ist, denn die ganze herumlaufende Geldmasse wird alsdann bloß Repräsentant der Produkte sein.[27]

Im Gegensatz zu dem, was der Physiokrat Demetrius vermutet hatte, wird dann die Arbeit bzw. die Formgebung sich nicht vermehren, sondern sie wird im Gegenteil immer mehr zusammenschrumpfen, weil die Produzenten, die die ganze Last zu tragen haben, wenig für die Arbeit bezahlen können, also »gegen wenig viel Arbeit kaufen müssen«[28]. Die Produzenten werden also versuchen,

der Arbeiter lieber ganz zu entbehren; und also wird jeder wie in Arkadien, seine nötigen Produkte selbst durch seine Arbeit verdienen oder ihre Ausgabe ersparen wollen . . . Der Teil der Nation aber, welcher keine Produktion hat, wird sich dann glücklich schätzen, Sklaven derer zu sein, welche haben. Was bleibt ihm auch anderes übrig? Und das ist überall der Fall, wo nur Produkte der einzige Preis von allem und sie nicht im großen Überfluß vorrätig und Gegenstand des Handels sind.[29]

Anders ist es aber bei einer gleichmäßigen Verteilung der Abgaben, wie sie Xenokrates–Schlosser propagiert:

Wenn alle die Bedürfnisse in einem Staate rege gemacht sind, die durch die Produkte und Kräfte des Staates befriedigt werden können, und wenn die Auflage so beschaffen ist, daß der Produzent und die Arbeiter von ihrem Verdienst und ihrem Erwerb noch übrig behalten, so zu leben, wie es ihrem Stand angemessen ist, und wie sie die Freuden und Bequemlichkeiten des Lebens, auf die sie Anspruch machen können, genießen dürfen, so werden, wenn alle übrigen Umstände in gehörigem Verhältnis stehen, weder die Produzenten, noch die Arbeit minder werden. Denn beide werden ihre Bedürfnisse befriedigen wollen, und beide werden Mittel dazu in ihren Kräften finden.[30]

III

Wenn es Schlosser wohl vor allem um das praktische Ergebnis seiner Schrift gegangen ist, nämlich darum, den Markgrafen von Baden von der Idee der Alleinsteuer auf den Produzenten abzubringen, so ist das eigentlich Interessante die Hervorhebung der phantastischen Bedürfnisse bzw. der Bedürfnisse der Phantasie, der Einbildungskraft oder Imagination und seine theoretischen Überlegungen, mit denen er ihre Bedeutung für die Entwicklung der Volkswirtschaft verdeutlicht.

Die Konkurrenz der Arbeiter bzw. der Formgeber wird – so ist Schlosser zu interpretieren – nicht dazu führen, daß der Preis der Arbeit gerade noch seine Kosten deckt, vielmehr wird auch hier ein Überschuß erzielt, weil mit der Zunahme der Arbeit bzw. der Formgebung auch das Bedürfnis nach Arbeit bzw. nach Formgebung wächst. Dieser Überschuß kann den Wettbewerb nicht grundsätzlich zum Verschwinden bringen, denn die Nachfrage steigt mit dem Angebot. Diese Entwicklung beruht, wie Schlosser–Xenokrates hervorhebt, auf der Tatsache,

daß seine [des Menschen] Einbildungskraft und seine Phantasie ihm Bedürfnisse gegeben hat, die ganz außer den Wegen der Natur liegen.[31]

Auf der Grundlage dieser Vorstellungen hatte Schlosser schon in den *Politischen Fragmenten* das physiokratische Kreislaufmodell weiterentwickelt. Die Vorstellung des volkswirtschaftlichen Kreislaufs wird aufrechterhalten, aber die Idee von der Alleinproduktivität der Landwirtschaft aufgegeben. Schlosser behauptet:

> Die Klasse der Künstler, Handwerker und Kaufleute ist nicht unfruchtbar; sie produziert imaginäre Waren für imaginäre Bedürfnisse.[32]

Er gibt daher eine Darstellung des Kreislaufs, in der

> im Reiche der imaginären Waren die Bauernklasse steril ist.[33]

Schlosser hat das neue Kreislaufmodell allerdings nicht graphisch dargestellt, sondern nur mit entsprechenden Zahlenangaben verbal beschrieben. Die Besonderheit des Modells besteht darin, daß die »natürlichen Waren« der Landwirtschaft zwar in Geld bewertet, aber nicht in Geld bezahlt werden, während die »imaginären Waren« des Gewerbes gegen Geld getauscht werden. Im folgenden soll ein Kreislauf-Schema dargestellt werden unter der Annahme eines solchen partiellen Geldkreislaufes.

Schlosser geht aus vom bekannten Reproduktionsmodell von Quesnay, in welchem sich drei Klassen gegenüberstehen: die »produktive Klasse« der Bauern, die die Nahrungsmittel und Rohstoffe bereitstellen, die »disponible Klasse« der Grundbesitzer bzw. der Eigentümer des Bodens, die von der Grundrente leben, und die »sterile Klasse« der Handwerker und des übrigen Gewerbes, die die Rohstoffe verarbeiten bzw. formen. Während aber im physiokratischen Modell diese Verarbeitung dem Produkt keinen Wert hinzufügt, führt die Verarbeitung bei Schlosser zur Schaffung imaginärer Werte, die im ökonomischen Sinne durchaus real sind, mit Geld bezahlt werden und einen Überschuß abwerfen. Neben die bzw. an die Stelle der Grundeigentümer tritt bei Schlosser der Staat, der nicht eine Grundrente, sondern Steuern verlangt. Konkret geht es Schlosser auch hier um den Nachweis, daß nicht nur die Bauern, sondern auch die Gewerbetreibenden einen Überschuß erzielen, aus dem sie Steuern bezahlen können.

Grundlage dieses Modells sind die deutschen Verhältnisse zu Ende des 18. Jahrhunderts. Sie werden von Schlosser in dem Sinne stilisiert, daß die Bauern im wesentlichen ihren Eigenbedarf decken und ihre Steuern in naturaler Form leisten. Geld brauchen sie nur, um Gewerbeprodukte zu kaufen. Demgegenüber werden alle Gewerbeprodukte gegen Geld getauscht; die Gewerbetreibenden bezahlen infolgedessen auch ihre Steuern in Form von Geld. Entsprechend heißt es bei Schlosser bezüglich der fünf Wareneinheiten, die die Bauern produzieren:

> Diese fünf wären unabhängig von der Geldmasse, die im Staate zirkuliert.[34]

Dies trifft aber nicht zu für die fünf Wareneinheiten, um die Schlosser das physiokratische Modell erweitert. Von ihnen gilt, daß sie

> durch die zirkulierende Geldmasse ganz balanciert werden.[35]

Wir können nun in der Schlosserschen Tafel (vgl. Abb. 12) angeben, wie sich die insgesamt zehn Wareneinheiten auf die drei Klassen in der Weise aufteilen, daß eine Reproduktion von Jahr zu Jahr möglich ist. Dabei sind die Transaktionen außerhalb und innerhalb des Geldkreislaufs getrennt ausgewiesen. (Die Korrespondenz zwischen der verbalen Beschreibung und der Tafel wird durch die Ziffern in den Klammern hergestellt, die auf die entsprechenden Pfeile im Schema hinweisen. Die arabischen Ziffern beziehen sich auf die Transaktionen außerhalb, die lateinischen Ziffern auf die Transaktionen innerhalb des Geldkreislaufs.)
1. Die Bauern produzieren 5 Einheiten »natürliche« oder »wirkliche« Waren; davon behalten sie 3 als »Vorschuß« (1), nämlich 2 als Ersatz des jährlichen Betriebskapitals – in Form von Nahrungsmitteln und Rohstoffen – und 1 für den Ersatz des fixen Kapitals in Form von Geräten und Gebäuden.
Der Staat erhält ein Recht zum Bezug von 2 Einheiten als Steuerleistung. Davon nutzt er die eine Hälfte zum Bezug von 1 Einheit »wirklicher Waren«, die ihm die Bauern liefern (2). Die andere Hälfte tritt er dem Gewerbe als Teilzahlung für die von

Die Schlossersche ökonomische Tafel

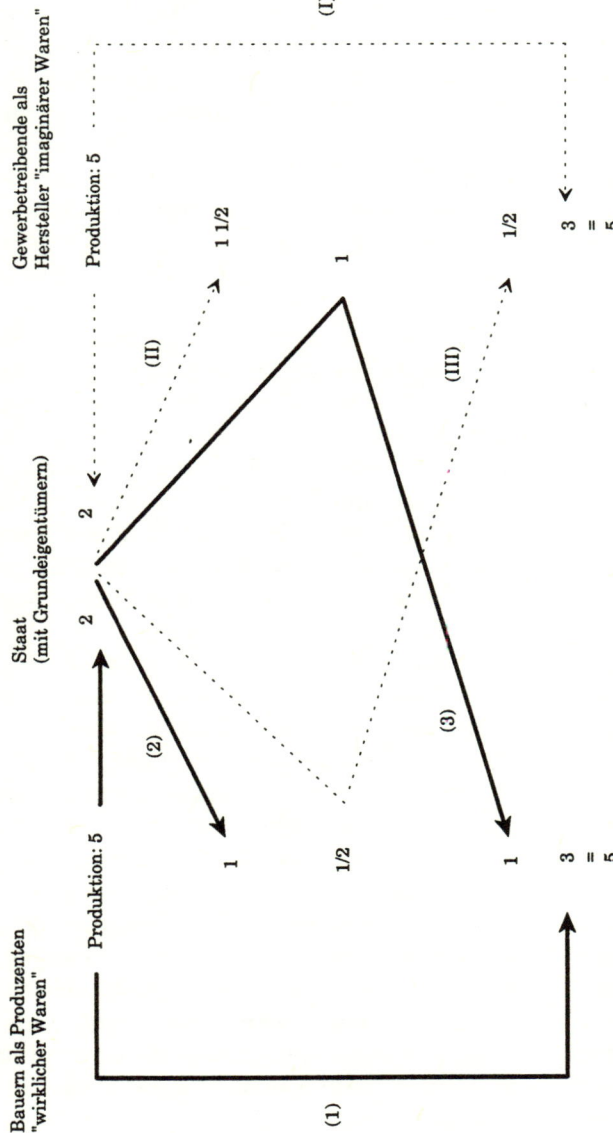

Abb. 12: Die ausgewogenen Linien stellen Transaktionen außerhalb des Geldkreislaufs, die gestrichelten Linien Transaktionen innerhalb des Geldkreislaufs dar. die Pfeile entsprechen dem Geldkreislauf, bzw. der Geltendmachung von Bezugsrechten.

ihm erworbenen »imaginären Waren« ab. Das Gewerbe erhält dafür von den Bauern 1 Einheit »wirklicher Waren« (3). 2. Die Gewerbetreibenden produzieren 5 Einheiten »imaginäre Waren«. Davon verkaufen sie 3 untereinander gegen Geld (I). Sie behalten dieses Geld als Vorschuß, nämlich 2 für den Ersatz des jährlichen Betriebskapitals und 1 für den Ersatz des fixen Kapitals. Diesem Vorschuß in Geldform steht dann selbstverständlich auch ein »realer« Vorschuß in Form entsprechender Verbrauchsgüter bzw. entsprechender Geräte und Gebäude gegenüber.

Der Staat erhält vom Gewerbe Geld im Betrag von zwei Einheiten als Steuerleistung. ½ Einheit gibt der Staat den Bauern in Form höherer Preise für die »wirklichen Waren« weiter. Für das Geld, das den Bauern auf diese Weise zufließt, kaufen sie »imaginäre Waren« im Betrag von ½ Einheit (III). Das übrige Geld benötigt der Staat zum Erwerb von 1½ Einheiten »imaginärer Waren« (II). Dabei ist zu beachten, daß der Preis der »imaginären Waren«, die der Staat bezieht, höher ist: er umfaßt auch die eine Einheit Bezugsrechte, die der Staat von den Bauern erhält und an das Gewerbe weitergibt.

Der entscheidende Punkt in diesem Modell ist außer der Ausweitung der Überschüsse auch deren Umverteilung über den Preis. Die zwei Einheiten der Überschüsse der Bauern, gemessen in »wirklichen Werten«, und die zwei Einheiten der Überschüsse der Gewerbetreibenden, gemessen in »imaginären Werten«, die dem Staat als Steuern abgeliefert werden, entsprechen nicht den Werten, die der Staat in Wahrheit für sich beanspruchen kann. Vielmehr muß er aus dem Gesamtbetrag von vier Einheiten ½ Einheit den Bauern in Form höherer Preise zurückgeben, die sich dafür »imaginäre Waren« beschaffen können, und eine Einheit den Gewerbetreibenden, ebenfalls in Form höherer Preise, die dafür »wirkliche« Waren beziehen. Die Preise der landwirtschaftlichen und der Gewerbeprodukte enthalten somit sowohl ein Äquivalent für die »wirklichen« wie für die »imaginären« Waren.

Die Preise des um die gewerbliche Wertschöpfung erweiterten Kreislaufs sind also höher als diejenigen, die bei einer rein agrarischen Wertschöpfung gezahlt werden müssen. Die höheren Preise können bezahlt werden, wenn die Naturalwirtschaft durch den Geldkreislauf ergänzt wird. Schlosser schreibt (nachdem er im Gegensatz zum oben geschilderten Modell auch die Landwirtschaft in den Geldkreislauf einbezogen hat):

Wo die Geldmasse die wirkliche Ware [d. h. die landwirtschaftliche Produktion] allein zahlt, da ist kein imaginäres Reich [d. h. gewerbliche Produktion] möglich. Da wird man nicht vergölden, nicht schnitzen, nicht einlegen, nicht fremde Stoffe kommen lassen, nicht unnötige Bediente halten, keinen Friseur, keinen Koch haben, keine neue Mode erfinden! Derweil wird die ganze Geldmasse in der Hand des Bauern sein, und jährlich wird er dem Eigentümer, dem Staat und dem Handwerksmann zurückzahlen und alle werden nur von den Produkten der Erde leben. Das tut der Privatmann, der von der Geldmasse jährlich nicht mehr in die Hand bekommt als er braucht, um die Produkte zu kaufen, wovon er leben soll. Wie [aber] die Geldmasse diese Balance übersteigt, so wäre der Überfluß unnütz ohne Imagination. Die schafft ihm aber neue Waren, um die Balance herzustellen.[36]

Damit macht Schlosser deutlich, daß die Ausweitung der Geldmenge mit der entsprechenden Möglichkeit zur Preis- und Einkommenssteigerung nicht einfach zur Inflation führt, sondern auch der Bezahlung neuer Werte dienen kann. Ohne die Imagination, die die Schaffung solcher neuer Werte ermöglicht, wäre allerdings die Geldausweitung unnütz, d. h. inflationär. (Die Möglichkeit einer bloßen Mengensteigerung mittels Zinssenkung und vermehrte Investition, etwa im Sinne Keynes, wäre als dritte Möglichkeit einer Wirkung der Geldausweitung noch hinzuzufügen; sie wird jedoch von Schlosser nicht behandelt.)

IV

Schlosser überwindet die Theorie der Physiokratie von der alleinigen Produktivität der Landwirtschaft, ohne deswegen die physiokratische Aufteilung der Wirtschaft in die auf der Natur basierende Produktion – die Hervorbringung – und der Verarbeitung der produzierten Güter – die Formgebung – aufzugeben. Dabei erkennt er nicht nur, daß auch die Formgebung einen Überschuß oder einen Reinertrag abwirft, sondern daß dieser im Bereich der Formgebung in der Regel höher ist als im Bereich der Hervorbringung, nicht obwohl, sondern gerade weil jene naturferner ist und damit auch auf naturfernere Bedürfnisse ausgerichtet werden kann. Diese werden in höherem Maße von der menschlichen Phantasie gelenkt, die keine Grenzen kennt und daher im Prinzip auch nicht gesättigt werden kann. Sie ist daher imstande, stets neue Produktionskräfte zu mobilisieren. Vor allem braucht die Formgebung aber auch nicht auf die Natur bzw. auf die jährliche Ernte zu warten.

> Der Gewerber und der Handelsmann schafft seine Waren schnell; der Bauer langsam. Jener kann zwei Drittel Profit nehmen, eh dieser eins nimmt.[37]

Diese Gegenüberstellung von Hervorbringung und Formgebung ist nicht zu verwechseln mit der Gegenüberstellung von Natur (Boden) und Arbeit im Sinne von Adam Smith. Dies muß besonders deshalb betont werden, weil Bernd Mahl den *Xenokrates* den *Politischen Fragmenten* gegenüberstellt und behauptet:

> Im *Xenokrates* geht es nicht mehr um die bloße Revision der Lehre von Quesnay oder Schlettwein, sondern um die Neukonzeption der auf einer Arbeitswertlehre basierenden Wirtschaftstheorie, welche in ihren Hauptaussagen den Lehren Smiths gleichkommt.[38]

Gerade nicht! Wenn Adam Smith von Arbeit spricht, visiert er vor allem den Anteil der Arbeit an der Wertschöpfung an im Unterschied zum Anteil der Natur (des Bodens), ob es sich dabei um Hervorbringung oder um Formgebung handelt, die Smith im allgemeinen nicht unterscheidet. Wenn aber Schlosser–Xenokrates von Arbeit spricht, meint er vor allem die (gesamte)

Wertschöpfung bei der Formgebung im Unterschied zur (gesamten) Wertschöpfung bei der Hervorbringung. Es besteht also kein Unterschied zu den *Politischen Fragmenten*. Bei Adam Smith ist Arbeit nur Produktionsfaktor, bei Schlosser ist Arbeit zugleich Produktionsfaktor und Produkt (im Sinn der *Form*)!

Ganz grundsätzlich ist aber auch die Preis- und Wertlehre Schlossers eine ganz andere als diejenige von Adam Smith. Diese beruht auf der Vorstellung, daß der Marktpreis um den sogenannten natürlichen Preis schwankt, der einen üblichen Entgelt für die Arbeit, sowie für die Boden- und Kapitalleistung enthält. Dieser natürliche Preis wirkt wie ein Magnet auf den Marktpreis, der unter Konkurrenzverhältnissen auf die Dauer weder darüber noch darunter liegen kann. Gemäß Schlosser steigt demgegenüber der Marktpreis auch unter Konkurrenzverhältnissen kontinuierlich über den natürlichen Preis, d. h. über einen üblichen Entgelt für Arbeit, Boden- und Kapitalleistung an. Oder anders ausgedrückt: was üblich ist, ändert sich kontinuierlich im Sinne eines Einbezugs der Formen in den Preis und damit auch in den Entgelt der Produktionsfaktoren. Die Wertschöpfung wird immer größer. Die Unterscheidung von natürlichem Preis und Marktpreis verliert damit seinen eigentlichen Gehalt.

Die Bedeutung der Differenz zwischen Smith und Schlosser erhellt wohl am besten, wenn man sich vergegenwärtigt, daß aus der Preis- und Wertlehre Adam Smiths über Ricardo schließlich die Mehrwertlehre Marxs resultierte. Schlossers Argumentation hingegen hätte, wenn sie weiterentwickelt worden wäre, kaum in eine solche Theorie münden können. Eine Mehrwert-Vorstellung im Sinne von Marx hätte hier keinen Platz, weil nach Schlosser durch neue Bedürfnisse auch neue Arbeitskräfte geweckt werden und so durch Vermehrung der Arbeit als Produktionsfaktor sich gleichzeitig die Arbeit im Sinne neuer Formen vermehrt, mit den neuen Formen aber auch die Einkommen steigen, die schließlich als Konsum der Arbeit zugute kommen müssen. Es fehlt somit bei Schlosser die Basis für eine Gegenüberstellung von Arbeit und Kapital, die die Arbeit ausbeutet. Kapital (im Sinne der vorgetanen Arbeit) ist vielmehr bei Schlosser im Begriff der Arbeit mitzudenken. Man versteht Schlosser aus heutiger Sicht vielleicht am besten, wenn man ihn mit der Aussage von Niklas Luhmann über die »falsche Front« von Kapital und Arbeit in Zusammenhang bringt:

> Die Rolle des Arbeiters als Konsument fügt sich diesem Schema [von Arbeit und Kapital] nicht. Einerseits hängt die Wirtschaft davon ab, daß alle Teilnehmer zahlungsfähig sind und bleiben und daß auch der Arbeiter, er vor allem, konsumfähig bleibt. Der Kapitalist [wer immer das sei] hat ein Interesse an der Erhaltung seiner Märkte. Andererseits sind die Wirtschaftssorgen eines Arbeiters hauptsächlich Sorgen eines Konsumenten.[39]

Der heutige Konsum besteht – so muß man im Sinne Schlossers hinzufügen – vor allem aus Formen, die den imaginären Bedürfnissen entsprechen. Diese sind es daher, die den Gegensatz von Arbeit und Kapital relativieren. Schlosser kann also im Grunde weder als Physiokrat noch als Klassiker angesprochen werden. Das Kernstück seiner Theorie liegt jenseits von Physiokratie und Klassik. Er ist vielmehr von einer sehr alten Tradition der Ökonomie inspiriert: von der aristotelischen Ökonomie. Hinter der Unterscheidung zwischen der Hervorbringung und der Formgebung ist – wie schon Wilhelm Roscher feststellt[40] – deutlich die aristotelische Unterscheidung zwischen der natürlichen Wirtschaft und der künstlichen Wirtschaft zu erkennen. Die Bedeutung Schlossers liegt darin, diesen aristotelischen Ansatz im Hinblick auf die Markt- und Preisbildung konkretisiert und die künstliche Wirtschaft in Zusammenhang mit den imaginären Bedürfnissen und der Ausweitung der Geldmenge als tragende Grundlage des wirtschaftlichen Entwicklungsprozesses oder – wie wir heute sagen – des wirtschaftlichen Wachstums erkannt zu haben, ohne daß er die Bedeutung der Natur für die Produktion aus den Augen verliert.

Anhang

Anmerkungen

Einführung

Wo Geldwirtschaft entsteht, verändert sich der Mensch – Ein Beispiel aus Sibirien

1 Neue Zürcher Zeitung, 11./12. März 1989.
2 Nenning, Günther: »Klassenbewußter Romantiker«; in: *Weltwoche* vom 9. März 1989.

I. Allgemeiner Teil: Geld und Natur – Neue Perspektiven der Wirtschaftstheorie

Wirtschaftliches Wachstum – Fortschritt oder Raubbau?

1 Saint-Simon, Claude-Henri de: »Über die Reorganisation der europäischen Gesellschaft«; in: *Ausgewählte Schriften,* Berlin Ost 1977, S. 133–194.
2 Bombach, G.: »Wirtschaftswachstum und Stabilität«; in: Bombach; Riese et al.: *Wachstum und Konjunktur,* Darmstadt und Opladen 1960, S. 7–109.

Das ökonomisch-ökologische System

1 Egli, Emil: *Die Natur in Not,* Bern und Stuttgart, S. 7.
2 Herder, J. G.: *Ideen zur Philosophie der Geschichte der Menschheit,* Berlin 1914, S. 9.
3 Es handelt sich allerdings nicht um einen vollständigen Ausgleich, so daß immer noch ein Rest des Kapitalisierungsprozesses erhalten bleibt: »Every year approximately 10^{47} (about 100 billion tons) of organic matter is produced on the earth by photosynthetic organism. An approximately equivalent amount is oxidized back to CO_2 and H_2O during the same time interval as a result of the respiratory activity of living organisms. But the balance is not exact.« Vallentyne 1962; in: Odum, E. P.: *Fundamentals of Ecology,* 3. Aufl., Philadelphia/London/Toronto o. J. S. 24.

4   Vgl. zum Leben in Ökosystemen:
    Tschumi, P. A.:»Umwelt als beschränkender Faktor für Bevölkerung
    und Wirtschaft«; in: von Walterskirchen, M. P. (Hrsg.): *Umwelt-
    schutz und Wirtschaftswachstum,* Frauenfeld und Stuttgart 1972,
    S. 20f.
    Odum, E. P.: *Fundamentals of Ecology,* S. 24ff.
    Ehrlich, P. R.; Ehrlich A. H.: *Population, Resources, Environment,* San
    Francisco 1970, S. 161ff.
    Rose, S.: »The Economics of Environmental Quality«; in: *Fortune,*
    February 1970, S. 120f.
5   Vgl. zur mathematischen Natur der logistischen Funktion:
    Jöhr, W. A.:»Bedrohte Umwelt. Die Nationalökonomie vor neuen Aufga-
    ben«, Anhang II, in: Walterskirchen, M. P. (Hrsg.): *Umweltschutz
    und Wirtschaftswachstum,* a. a. O., S. 105ff.
    Ginsburg, Th.: »Energieproduktion und Umweltbelastung« und »Die
    Tragik der Allmende«; in: *Neue Zürcher Zeitung* vom 17. und 24. No-
    vember 1971.
6   Asimov, I.: *Grünes Licht für das Leben,* Frankfurt/M. 1970, S. 148ff.
7   Rostow, W. W.: *Stadien wirtschaftlichen Wachstums. Eine Alternative
    zur marxistischen Entwicklungstheorie,* Göttingen 1960.
8   ebd., S. 22.
9   Vgl. zur Darstellung des Rückkoppelungsprozesses: Meadows, D. L. et
    al.: *The Limits to Growth,* New York 1972, 96ff.
10 Jünger, F. G.: *Die Perfektion der Technik,* 2. Aufl., Frankfurt/M. 1949,
    S. 19f.
11 Ginsburg, Th.:»Energieproduktion und Umweltbelastung« und »Die
    Tragik der Allmende«, a. a. O.
12 Krutilla, J.:»Conservation Reconsidered«; in: *American Economic
    Review,* September 1967, S. 778.

Das Entropiegesetz als Grundlage einer ökologisch orientierten Wirtschaftstheorie

1   Clark, J. B.: The *Distribution of Wealth,* New York und London 1931.
2   ebd., S. 116ff.
3   Vgl. dazu Mommer, B.: *Die Ölfrage,* Baden-Baden 1983, S. 221: Es ging
    Anfang der siebziger Jahre darum, »daß höhere Preise bei den ge-
    gebenen Marktverhältnissen bereits unvermeidlich entsprechend
    höhere Rentenforderungen und effektive Rentenzahlungen zur
    Folge haben mußten, (. . .) daß alle auf Grund kapitalistischer

Marktmechanismen auffallenden Surplusprofite sich umgehend (. . .) in Grundrenten umwandeln würden«.

4   Vgl. dazu Ströbele, K.: *Rohstoffökonomik,* München 1987, S. 405: »If energy productivity is high enough in relation to the capitaloutput in energy production and the depreciation rate of the equipment for harnessing solar energy, then the only true backstop technology will be solar energy.«

Neben den zitierten Literaturstellen dienten vor allem folgende Bücher als Unterlagen:

Binswanger, H. C.; Frisch, H.; Nutzinger, H.: *Arbeit ohne Umweltzerstörung,* 2. überarb. Aufl., Frankfurt/M. 1988.

Cassel, G.: *Theoretische Sozialökonomie,* 5. überarb. Aufl., Leipzig, S. 264–271.

Daly, H.: *Steady State Economics,* San Fransisco 1977.

Faber, M.; Niemes, H.; Stephan, G.: *Entropie. Umweltschutz und Rohstoffverbrauch.* Berlin u. a. 1983.

Georgescu-Roegen, N.: *The Entropy Law and the Economic Process,* Cambridge Mass. 1971.

ders.: *The Entropy Law and the Economic Process in Retrospect,* Schriftenreihe des Instituts für ökologische Wirtschaftsordnung (IÖW), Berlin 1987.

Hotelling, H.: »The Economics of Exhaustible Resources«; in: *Journal of Political Economy,* 39, 1931, S. 137–175.

Immler, H.: *Vom Wert der Natur,* Opladen 1989.

Nordhaus, D. W.: »The Allocation of Energy Resources«; in: *Brookings Papers on Economic Activity,* 3, S. 529–576.

ders.; Tobin, J.: »Is Economic Growth Obsolete?«; in: *Economic Research: retrospect and prospect,* Vol. 5, New York, S. 1–80.

Prigogine, I.: *Vom Sein zum Werden,* München 1982.

Proops, J.: »Entropy, Information and Confusion in the Social Sciences«; in: *Journal of Interdisciplinary Economics,* 1987, Vol. 1, S. 225–242.

Rifkin, J.: *Entropy, a New World View,* New York 1980.

Simonis, U. E. (Hrsg.): *Ökonomie und Ökologie,* 2. Aufl., Karlsruhe 1983.

Solow, R.: »The Economics of Resources or the Resources of Economics«; in: *American Economic Review,* 64 (1974), S. 1–14.

Stephan, G.: *Pollution Control, Economic Adjustment and Long-Run Equilibrium,* Berlin u. a. 1989.

Die Dynamik der Geldwirtschaft – Zur Frage eines Wachstumszwangs

1 Vgl. dazu das Kapitel »Von der Versorgungswirtschaft zur Erwerbswirtschaft«, S. 113.

2 Vgl. zu einer ausführlicheren theoretischen Fundierung des Time-lags zwischen Geldausgaben und Geldeinnahmen: Binswanger, H. C.: »Geld und Gleichgewicht«; in: *Zeitschrift für Wirtschafts- und Sozialwissenschaften,* Heft 3, 1990, S. 337 ff.

3 Vgl. dazu Piguet, J.-C.: »Les origines comptables de la pensée économique contemporaine«; in: *Revue européenne des sciences sociales* (Cahiers Vilfredo Pareto) Heft 27, 1972, S. 41 ff.

4 Dies gilt allerdings nur unter der Voraussetzung, daß das Preisniveau nicht so rasch ansteigt, daß das Vertrauen in die Zahlungsfähigkeit des Geldes schwindet, d. h. eine galoppierende Inflation eintritt, denn dies müßte einen Rückzug auf die Naturalwirtschaft zur Folge haben.

5 Daraus folgt umgekehrt, daß eine Geldsumme, die man erst in Zukunft erhält, um so viel weniger wert ist als sie in der Zwischenzeit keinen Zins und Zinseszins getragen hat. Um den Gegenwartswert dieser künftigen Geldsumme zu berechnen, muß sie mit dem Marktzins abdiskontiert bzw. abgezinst werden. Wir sprechen dann vom Bar- oder Gegenwartswert bzw. vom Kapitalwert dieser Geldsumme.

Entsprechend ist unter diesem Aspekt eine Geldsumme, die man nicht anlegt – also liquid hält, obwohl sie nicht für den unmittelbaren Konsum bestimmt ist –, in dem Ausmaß abzuzinsen, als sie während dieser Zeit keinen Zins trägt. Dies gilt, obwohl sich das Geld gerade dadurch von anderen Gütern auszeichnet, daß es aufbewahrt werden kann, ohne zu »verrosten oder zu verrotten«, und so die Eigenschaft einer – nahezu – ›ewigen‹ Lebensdauer erhält. Trotz seiner physischen Weiterexistenz schrumpft es aber wertmäßig zusammen, wenn sich sein Kapitalwert vermindert. Falls das Geld dauernd liquid gehalten wird, ist der Kapitalwert sogar Null, denn es ist *gegenwärtig* nur soviel wert, als es in *Zukunft* einen Ertrag abwirft. Ist der *zukünftige Ertrag* des Geldes Null, ist auch der *Gegenwartswert* – genauer: der Gegenwartskapitalwert – des Geldes Null, und zwar wohlverstanden auch für den Fall, daß Inflationsfreiheit vorausgesetzt ist.

Nur, wenn man mit Zinsschwankungen rechnet, kann es – wie insbesondere J. M. Keynes hervorgehoben hat – auch unter Kapitalgesichtspunkten *zeitweise* sinnvoll sein, liquides Geld im Sinne einer Spekulationskasse zu halten; dann hat es einen spezifischen Wert in dem Sinne, daß man den günstigen Zeitpunkt abwartet, um Wertpapiere billig zu kaufen.

Der Wertverlust des liquid gehaltenen Geldes kann deutlich herausgestellt werden, wenn wir berechnen, welches der Gegenwarts- oder Kapitalwert einer Geldsumme (K_0) ist, die als Geldkapital auf dem Geldmarkt auf n Jahre, also auf eine endliche Zeit (E) angelegt wird: sie ist gleich dem Barwert ($B_0^{G,\,E}$) der Summe der Zinserträge (iK_0) bei einem als konstant angenommenen Marktzins (i) während dieser n Jahre, plus der Kapitalrückzahlung nach n Jahren, also

$$B_0^{G,\,E} = \frac{(1 + i)^n - 1}{i\,(1 + i)^n}\,iK_0 + \frac{K_0}{(1 + i)^n}$$

Nun ist:

$$\frac{(1 + i)^n - 1}{i\,(1 + i)^n}\,iK_0 + \frac{K_0}{(1 + i)^n} = K_0,$$

so daß gilt:

$$B_0^{G,\,E} = K_0$$

Das heißt: Damit das nicht für den unmittelbaren Konsum bestimmte Geld seinen Wert (Kapitalwert) gerade behält, muß es auf Zins und Zinseszins angelegt werden.

Demgegenüber hat das Geld, das weder unmittelbar konsumiert noch kapitalisiert wird, das man also n Jahre ›im Strumpf‹, d. h. liquid (L) halten will, nur einen Barwert ($B_0^{G,\,L}$) in der Höhe von

$$B_0^{G,\,L} = \frac{K_0}{(1 + i)^n}$$

Die Differenz ist gleich dem Verzicht auf die Zins- bzw. Zinseszinseinnahmen, also

$$B_0^{G,\,E} - B_0^{G,\,L} = \frac{(1 + i)^n - 1}{i\,(1 + i)^n}\,iK_0$$

Gehen wir nun davon aus, daß Rückzahlungen des Kapitals immer wieder dazu verwendet werden, um es erneut anzulegen, so erhalten wir eine ›ewige‹ Geldanlage, deren Barwert (B_0^G) sich aus der obigen Formel errechnet, unter der Annahme, daß n gegen unendlich strebt. Dieser ist dann:

$$B_0^{G,\,E}_{\,n \to \infty} = B_0^G = \frac{i\,K_0}{i} = K_0$$

Der Wert einer ›ewigen‹ Geldanlage ist der gleiche wie der einer Geldanlage auf Zeit, nämlich gleich dem Betrag der ursprünglichen Geldanlage.

Demgegenüber reduziert sich in diesem Fall der Barwert des nichtangelegten, also liquid gehaltenen Geldes auf

$$B_0^{G,L} \underset{n \to \infty}{=} \frac{K_0}{(1+i)^n} = 0$$

Das heißt, das nicht zum unmittelbaren Konsumgüterkauf bestimmte, nichtangelegte Geld ist zwar physisch da, aber in der Logik der Kapitalwertbetrachtung wertlos, da seine Ertragskraft nicht genutzt wird.

6 Smith, Adam: *Der Wohlstand der Nationen,* (übersetzt von H. C. Recktenwald), München 1974, S. 84.

7 Die Bevorzugung einer ewigen Investition läßt sich exakt wie folgt begründen: Der Betrag der Abschreibungen muß, wie bereits gesagt, nicht unbedingt dazu dienen, die alten Maschinen zu ersetzen, sondern könnte − das ist eine erste Möglichkeit − dazu verwendet werden, sofort den Konsum zu erhöhen. In diesem Fall wird die Lebensdauer der Investition nicht durch Ersatzinvestitionen verlängert, sondern eine Investition mit endlicher Lebensdauer (E) anvisiert. Damit eine solche Investition mit einer entsprechenden Geldanlage konkurrieren kann, muß der Barwert der Bruttogewinne ($B_0^{R,E}$) mindestens dem Barwert einer Geldanlage mit gleicher Fälligkeit entsprechen.

Wenn die Lebensdauer der Anlage n Jahre beträgt, errechnet sich bei einem Zinssatz von i und einem ursprünglichen Kapitaleinsatz von K_0 die minimal erforderliche Brutto-Gewinnrate (j_B), d. h. Gewinn auf Eigenkapital plus Abschreibung infolgedessen aus der Gleichung:

$$B_0^{R,E} = \frac{(1+i)^n - 1}{i\,(1+i)^n} j_B K_0 = B_0^{G,E} = \frac{(1+i)^n - 1}{i\,(1+i)^n} i K_0 + \frac{K_0}{(1+i)^n}$$

so daß

$$j_B = \frac{i\,(1+i)^n}{(1+i)^n - 1}$$

So ist z. B. bei einer Lebensdauer der Investition von 5 Jahren und einem Marktzins von 5 % die minimal erforderliche, die Abschreibungen mitbeinhaltende jährliche Bruttogewinnrate 23,1 %.

Die zweite Möglichkeit ist, daß die Abschreibungen immer wieder zu Ersatzinvestitionen verwendet werden. In diesem Falle kann die Lebensdauer der Anlage stets verlängert werden. Wir erhalten dann

eine ›ewige‹ Investition. Dafür bleibt ein Teil des Mehrertrags in den Ersatzinvestitionen ›gebunden‹ (Abschreibung = Ersatzinvestition). Zusätzlich zur Gewinnrate (Netto-Gewinnrate) (j) ist dann eine Abschreibungsrate (a) zu berücksichtigen. Die minimal notwendige Gewinnrate
errechnet sich in diesem Fall aus dem Vergleich des Barwerts einer
›ewigen‹ Realinvestition (B_o^R) mit dem Barwert einer ›ewigen‹ Geldanlage (B_o^G). Im Minimum muß gelten:

$$B_o^R = \frac{1}{i} jK_o = B_o^G = \frac{1}{i} iK_o = K_o$$

Daraus ergibt sich als Minimalforderung für die Gewinnrate:

$$j = i$$

Die entsprechende Abschreibungsrate errechnet sich aus der Differenz
der Gewinnrate bei einer endlichen und der Gewinnrate bei einer
›ewigen‹ Investition, also

$$a = j_B - j = j_B - i$$

In unserem Beispiel ist die Gewinnrate 5 % und die entsprechende Abschreibungsrate 18,1 %. (Bei der Berechnung der Abschreibungsrate
wird unterstellt, daß die Anfangsinvestition nach n Jahren wieder zu
tätigen ist. In der Zwischenzeit werden die Abschreibungen zu Zins und
Zinseszinsen angelegt und summieren sich wiederum zur Anfangsinvestition.)
Falls nur die Minimalbedingung eingehalten wird, würde sich noch
keine Bindung des Kapitals in einer ewigen Investition aufdrängen. Die
Gewinnrate muß vielmehr höher liegen, um trotz des größeren Risikos
einer Realinvestition genügend Kapital anzuziehen. Sie wird aber auch
höher liegen können, wenn und weil gerade dank der Investitionen In-
novationen im Produktions- oder Produktbereich durchgesetzt werden. In diesem Fall ist der Bar- bzw. Kapitalwert einer ewigen Investition (B_o^R) größer als der Bar- bzw. Kapitalwert einer kurzfristigen Investition ($B_o^{R,\,E}$).
Es gilt also:

$$B_o^R > B_o^{R,\,E}$$

wenn j > i.

Zu diesem Resultat kommen wir durch die Einsetzung der Formel für
den Barwert einer zeitlich beschränkten und der Formel für den Barwert einer ›ewigen‹ Investition.

Da

$$B_0^{R,E} = \frac{(1+i)^n - 1}{i(1+i)^n}(j+a)K_0$$

und

$$B_0^R = \frac{1}{i}jK_0$$

ist

$$B_0^{R,E} < B_0^R,$$

wenn

$$\frac{(1+i)^n - 1}{i(1+i)^n}(j+a)K_0 < \frac{1}{i}jK_0$$

bzw. wenn unter Einsetzung der Formel für die Abschreibungsrate

$$\frac{(1+i)^n - 1}{i(1+i)^n}(j+j_B - i)K_0 < \frac{1}{i}jK_0$$

bzw. wenn

$$\frac{(1+i)^n - 1}{i(1+i)^n}\left(j + \frac{i(1+i)^n}{(1+i)^n - 1} - i\right)K_0 < \frac{1}{i}jK_0$$

bzw. wenn

$$j > i$$

8   Wir haben hier nur das Kapital im Sinne von Eigenkapital angesprochen. Im allgemeinen wird aber das Fremdkapital parallel zum Eigenkapital mitwachsen (Aufnahme von Krediten). Denn einerseits ist die Reinvestition der Gewinne Voraussetzung dafür, daß Fremdkapital aufgenommen werden kann. Andererseits lohnt sich die Aufnahme von Fremdkapital, weil es im allgemeinen billiger ist ($j > i$). Der Gewinn auf dem Eigenkapital kann also durch Aufnahme von Krediten erhöht werden (Leverage-Effekt).
Vgl. zur Diskussion um den Leverageeffekt und die Frage der Relevanz bzw. Irrelevanz der Kapitalstruktur (Modigliani-Miller-Theorem): Spremann, K.: *Finanzierung*, 2. Aufl., München und Wien 1986, 123 ff.

9   Es handelt sich um die unendliche Summe einer (nachschüssigen) geometrischen Reihe gemäß der Formel

$$S = \frac{a}{1-q}$$

$$\text{mit} \quad a = \frac{(1-c)\,j\,K_0}{1+i}$$

$$\text{und} \quad q = \frac{1+cj}{1+i}$$

10 Der Barwert, d. h. der Gewinn der geometrischen Reihe einer unendlich wachsenden Rente ist nur dann endlich, wenn i > cj. Diese Problematik ist in der Literatur zur Finanzierung der Unternehmung bekannt. M. Miller und F. Modigliani schreiben dazu: »Wesentlich ist natürlich, daß [der Barwert] . . . endlich ist, was in einer ökonomischen Analyse immer angenommen werden kann.« (Miller, M. H.; Modigliani, F.: »Dividendenpolitik, Wachstum und die Bewertung von Aktiven« in: Hax, H.; Laux, H.: *Die Finanzierung der Unternehmung,* Köln 1975, S. 293.) Sie fügen hinzu: die Bedingung lautet »eindeutig kϱ* < ϱ [cj < i], d. h. die Wachstumsrate der Unternehmung muß kleiner sein als der Marktzinssatz. Obwohl der Fall, in dem die (ewige) Wachstumsrate größer als der Diskontierungssatz [Marktzins] ist, als ›Wachstumsaktien-Paradox‹ viel diskutiert wurde (. . .) hat er keine praktische Bedeutung. Dies wird offensichtlich, wenn man sich daran erinnert, daß der Diskontierungssatz [Marktzinssatz] ϱ vom gesamten System her gesehen in Wirklichkeit eine Variable ist, wenn er auch in der partiellen Gleichgewichtsanalyse (. . .), wie sie hier dargestellt wurde, als Konstante behandelt wird. Wenn die Annahme endlicher Werte für alle Anteile nicht erfüllt werden könnte, weil für einige Anteile kϱ* [cj] (ständig) größer als ϱ [i] wäre, so würde ϱ [i] so lange steigen, bis ein Gesamtgleichgewicht auf den Kapitalmärkten wiederhergestellt wäre« (ebd., S. 295). Dazu ist hinzuzufügen, daß im Gesamtsystem selbstverständlich auch die Gewinnrate ϱ* [j] eine Variable darstellt.
Darüber hinaus gilt, daß ϱ > kϱ* [i > cj] deshalb plausibel ist, weil einerseits die Gewinnrate wegen der zu erwartenden Konkurrenz nicht beliebig über den Zinssatz ansteigen kann, andererseits die Dividende wegen des erhöhten Risikos immer etwas über dem Zins liegen muß, so daß der Anteil des zurückbehaltenen Gewinns in der Regel niedriger als der Zins ist.

11 Unsere Überlegungen können wir präzisieren, wenn wir sie in Zusammenhang bringen mit der Zinsspannentheorie von Knut Wicksell, die er in seinem Buch *Geld und Kredit* entwickelt hat. Knut Wicksell geht von einem »natürlichen Zins« aus, der sich aus dem Angebot von Ersparnis-

sen und der Nachfrage nach Investitionsmitteln ergibt. Der Geld- oder Marktzins kann unter dem »natürlichen Zins« liegen wegen der Geldschöpfungsfähigkeit der Geschäftsbanken (Giralgeld) und der Notenbank (Banknoten). Liegt der Marktzins unter dem »natürlichen Zins«, so kommt es zu einer Erhöhung der Nachfrage nach Konsum- und Produktionsgütern. Nun sieht aber Wicksell als Folge dieser erhöhten Nachfrage vor allem eine Steigerung der Produktionsmittelpreise: »Die vergrößerte monetäre Nachfrage erhält hauptsächlich den Charakter eines Konkurrenzkampfes zwischen dem Unternehmer und der Arbeitskraft, dem Rohmaterial und den Naturalleistungen, sie führt dann zuerst zu einer Erhöhung der Preise dieser und, infolge der größer gewordenen Geldeinnahmen der Arbeiter und Grundbesitzer (. . .) zu vergrößerter Warennachfrage und damit indirekt zu einer Erhöhung der Preise der Konsumtionswaren.« In: Wicksell, K.: »Vorlesungen über Nationalökonomie auf Grundlage des Marginalprinzipes«. Theoretischer Teil, zweiter Band: *Geld und Kredit,* 2. Aufl., Jena 1928, S. 222. Diese Inflationstendenz bewirkt dann nach Wicksell eine Erhöhung des Zinses, so daß sich schließlich der Geld- oder Marktzins wieder dem »natürlichen Zins« angleicht. Wicksell übersieht aber, daß zwar die Menge der zur Verfügung stehenden Arbeitskraft beschränkt sein kann – wir sprechen dann von Vollbeschäftigung –, daß es aber eine solche Beschränkung für Rohmaterial und Naturleistungen, wozu auch die Energie gehört, nicht gibt, und daß gerade durch die auf der Basis der Geldschöpfung getätigten Investitionen das Angebot dieser Materialien bzw. dieser Leistungen als auch ihre Verwendungsmöglichkeit ständig erweitert wird. Die Geldschöpfung verhindert daher in der Regel eine Angleichung des Geld- und Marktzinses an den »natürlichen Zins« (wie immer dieser auch definiert sein mag). Vielmehr kann der Marktzins stets unter dem »natürlichen Zins« liegen.

Andererseits kann er auch eine bestimmte Minimalgröße nicht unterschreiten, da die Kosten der Geldschöpfung (Kosten des Bankenapparats) im wesentlichen aus der Differenz zwischen dem Soll- und dem Habenzins finanziert werden; der Sollzins müßte daher selbst dann positiv sein, wenn der Habenzins Null ist. Der Habenzins ist aber positiv, weil die Sparer keine Veranlassung sehen, das Geld, das ihnen gehört, anderen zur Verfügung zu stellen, ohne ein Entgelt dafür zu erhalten. (Ob sich darüber hinaus ein [Minimal-]Zins dadurch erklären läßt, daß er einen Ausgleich darstellt für die vorübergehende Überlassung von Liquidität, sei hier dahingestellt.)

Vgl. dazu: Schad, D.: »Folgt unsere Wirtschaft Naturgesetzen?«; in: *Zeitschrift für Sozialökonomie,* Juni 1986, S. 8 ff.

Suhr, D.: *Geld ohne Mehrwert,* Frankfurt/M. 1983, S. 52 ff.

12 Vgl. dazu Anmerkung 7.

13 Vgl. dazu: Arndt, H.: »Ökonomie: Natur- und Geisteswissenschaft«; in: Ramle, R. (Hrsg.): *Homo oeconomicus,* München 1989.

14 Dies ist die Hotelling-Situation. Vgl. dazu oben S. 78.

15 Vgl. dazu ausführlich Binswanger, H. C.; Frisch, H.; Nutzinger, H. G.: *Arbeit ohne Umweltzerstörung,* Frankfurt/M. 1988, S. 64 ff.

16 Vgl. dazu Anmerkung 11.

17 Vgl. dazu Binswanger, H. C.; Frisch, H.; Nutzinger, H. G.: *Arbeit ohne Umweltzerstörung,* a. a. O.

Binswanger, H. C.; Geissberger, W.; Ginsburg, T.: *Der NAWU-Report: Wege aus der Wohlstandsfalle,* Frankfurt/M. 1978.

Für wertvolle Hinweise habe ich zu danken: Alex Keel, St. Gallen; Hans Nutzinger, Kassel; Nobert Reetz, St. Gallen; Dieter Schad, Karlsruhe; Hans Peter Studer, Teufen, und Heinz Zimmermann, St. Gallen.

II. Historischer Teil: Was haben uns frühere Ökonomen zum Verhältnis von Geld und Natur zu sagen?

Von der Versorgungswirtschaft zur Erwerbswirtschaft – von Walras zurück zu Aristoteles

1 Vgl. zur ökonomischen Lehre des Aristoteles:

Priddat, B. P.; Seifert, E. K.: *Grundzüge der ökonomischen Rezeptions- und Wirkungsgeschichte Aristoteles' im 19. Jahrhundert,* Institut für Politische Wissenschaft, Hamburg, o. J.

Scheffold, B.: »Platon (428/427–348/347)/Aristoteles (384–322)«; in: Starbatty, J. (Hrsg.): *Klassiker des ökonomischen Denkens,* Bd. 1, München 1989, S. 15–55.

Seifert, E. K.: *Oikonomia – Ökonomik – Ökologie,* Diskussionsbeiträge aus dem Institut für Politische Wissenschaft Hamburg, Nr. 51/88.

2 Aristoteles: *Politik* (übersetzt von F. Susemihl), o. O., 1965, 1256b.

3 ebd., 1257a, 12.

4 ebd., 1256b, 33–39.

5 ebd., 1256b.

6 ebd., ex 1257a.

230

7 Vgl. zur Gegenüberstellung von Versorgungswirtschaft (Ökonomik) und Erwerbswirtschaft (Chrematistik):
Imler, H.: *Vom Wert der Natur. Zur ökologischen Reform von Wirtschaft und Gesellchaft, Natur in der ökonomischen Theorie,* Teil 3, 2. Aufl., Opladen 1989, S. 39 ff.

8 Debreu, G.: *Werttheorie. Eine axiomatische Analyse des ökonomischen Gleichgewichtes,* Berlin/Heidelberg/New York 1976, S. 48 (Übersetzung des Verfassers).

9 Walras, Léon: *Eléments d'économie politique pure ou théorie de la richesse sociale,* Quatrième Edition, Lausanne und Paris 1900, S. 49.

10 ebd.

11 ebd., S. 191.

12 ebd., S. 195.

13 ebd., S. 191.

14 Einer der wenigen, die sich mit diesem an sich offensichtlichen Defizit der Walrasianischen Theorie auseinandergesetzt haben, ist Joseph Schumpeter (1883–1950). In seiner *Theorie der wirtschaftlichen Entwicklung* versucht er, diesen Mangel zu beheben, indem er die Unternehmerfunktion für eine neu konzipierte »Dynamik« reserviert. Der Unternehmer strebt nach Extragewinnen, die aus »neuen Kombinationen« resultieren, welche der Unternehmer realisiert. Auf diese Weise will Schumpeter die Unternehmerfunktion für die Ökonomie retten, ohne das Walrasianische Modell grundsätzlich in Frage zu stellen. Diese Rettung gelingt jedoch nur sehr partiell. Denn Schumpeter hat – wie Alfred Kruse hervorhebt – »eine Verengung des Begriffs Unternehmer vorgenommen; er rechnete hierzu nur jene Produzenten, die neue Kombinationen durchsetzen«. In: Kruse, Alfred: *Geschichte der volkswirtschaftlichen Theorien,* 4. Aufl., Berlin 1959, S. 283. Zur Realisierung der laufenden Produktion braucht es daher auch bei Schumpeter keine Unternehmerleistung und daher auch keinen Unternehmer und keine Unternehmung. Vgl. dazu Schumpeter, J.: *Theorie der wirtschaftlichen Entwicklung,* 5. Aufl., Berlin 1952.

15 Vgl. dazu Morishima, Michio: »»Walras insisted on his fourclass view of society and noticed the independence of entrepreneurs from capitalist, but he did not clarify its economic implication. Besides, the mathematical model he actually formulated is as a classical one, based on the identity of entrepreneurs with capitalists.« In: Morishima, Michio: *Walras' Economics – A pure theory of capital and money,* Cambridge/London/New York/Melbourne 1977, S. 7.

16 Vgl. hierzu Debreu, G.: »Die Gesamtressourcen einer Ökonomie (. . .)

schließen das Kapital der Ökonomie zum gegenwärtigen Zeitpunkt ein, d. h. alles Land, Gebäude, Mineralvorkommen, Anlagen, Lagerbestände (...), die jetzt existieren und den Wirtschaftssubjekten zur Verfügung stehen. Diese sind ein Vermächtnis der Vergangenheit; sie sind a priori vorgegeben.« In: Debreu, G: *Werttheorie,* a. a. O., S. 92.

17 Walras, Léon: *Eléments d'économie politique pure ou théorie de la richesse sociale,* a. a. O., S. 209.

18 Interessanterweise kann diesbezüglich sogar ein Bezug zu Aristoteles hergestellt werden, der in seiner *Nikomachischen Ethik* das Postulat aufstellt, das Dazwischentreten des Geldes *dürfe* keinen Unterschied in der Preisrelation zweier Güter ausmachen. Die *Nikomachische Ethik* ist aber in erster Linie an den Richter adressiert, dem Grundsätze für Prozeßentscheidungen in die Hand gegeben werden sollen. In diesem Zusammenhang stellt sich die Frage nach der Gerechtigkeit. Gerecht ist nach Aristoteles ein Tausch nur, wenn das Geld sich neutral verhält und sich somit auch der eine nicht auf dem Umweg über das Geld auf Kosten des anderen bereichern kann. Es handelt sich also um ein Postulat. Im Hintergrund bleibt es bei der Erkenntnis, wie sie Aristoteles in der *Politik* formuliert, wonach die Entwicklung des Geldwesens und die Ausrichtung des Wirtschaftens auf den Gelderwerb eine grundsätzliche Veränderung des Wirtschaftens zur Folge hat. Bei Walras wird aber aus dem Postulat, aus dem »Sollen«, eine Feststellung, ein »Sein«. Darin liegt der große Unterschied. Vgl. dazu Aristoteles: *Nikomachische Ethik*, München 1986.

19 Walras, Léon: *Eléments d'économie politique pure ou théorie de la richesse sociale,* a. a. O., S. 311.

20 ebd., S. 373.

21 Vgl. dazu Binswanger, H. C.: »Geld und Gleichgewicht – ein Vorschlag zur Überwindung der Dichotomie der Geld- und Preistheorie«; in: *Zeitschrift für Wirtschafts- und Sozialwissenschaften,* 3/90.

22 Aristoteles: *Politik,* a. a. O., 1257b, 1258a.

23 ebd., 1257b.

»Geld regiert die Welt« – Geld und Wirtschaft im Verständnis des Merkantilismus

1 Smith, Adam: *Der Wohlstand der Nationen* (übersetzt von H. C. Recktenwald), München 1974, S. 464.

2 ebd., S. 354.

3 Keynes, John Maynard: *Allgemeine Theorie der Beschäftigung, des Zinses und des Geldes* (übersetzt von Fritz Wagner), München und Leipzig 1936, S. 296.

4 Heckscher, Eli F.: *Der Merkantilismus* (übersetzt von Gerhard Meckenroth), Bd. 2, Jena 1932, S. 184.

5 Locke, John:»Die zweite Abhandlung über die Regierung«; in: *Zwei Abhandlungen über die Regierung* (übersetzt von H. J. Hoffmann), Frankfurt 1967, S. 224.

6 Mill, John Stuart: *Grundsätze der politischen Ökonomie* (übersetzt von Wilhelm Gehrig), Bd. 2, Jena 1921, S. 8.

7 Hume, David: *Nationalökonomische Abhandlungen* (übersetzt von H. Niedermüller), Leipzig 1877, S. 22.

8 Heckscher, Eli F.: *Der Merkantilismus*, a. a. O., S. 185.

9 Locke, John:»Some Considerations of the Consequences of the Lowering and Raising Value of Money«; in: *Several Papers Relating to Money, Interest and Trade etc.*, London 1656 (Reprint New York 1968).

10 Letwin, William: *The Origins of Scientific Economics*, Garden City 1964, Kap. 6 »John Locke: Philosopher as Economist«, S. 158–195.

11 Locke, John:»Some Considerations of the Consequences of the Lowering and Raising the Value of Money«, a. a. O., S. 49 u. 52.

12 Heckscher, Eli F.: *Der Merkantilismus*, a. a. O., S. 185.

13 Locke, John:»Some Considerations of the Consequences of the Lowering and Raising the Value of Money«, a. a. O., S. 81.

14 ebd., S. 128.

15 ebd.

16 ebd., S. 17.

17 ebd., S. 33.

18 ebd., S. 41.

19 ebd., S. 36.

20 ebd., S. 75.

21 ebd., S. 77.

22 ebd., S. 80.

23 ebd.

24 ebd., S. 15.

25 Mill, John Stuart: *Grundsätze der politischen Ökonomie*, a. a. O., S. 144.

26 Hume, David: *Nationalökonomische Abhandlungen*, a. a. O., S. 43.

27 Spiegel, H. W.: *The Growth of Economic Thought*, Englewood Cliffs, New Jersey 1971, S. 160.

28 Locke, John: »Some Considerations of the Consequences of the Lowering and Raising the Value of Money«, a. a. O., S. 76.
29 Spiegel, H. W.: *The Growth of Economic Thought,* a. a. O., S. 160.
30 Locke, John: »Some Considerations of the Consequences of the Lowering and Raising the Value of Money«, a. a. O., S. 81.
31 ebd., S. 71.
32 ebd., S. 44.
33 ebd., S. 57.
34 ebd., S. 55.
35 ebd.
36 ebd., S. 56.
37 ebd., S. 10.
38 Smith, Adam: *Der Wohlstand der Nationen,* a. a. O., S. 292.
39 ebd.
40 ebd.
41 Hume, David: *Nationalökonomische Abhandlungen,* a. a. O., S. 33.
42 ebd., S. 34 f.
43 ebd., S. 37.
44 ebd., S. 40.
45 ebd.
46 Law, John: »Money and Trade Considered with a Proposal for Supplying the Nation with Money«; in: *Oeuvres Complètes,* hrsg. von Paul Harsin, Paris 1934, Tome 1 (Übersetzungen durch den Verfasser).
47 Law, John: »Mémoires sur les banques«, in: *Oeuvres,* a. a. O., Tome 2.
48 Law, John: »Money and Trade Considered with a Proposal for Supplying the Nation with Money«; a. a. O., S. 197 f.
49 Menger, Carl: *Grundsätze der Volkswirtschaftslehre,* 2. Aufl., Leipzig 1923, S. 334.
50 Law, John: »Mémoires sur l'usage des monnaies«; in: *Oeuvres,* a. a. O., Tome 1, S. 172.
51 Law, John: »Money and Trade Considered with a Proposal for Supplying the Nation with Money«, a. a. O., S. 6.
52 Staudte, R.: *John Law,* Zürcher Diss. 1953, S. 28.
53 Law, John: »Money and Trade Considered with a Proposal for Supplying the Nation with Money«, a. a. O., S. 12.
54 Law, John: »Mémoires sur les banques«, a. a. O., S. 18.
55 Staudte, R., a. a. O., S. 34.
56 Law, John: »Money and Trade Considered with a Proposal for Supplying the Nation with Money«, a. a. O., S. 96.
57 ebd.

58 ebd., S. 122.

59 ebd., S. 158.

60 Law, John: »Seconde lettre où l'on traite du crédit et de son usage« (11 mars 1720); in: *Oeuvres,* a. a. O., Tome 3, S. 108.

61 Zitiert nach: Rist, Charles: *Geschichte der Geld- und Kredittheorien* (übersetzt von Gustav Büscher), Bern 1947, S. 146.

62 Law, John: »Mémoire Iustificatif de mai 1723«; in: *Oeuvres,* a. a. O., Tome 3, S. 206.

63 Law, John: »Money and Trade Considered with a Proposal for Supplying the Nation with Money«, a. a. O., S. 74.

64 Petty, William: »Quantulumcunque Concerning Money«; in: *The Economic Writings of Sir William Petty,* hrsg. von A. H. Hull, Vol. II, Cambridge 1899, S. 446.

65 Rist, Charles: *Geschichte der Geld- und Kredittheorien,* a. a. O., S. 24 ff.

66 Kindleberger, Charles P.: »Keynesianism vs. Monetarism in eighteenth- and nineteenth-century in France«; in: *History of Political Economy,* Winter 1980, S. 499.

Neben den zitierten Literaturstellen dienten noch folgende Bücher als Unterlagen:

Ammon, Alfred: *Nationalökonomie und Philosophie,* Berlin 1961 (Erfahrung und Denken, Bd. 7), Kap. »John Locke (1632–1704)«, S. 67–72.

Bowley, Marian: *Studies in the History of Economic Theory before 1870,* New York 1973, Kap. 1 »English Theories of Interest in the Seventeenth Century Reconsidered« und Kap. 2 »The Development of Value Theory in the Seventeenth Century – a by-product of the Theories of Money, Trade and Interest.

Emrich, Ignaz: *Die geldtheoretischen und geldpolitischen Anschauungen John Lockes,* Münchner Diss., München 1927.

Hasbach, Wilhelm: *Die allgemeinen philosophischen Grundlagen der von François Quesnay und Adam Smith begründeten politischen Ökonomie,* Leipzig 1890, Kap. 4.1. »Locke«, S. 48–56.

Letwin, William: *The Origins of Scientific Economics,* Garden City 1964, Kap. 6 »John Locke: Philosopher as Economist«, S. 158–195 und App. V »Lockes' Early Manuscript on Interest«, S. 295–323.

Schacht, Hjalmar: *Der theoretische Gehalt des englischen Merkantilismus,* Kieler Diss., Frankfurt 1968 (1. Aufl. 1900), passim.

Vaughn, Karen Iversen: *John Locke: Economist and Social Scientist,* Chicago 1980.

Viner, Jacob: *Studies in the Theory of International Trade,* New York 1937, Kap. 1–2 »English Theories of Foreign Trade before Adam Smith«.

Der Unwert der Natur – Zur Ausklammerung der Natur aus der Produktionsfunktion in der ökonomischen Theorie

1 Immler handelt die gleiche Problematik im Zusammenhang mit der Werttheorie ab. In: Immler, H: *Natur in der ökonomischen Theorie,* Teil 1 und 2, Opladen 1985.

2 Diese Frage bildet den Gegenstand von Jevons' Abhandlung über »The Coal Question«. In: Jevons, W. S.: *The Coal Question. An Inquiry concerning the Progress of the Nation, and the Probable Exhaustion of our Coal-Mines,* London und Cambridge 1865.

3 Quesnay, F.: *Allgemeine Grundsätze der Regierung eines ackerbautreibenden Reiches* (übersetzt von V. Dorn), Jena 1921, S. 23.

4 Turgot, A. R. J.: *Betrachtungen über die Bildung und die Verteilung des Reichtums* (übersetzt von V. Dorn), 3. Aufl., Jena 1924.

5 Locke, John: »Die zweite Abhandlung über die Regierung«; in: *Zwei Abhandlungen über die Regierung* (übersetzt von H. J. Hoffmann), Frankfurt 1967, S. 226.

6 ebd., S. 220.

7 ebd., S. 225.

8 ebd., S. 224.

9 ebd., S. 230.

10 ebd., S. 232.

11 Smith, Adam: *Der Wohlstand der Nationen* (übersetzt von H. C. Recktenwald), München 1974, S. 227.

12 Die obige Darstellung der Theorie von Adam Smith vereinfacht seine Gedankengänge. Sie ist immerhin so wiedergegeben, wie sie in der Folge tradiert wurde und wirksam geworden ist. Im Kapitel über »Geld als ein besonderer Bestandteil der Kapitalanlagen eines Landes oder der Aufwand zur Erhaltung des Volksvermögens« gibt aber Adam Smith zu, daß durch die Schaffung von Papier- bzw. Bankgeld die Produktivität des Landes gefördert und auf diese Weise auch real Kapital geschaffen werden kann, das *nicht* auf einem vorausgegangenen Sparprozeß beruht. Er unterscheidet das Papiergeld deutlich von Gold und Silber, das ja Arbeitskräfte absorbiert, wenn man es aus der Erde holt und daher indirekt einen Konsumverzicht voraussetzt, indem die für die Gold- und Silberproduktion eingesetzten Arbeitskräfte nicht für die

Produktion von Konsumgütern zur Verfügung stehen. Der Ersatz von Gold und Silber durch Papier erhöht daher die Produktion der Wirtschaft. Er schreibt:»Umlaufende Gold- und Silbermünzen lassen sich gut mit einer Landstraße vergleichen, welche Gras und Getreide des Landes zum Markt transportieren hilft, ohne selbst auch nur einen einzigen Stapel von beidem selbst zu produzieren. Diese aufgeschlossene Geschäftspolitik der Bank [Kredit- und Geldschöpfung!] schafft so etwas wie einen Luftfrachtweg, wenn mir eine solch gewagte Metapher erlaubt ist, der es einem Lande ermöglicht, seine Landstraßen weitgehend in gute Weiden und Getreidefelder zu verwandeln, wodurch der Jahresertrag aus Boden und Arbeit ganz erheblich zunimmt.« Er fügt allerdings hinzu:»Man darf aber dabei keineswegs übersehen, daß Handel und Gewerbe zwar ein wenig zunehmen, aber insgesamt weniger sicher auf den Dädalusflügeln des Papiergeldes als auf dem soliden Untergrund von Gold und Silber.« In: Smith, Adam: *Der Wohlstand der Nationen,* a. a. O., S. 264f.

13 Ricardo, D.: *Grundzüge der politischen Ökonomie und der Besteuerung* (übersetzt von H. Waentig), hrsg. von F. Neumark, Frankfurt/M. 1972, S. 70.

Wachstum durch Imagination – J. G. Schlossers Theorie der imaginären Bedürfnisse

1 Riedel, Manfred:»Aristoteles-Tradition am Ausgang des 18. Jahrhunderts – zur ersten deutschen Übersetzung der ›Politik‹ durch Georg Schlosser«; in: *Alteuropa und die moderne Gesellschaft,* Festschrift für Otto Brunner, Göttingen 1962, S. 282.

2 Sivers, Fr. v.:»Joh. Georg Schlosser und Schlettwein. Ein Beitrag zur Geschichte der Physiokratie in Deutschland«; in: *Jahrbücher für Nationalökonomie und Statistik,* Bd. 24, Jena 1875, S. 6.

3 Schlosser, Johann Georg: *Xenokrates oder über die Abgaben. An Goethe.* Basel 1784, S. 12.

4 Gothein, Eberhard: *Johann Georg Schlosser als Badischer Beamter;* in: Neujahrsblätter der Badischen Historischen Kommission, Neue Folge 2, Heidelberg 1899, S. 24.

5 Vgl. dazu Mahl, Bernd: *Goethes ökonomisches Wissen,* Bern 1982, S. 252ff.

6 ebd., S. 222.

7 Schlosser, J. Georg: *Xenokrates oder über die Abgaben,* a. a. O., S. 2.

8 ebd., S. 7f.

9 ebd., S. 8.

10 ebd., S. 14.

11 ebd., S. 16.

12 ebd., S. 19.

13 ebd., S. 19f.

14 Schon Isaac Iselin hat sich allerdings – wie Fritz Blaich darlegt – in einem gewissen Ausmaß von der Vorstellung der ›Sterilität‹ der Kaufleute und Händler distanziert. Vgl. dazu: Blaich, Fritz:»Der Beitrag der deutschen Physiokraten für die Entwicklung der Wirtschaftswissenschaft von der Kameralistik zur Nationalökonomie«; in: Scherf, Harald (Hrsg.): *Studien zur Entwicklung der ökonomischen Theorie III,* Berlin 1983, S. 17 und 26 ff.

15 Schlosser, J. Georg: *Xenokrates oder über die Abgaben,* a. a. O., S. 94.

16 ebd., S. 94.

17 ebd., S. 99.

18 ebd., S. 98.

19 ebd., S. 101.

20 ebd., S. 105.

21 ebd., S. 86.

22 ebd., S. 106.

23 ebd.

24 ebd., S. 113.

25 ebd.

26 ebd., S. 115.

27 ebd.

28 ebd., S. 116

29 ebd.

30 ebd., S. 117 f.

31 ebd., S. 120.

32 Schlosser, Johann Georg: *Politische Fragmente,* Leipzig 1777, S. 43.

33 ebd.

34 ebd., S. 46.

35 ebd.

36 ebd., S. 48.

37 ebd., S. 36.

38 Mahl, Bernd: *Goethes ökonomisches Wissen,* a. a. O., S. 242.

39 Luhmann, Niklas:»Kapital und Arbeit – eine falsche Front«; in: *Neue Zürcher Zeitung,* Nr. 47, 25./26. Februar 1984.

40 Roscher, Wilhelm: *Geschichte der National-Ökonomik in Deutschland,* München 1874, S. 529.

Personenregister

Ammon, A.: 235
Aristoteles: 113–117, 125–127, 130–132, 135, 146. 196, 230, 232
Arndt, H.: 230
Asimov, I.: 48, 221
Binswanger, H. C.: 222f., 230, 232
Blaich, F.: 238
Boltzmann, L.: 68f.
Bombach, G.: 33, 220
Bowley, M.: 235
Brillouin, L.: 69
Cassel, G.: 78, 222
Clark, J. B.: 74f., 221
Clausewitz, C. von: 168
Debreu, G.: 231f.
Clausius, R.: 68
Condorcet, A. N. de: 38
Daly, H.: 222
Davanzati, B.: 160
Egli, E.: 42, 220
Ehrlich, A. H.: 221
Ehrlich, P. R.: 221
Emrich, I.: 235
Faber, M.: 70f., 222
Fichte, J. G.: 195
Franklin, B.: 190
Frisch, H.: 222, 230
Geissberger, W.: 230
Georgescu-Roegen, N.: 67, 70, 222
Ginsburg, Th.: 221, 230
Goethe, J. W. von: 168, 196f.
Gothein, E.: 197, 237
Hasbach, W.: 235
Heckscher, E. F.: 132, 136f., 233
Hegel, G. W. F.: 102
Herder, J. G.: 44, 220
Höpfner: 196
Hotelling, H.: 78, 222
Hume, D.: 134f., 142f., 150–153, 233f.
Immler, H.: 222, 231, 236
Iselin, I.: 196f., 238
Jevons, W. S.: 236
Jöhr, W. A.: 221
Jünger, F. G.: 57, 221
Keynes, J. M.: 74, 128–130, 145, 215, 223, 233
Kindleberger, C. P.: 167, 235

Koch, R.: 32
Kruse, A.: 231
Krutilla, J.: 63, 221
Law, J.: 153–156, 158, 160–165, 167f., 234f.
Letwin, W.: 233, 235
Lewis, G. N.: 69
Locke, J.: 132–153, 155, 160f., 167, 180–184, 186f., 194, 233f., 236
Lorenz, K.: 18
Luhmann, N.: 218, 238
Machiavelli, N.: 196
Mahl, B.: 197, 216, 237f.
Malthus, R.: 173f.
Marx, K.: 217
Mayer, R. von: 65
Meadows, D. I.: 221
Menger, C.: 154, 234
Merck, J. H.: 196
Mill, J. S.: 134, 142, 233
Miller, M.: 228
Mitscherlich, A.: 32
Modigliani, F.: 228
Mommer, B.: 221
Montanari: 155
Morishima, M.: 231
Möser, J.: 195, 197
Müller, A.: 195
Nenning, G.: 220
Niemes, H.: 70f., 222
Nordhaus, D. W.: 80, 222
North, D.: 155
Nutzinger, H. G.: 222, 230
Odum, E. P.: 220f.
Ovid: 69
Patterson, W.: 165
Petty, W.: 164, 235
Piguet, J. C.: 223
Platon: 131, 196
Pope, A.: 196
Priddat, B. P.: 230
Priogine, I.: 222
Proops, J.: 222
Quesney, F.: 178, 197, 211, 216, 236
Ricardo, D.: 74, 162, 174, 191–194, 217, 237
Riedel, M.: 195f., 237
Rifkin, J.: 222
Rist, C.: 165, 235

Roscher, W.: 218, 238
Rose, S.: 221
Rostow, W. W.: 50, 221
Saint-Simon, C. H. de: 29f., 220
Sartorius von Waltershausen, G.: 195
Say, J.-B.: 120
Schacht, H.: 235
Scheffold, B.: 230
Schad, D.: 230
Schlettwein, J. A.: 195, 197, 216
Schlosser, J. G.: 195-204, 206, 208–212, 215–218, 237f.
Schlözer, A. L.: 195
Schumpeter, J.: 231
Seifert, E. K.: 230
Shannon, C.: 69
Simonis, U. E.: 222
Sivers, Fr. von: 196f., 237
Smith, A.: 74, 91f., 113, 128f., 135, 150, 173, 187–191, 194, 216f., 232, 234, 236f.
Sokrates: 178
Solon: 115
Solow, R.: 80f., 222
Spiegel, H. W.: 143f., 233f.
Spremann, K.: 227
Stephan, G.: 70f., 222
Ströbele, K.: 222
Suhr, D.: 230
Tobin, J.: 222
Staudte, R.: 234
Tschumi, P. A.: 221
Turgot, A. R. J.: 178, 180, 236
Vaughn, K. I.: 235
Viner, J.: 236
Walras, L.: 118–125, 127, 231f.
Weaver, W.: 69
Wicksell, K.: 228f.
Wiener, N.: 69
Wieser, F. von: 123
Xenophon: 178

Bibliographische Verweise

Wo Geldwirtschaft entsteht, verändert sich der Mensch – ein Beispiel aus Sibirien. Erstveröffentlichung.

Wirtschaftliches Wachstum – Fortschritt oder Raubbau? Text der Antrittsvorlesung an der Hochschule St. Gallen 1969. Erstmals veröffentlicht in: *Neue Zürcher Zeitung,* 31. Juli 1970, Nr. 351. Nachdruck in: Kapp, K. W.; Vilmar, F. (Hrsg.): *Sozialisierung der Verluste?,* München 1972, S. 49–61.

Das ökonomisch-ökologische System. Erstmals veröffentlicht als erster Teil des Aufsatzes: »Ökonomie und Ökologie – neue Dimensionen der Wirtschaftstheorie«, erschienen in der *Schweizerischen Zeitschrift für Volkswirtschaft und Statistik,* Heft 3, 1972, S. 251–281 (1. Teil S. 251–266).

Das Entropiegesetz als Grundlage einer ökologisch orientierten Wirtschaftstheorie. Erstmals veröffentlicht unter dem Titel: »Ökologisch orientierte Wirtschaftswissenschaft«; in: Jarre, J. (Hrsg.): *Die Zukunft der Ökonomie – Wirtschaftswissenschaftliche Forschungsansätze im Vergleich,* Loccumer Protokolle 15/1984, 1. Aufl. 1985, S. 141–160. Nachdruck in: Glaeser, Bernhard (Hrsg.): *Humanökologie,* Opladen 1989, S. 143–152. Überarbeitet.

Die Dynamik der Geldwirtschaft. Erstveröffentlichung.

Von der Versorgungswirtschaft zur Erwerbswirtschaft – Von Walras zurück zu Aristoteles. Erstveröffentlichung.

›Geld regiert die Welt‹ – Geld und Wirtschaft im Verständnis des Merkantilismus / Zu den Theorien von John Locke (1632–1704) und John Law (1671–1729). Erstmals veröffentlicht unter dem Titel: »Geld und Wirtschaft im Verständnis des Merkantilismus – Zu den Theorien von John Locke (1632–1704) und John Law (1671–1729)«; in: Neumark, F. (Hrsg.): *Studien zur Entwicklung der ökonomischen Theorie II,* Schriften des Vereins für Socialpolitik, Neue Folge, Band 115/II, Berlin 1982, S. 93–129. Gekürzt.

Der Unwert der Natur – Zur Ausklammerung der Natur aus der Produktionsfunktion in der ökonomischen Theorie. Erstmals veröffentlicht unter dem Titel: »Natur und Wirtschaft – Die Blindheit der ökonomischen Theorie gegenüber der Natur und ihrer Bedeutung im Wirtschaftsprozeß«; in: Meyer-Abich, K. M. (Hrsg.): *Frieden mit der Natur,* Freiburg/Basel/Wien 1979, S. 149–173. Gekürzt.

Wachstum durch Imagination – J. G. Schlossers Theorie der imaginären Bedürfnisse. Erstmals veröffentlicht unter dem Titel: »J. G. Schlossers Theorie der imaginären Bedürfnisse – Ein Beitrag zur deutschen Nationalökonomie jenseits von Physiokratie und Klassik«; in: Scherf, H. (Hrsg.): *Studien zur Entwicklung der ökonomischen Theorie V,* Schriften des Vereins für Socialpolitik, Neue Folge Band 115/V, Berlin 1986, S. 9–28.